아들아,
주식 공부
해야 한다

①

일러두기

- 『아들아, 주식 공부해야 한다』는 1, 2권으로 구성되어 있으나 순서에 상관없이 본인에게 필요한 내용을 먼저 읽을 수 있습니다. 주식 기초지식과 실적개선주에 대한 내용이 궁금하다면 1권을, 재무제표와 공시를 응용한 투자법이 궁금하다면 2권을 먼저 봐도 무방합니다.
- 이 책의 문장은 맞춤법 규정을 준수했습니다. 하지만 독자의 편의성을 위해 주식 및 관련 분야에서 익숙하게 쓰이는 용어와 표현들은 붙여쓰기를 허용했습니다.
- 이 책에 등장하는 주가, 수치, 세법, 재무적 정보 등은 출간 시점을 기준으로 했으며 이후에는 달라질 수 있습니다.

아들에게만 전하고 싶었던 부자 아빠의 평생 투자 법칙

박민수
(샌드타이거샤크) 지음

아들아, 주식 공부 해야 한다 ①

제1권 실적개선주 편

"돈 잘 버는 회사에 투자해라!"

P page2

아들아, 부자의 지름길은 없지만 걱정 없이 수익 내는 길은 있단다

『주식 공부 5일 완성』이 나온 지 5년이 되어가고 있다. 『주식 공부 5일 완성』은 아들에게만 전달해 주고 싶은 마음을 담아 한 달 만에 초안을 정리해 냈다. 『주식 공부 5일 완성』이 개념서라면 이 책은 보다 심도 있는 확장판이라 할 수 있다. 초안을 완성하는 데만 오롯이 1년이 넘게 걸렸다. 내용을 촘촘히 적다 보니 책이 2권 분량이 되었다. 지난 20여 년간의 경험치를 녹여내어, 아들에게 전달하고 싶은 가치투자의 모든 것을 다 담아보고 싶었다. 글이 막힐 때마다 쌍둥이 아들을 생각하니 글이 술술 써졌다.

제1권은 실적개선주 투자라는 대원칙에서 출발한다. 여기에 배당주, 스팩, 리츠, ETF에 대한 내용도 첨가해 두었다. 모두 안전하고 꾸준하게 수익 낼 매력적인 수단들이나. 내 아들민은 잃지 않고 평생 꾸준히 수익 내는 투자를 해줬으면 한다는 마음을 담았다. 실직개신주 투지를 해아 하는 이유를 아늘에 밀하듯 씨 내려갔다. 이해도를 높이려 실적개선주 편에서만 100개가 넘는 사례를 들고 구체화했다. 이 책은 주식투자의 기본 개념을 체계적으로 잡고 구체적인 실천까지 할 수 있게 도와준다. 상세한 실천 방법도 다양하게 제시하고 있다.

증권사 리포트 분석표, 데일리(Daily) 투자노트, 실적개선주만을 위한 5단계 종목
분석표 등이다. 특히 5단계 종목분석표는 기존 『주식 공부 5일 완성』의 10단계 종
목분석표보다 심플하지만 실적개선을 좀 더 심화해 볼 수 있게 만들었다. 잃지 않
는 투자를 원하는 독자라면 꼭 읽어보고 실천해 주길 바란다.

　제1권이 실적투자에 대해 방점을 둔다면 제2권은 재무제표와 공시에 대한 핵심
만을 요약했다. 요약본이라 하지만 그 양이 상당하다. 제1권에서도 재무제표, 공시
등 관련 내용 언급이 있다만 보다 상세한 내용을 확인하고 싶다면 제2권을 활용해
주길 바란다. 제1권에서는 실적개선에 집중하고 있어 재무제표, 공시에 대한 상세
한 내용은 제2권에 설명했다. 제2권은 보다 심도 있게 공부하려는 분들에게 도움이
되고자 그 수준을 높였다.

　실적개선주를 고르기 위해선 필수적으로 재무제표 기본 개념을 알아두어야 한
다. 차트책이 차트에 심혈을 기울이듯 가치투자 기본서이기에 재무제표에도 강조
를 뒀다. 공시는 10개 섹터(Sector)로 나눠 각 섹터별 투자전략, 공시 예시, 공시별 차
트사례 등을 더했다. 특히, 공시 예시는 방대한 공시 내용 중 핵심만 간추려 설명을

더했다. 제2권도 100개가 넘는 공시별 차트사례를 담고 있다. 이 책에 나온 사례들의 핵심이 무엇인지 밑줄 그어가며 찾아보길 바란다. 이 책에서 언급한 제도나 세제는 2022년 말이 기준이다. 정부 정책이 책 발간 이후 바뀔 수도 있으니 다시 한번 제도나 세제 변경이 추가로 있는지 확인해 보길 당부한다.

『주식 공부 5일 완성』을 쓰던 당시 40대 중반이던 나이가 어느덧 50이 넘어섰다. 초등학생이던 아이들도 고등학교를 바라볼 나이가 되어가고 있다. 아빠가 아들에게 진심으로 주식투자에 대해 전해주고픈 말들만 모았다. 아직도 아들에게 할 말이 많지만 일단 이 책으로 핵심을 마무리하고자 한다.

"아들아, 절대 주식투자로 잃지 말아라."

이게 내가 아들과 독자들에게 전하고픈 강렬한 메시지다. 올해 이 책이 완성되고 나면 쌍둥이 아들과 몰디브를 가고자 한다. '몰디브에서 모히토 한잔'이란 카피 문구를 작가 데뷔부터 써왔다. 뒤늦었지만 이제야 아들과 함께 가보려 한다. 독자

여러분들도 큰 수익 내고 모히토 마시러 떠날 준비 되었는가.

　이 책은 이제 여든이 다 되셔서 몸이 편찮으신 아버지, 그 아버지를 보살피고 계신 어머니와 여동생들, 그리고 내 소중한 쌍둥이 아들과 아내에게 바친다. 페이지2 담당자분들에게도 고마움을 전한다. 마지막으로 최고민수란 소중한 애칭을 만들어 주신 침착맨 선생님과 침투부 여러분들에게도 깊은 감사의 말씀을 전한다.

2023년 늦은 봄에
박민수

제1권 실적개선주 편

: 돈 잘 버는 회사에 투자해라

1장

아들아,
투자에 앞서 마음가짐을 다져라

2장

아들아,
매매 전에 기초지식은 알아두자

3장

아들아,
주식투자는 실적에 투자하는 거란다

6장

아들아, 배당주, ETF, 스팩, 리츠로 리스크를 최소화 하려무나

아들아,
돈을 벌려거든 이렇게 마음잡아라

1장

아들아,
투자에 앞서
마음가짐을 다져라

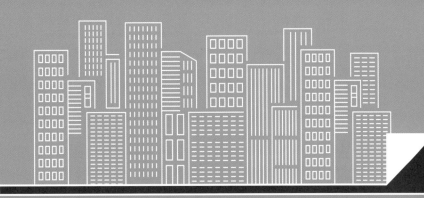

사람들이 주식투자에 실패하는 이유를 아니?

명확한 '내 생각'을 바탕으로 투자해 본 적 있는가

주식투자로 실패한 사람들이 많다. 주식투자는 명석한 머리가 필요한 두뇌 싸움이다. 경쟁 상대는 아주 똑똑한 친구들이다. 기관투자자와 외국인(외국인 기관투자자)과 싸운다. 주식시장에서 오래 머무른 나 같은 숙련자도 있다. 그들과 싸워 이겨야 하는데 준비 없이 달려든다. 1,000만 원을 1억 원으로 만들고 그 돈을 10억 원으로 불릴 생각뿐이다. 두뇌를 풀가동하거나 심각한 고민을 해보지 않는다. 투자에 실패해 왔다면 이렇게 묻고 싶다. '미리 철저한 준비를 해왔는가?' 주식투자는 똑똑한 자가 이긴다. 그 똑똑함이란 철저한 사전 준비에서 나온다. 주식투자는 남의 조언대로 해서는 안 된다. 분명한 내 생각을 바탕으로 투자해야 한다.

수익률은 고민의 시간과 비례한다. 품을 많이 들일수록 그 열매는 달다. 아빠는 매수 전 일주일씩 고민했다. 최소 5년간의 뉴스와 공시(기업의 내용 등을 투자자에게 알리는 제도)를 훑어봤다. 사업보고서(연간 기업의 실적 보고서)도 꼼꼼히 읽어봤다. 잠들기 전엔 리뷰 내용 중 리스크는 없는지 떠올려봤다. 일주일 고민 끝에 매수하지 않은 종목도 많다. 하지만 그 고민의 결과는 실로 대단했다. 고민에 고민을 더한 심도 있는 분석이 생각의 깊이를 더한 것이다. 내 생각으로 고른 종목이 결국 최고의 투자 종목이 된다.

과거 영광의 주가는 다시 오지 않는다

과거 주당 10만 원이었던 주식이 1만 원이 되니 싸다고 한다. 큰돈을 투자해 10배 수익 인생 역전을 꿈꾼다. 하지만 몇 가지 오류가 그 속에 담겨 있다. 첫째, 실적이 과거보다 나빠졌을 경우다. 실적이 나빠지면 당연히 기업가치도 낮아진다. 그만큼 시장에서 평가도 박해지니 과거 영광의 주가가 돌아오기 어렵다. 둘째, 주식수가 늘어났을 수 있다. 시가총액은 주식수와 주가를 곱한 것이다. 주가 1만 원짜리 주식이 100주 있으면 시가총액은 100만 원이다. 하지만 주식수가 200주가 되면 동일한 시가총액 유지를 위해 주가는 5,000원이 되어야 한다. 평당 1,000만 원인 30평형 아파트 가격이 3억 원이듯 주식회사 가치도 시가총액으로 봐야 한다. 적자기업(당기순손실 기업)이라면 운영자금이 부족해 지속적으로 유상증자를 할 수 있다. 유상증자는 투자자에게 돈을 받고 주식을 파는 행위다. 주식수가 지속적으로 늘어나니 주가는 더욱 낮아질 수 있다. 셋째, 액면가를 낮췄을 수 있다. 액면가는 주식에 쓰여있는 주식가액이다. 액면가 500원 10주를 액면가 100원 50주로 액면분할(액면가 낮추기) 할 수 있다. 그럴 경우 주가는 1/5 수준으로 낮아진다. 무턱대고 과거 주가와 비교해 싸다, 비싸다를 논해서는 안 된다. 그동안 그 기업에 무슨 일이 있었는지 뉴스와 공시를 분석해 파악해 봐야 한다. 현재 주가 1만 원도 기업가치 대비 버블일 수 있다. 10만 원은커녕 1만 원을 지탱하기도 어려울 수 있는 것이다.

≫ 증자는 주식수를 늘리는 행위다. 유상증자는 돈을 받고 주식을 투자자에게 파는 것이다. 무상증자는 공짜로 투자자에게 주식을 주는 것이다. 반대로 감자는 주식수를 줄이는 행위다. 유상감자는 투자자에게 돈을 주고 주식수를 줄인다. 반면 무상감자는 투자자에게 보상 없이 주식수를 줄인다. 투자자 입장에서는 무상증자와 유상감자는 호재인 반면, 유상증자와 무상감자는 악재다.

무상증자 : 공짜로 주식 발행	유상증자 : 투자자 돈으로 주식 발행
유상감자 : 투자자에게 돈을 주고 주식 감소	무상감자 : 투자자에게 보상 없이 주식 감소
투자자에게 호재	투자자에게 악재

투자하는 합리적인 이유를 만들어라

고민에 고민을 더해서 합리적 이유가 나와야 한다. 두뇌를 풀가동해 합리적 투자 매력을 찾아야만 한다. 합리적 이유가 있다면 주가급등락에도 아빠는 흔들리지 않는다. 나를 설득하고 남을 설득할 수 있어야 한다. 이성적 판단 결과가 없다면 투자할 근거도 없다. 대충 적당히 투자하는 것은 로또를 사는 것과 다를 바 없다. 주식투자는 충분한 사전 준비와 타당한 근거를 가지고 덤벼야 한다. 그 준비가 부족하거나 합리적 이유가 약하다면 실패할 가능성이 높다. 주식투자와 본업이 다를 바 없다. 열심히 최선을 다해야만 성공한다. 정말 최선을 다해서 주식투자 준비를 해두자. 노력을 많이 한 만큼 부자가 될 수 있다.

주가는 심플하게
움직이지 않는다

주식투자는 공식처럼 외운다고 성공하지 않는다

주식투자가 어려운 이유는 경우의 수가 많아서다. 'A = B'와 같이 단순하면 좋겠지만 C와 D 같은 여러 돌발 변수들이 있다. 주가는 호재와 악재 변수들에 영향을 받으면서 움직인다. 공식처럼 단편적으로 봐서는 수익 내기 어렵다. 다양한 경험을 충분히 겪어봐야 한다. 하지만 경험치를 쌓기 전에 무작정 큰돈부터 투자하는 경우가 많다. 절대 그래선 안 된다. 산전수전 다 겪은 후에야 금액도 늘리고 투자방법도 좀 더 공격적으로 바꾸는 것이다. 그전까지는 조심해야 한다. 돌다리도 두들겨보고 건너듯 매사에 여러 가능성을 생각하고 투자하자.

≫ (예시) ① 유가상승은 정유주에 호재이기에 주가가 상승한다. 다만 가파른 유가급등은 정유주에 악재다. 유가가 너무 오르면 소비가 침체되기 때문이다. 정부가 나서서 정유사 마진을 줄이라고 하기도 한다. ② 유가상승에는 대체재인 태양광 주가가 오른다. 하지만 태양광 1위 국

가인 중국이 태양광 규제를 하자 주가는 다시 내린다. ③ 환율급등은 자동차 수출주에 호재다. 반면 코로나19에 따른 중국 봉쇄 조치로 자동차 부품공급에 차질이 생긴다.

학습효과 경험치를 찾는 노력을 하라

다양한 경우의 조합 속에서 주가상승의 주된 이유가 숨어있다. 그 핵심 이유를 찾는 기술이 고수가 되는 지름길이다. 최선의 연습법은 차트를 열어두고 급등락 시점 뉴스(공시)와 대조해 보는 거다. 주가상승 이유가 명확할수록, 그리고 주가상승의 공통점이 일치할수록 투자전략도 심플해진다. 쌓여진 학습효과 경험치대로 주가는 움직일 테니까 말이다. 그 경험치를 기록해 두면 나만의 훌륭한 투자족보가 될 수 있다.

투자 전 '왜(Why)?'를 세 번 이상 외쳐라

투자 전 '왜(Why)?'를 적어도 세 번 이상 외치자. 왜 투자하는지 그 이유를 찾자. 주가가 어떻게 움직일지도 함께 예측하자. 미리 주행 연습을 한 뒤 실제 운전을 하듯 만반의 준비가 되어 있어야 한다. 돌발상황에 대비해 '이럴 때는 이렇게' 연습이 되어야 한다. 그래야 혹시 모를 악재에도 손절매(손해보고 매도) 대신 역발상 투자가 가능하다. '왜?'의 습관화가 투자수익을 부른다. 수많은 '왜?'가 쌓이면 나만의 투자공식이 된다. 주식투자는 수많은 임상 경험치가 쌓여야 한다. 그 경험치는 '왜?'의 축적치다. 자동차 사고 매뉴얼처럼 케이스별 노하우가 실력이 된다. 주식투자는 오를 종목을 찾는 심플한 게임이다. 복잡함 속에서 심플함을 찾기 위해 '왜?'라는 합리적 의구심을 갖는 습관부터 가지자.

머릿속을 단순화해라

머릿속이 복잡할수록 투자는 어려워진다

관심종목이 많을수록 투자가 잘될 것 같지만 오히려 복잡함만 더할 수 있다. 매수종목이 많다 보니 어떤 종목을 샀는지 기억나지 않는 경우도 있다. 종목도 기억하지 못하는데 투자가 제대로 될 턱이 없다. 심플하게 압축해서 생각하는 편이 더 좋을 수 있다. 특정 분야만 파고들어 집중투자하는 게 더 나을 수 있다. 가장 자신 있는 분야만 공부하고 투자하는 거다.

≫ (예시) 삼성전자만 파고들어 보는 거다. 반도체 사이클 추이에 맞춰 매매 패턴을 유지한다. -20% 손해마다 추가매수하는 전략으로 접근한다. 공격적 투자자라면 투자금액을 추가매수마다 늘릴 수도 있다.

관심 대상을 줄여라

관심종목을 두 종류로 나눈다. 계속 관심을 가질 종목, 한 번씩 봐줄 관심종목으로 나눈다. 관심종목은 20종목 내외로 압축한다. 그리고 실제 투자종목은 3종목 이내로 집중한다. 아빠는 투자종목들이 모두 -10% 이상 손해인 경우, 신규종목 매수를 하지 않으려 한다. 심사숙고해 기존 종목을 골랐지만 그럼에도 손실이 나면, 끝까지 그 종목들에서 추가매수 기회를 엿본다. 계속 투자종목을 늘리다 보면 손해 난 종목들만 계속 늘 수 있다.

투자공부에도 선택과 집중이 필요하다

주식투자에는 충분한 휴식이 필요하다. 가끔은 복잡한 뇌를 비워줘야 한다. 그래야만 투자 아이디어가 나온다. 매일 일정한 투자와 휴식 루틴을 정해두는 게 좋다. 머릿속에 휴식을 줘야 해서다. 온종일 주식 스트레스만 받으면 투자가 더 안된다. 휴식에는 선택과 종목분석의 집중이 공존해야 한다. 휴식 속에서 집중할 시간을 정하는 거다. 집중하는 시간에는 뉴스 리뷰와 종목분석을 한다. 뉴스 리뷰는 출퇴근 시간 등을 최대한 활용한다. 퇴근하고 30분 정도 리뷰해도 좋다. 종목분석은 저녁식사 후 밤 시간을 활용한다. 장중에 종목을 분석하다 보면 조급함에 급등 후 매수하는 실수를 하곤 한다. 충분한 분석을 위해 장마감 이후 시간을 활용하는 편이 좋다. 종목분석도 매일 하면 좋겠다만 시간적 여유가 없다면 주말을 활용하자.

주식투자란
세상 사는 이치다

사람이든 회사든 돈을 잘 벌어야 대접받는다

주식투자는 결혼 상대를 고르는 것과 같다. 결혼할 때는 상대방의 환경, 건강, 학벌, 직장 등 여러 가지 조건을 보게 된다. 그 조건 중 중대한 하자가 있다면 결혼에 골인하기 어렵다. 그중에서도 아주 중요한 조건은 돈을 많이 버느냐다. 가지고 있는 돈이 많아도 좋다. 주식투자도 별반 다르지 않다. 여러 악재 이슈가 없어야 하고 돈을 잘 벌어야 한다. 돈 잘 버는 실적개선주는 주식시장에서 좋은 대접을 받는다. 아빠는 회사와 결혼한다 생각하고 주식투자를 한다. 결혼 상대로 부족한 회사들은 거들떠도 보지 않는다. 좋은 회사만을 골라 끝까지 물고 늘어지는 거다.

돈 잘 버는 자식이 효도도 잘한다. 먹고살 만하니 베푸는 씀씀이도 크다. 주식투자에서도 마찬가지다. 돈 잘 버는 실적개선주가 배당(회사 이익 중 일부를 주주에게 나눠 주는 것)도 많이 한다. 주식투자에서는 돈 잘 벌고(실적개선주) 돈 잘 쓰는(고배당주) 회사가 최고다.

주가는 세상 사는 이치대로 흘러간다

투자를 쉽게 생각해 보자. 세상 사는 이치와 주식시장이 별반 다르지 않다. 주가는 호재에 상승하고 악재에 내린다. 호재와 악재를 구분해 낼 기초지식만 있으면 된다. 공시와 뉴스를 리뷰할 상식만 쌓으면 된다. 이 책은 공시 해석, 재무제표 기초지식을 담고 있다. 그 정도만 이해해도 충분하다. 무엇보다 돈을 잘 벌고 잘 쓰는 회사가 좋다는 걸 기억해야 한다.

영화도 관심이 모여야 관람객이 모이고 천만 영화가 된다. 주식도 관심이 모여야 주가가 오른다. 관심이 모이면 수요가 늘어나고 거래량(매수수요)이 증가한다. 거래량이 증가하니 주가는 오른다. 반대로 관심이 없어지면 거래량이 줄고 주가는 내려간다. 사람들의 관심이 모이는 종목에만 투자하면 된다. 관심은 주로 뉴스 1면에 언급되는 내용에서 출발한다. 관심은 하나의 테마가 되어 주가를 상승시킨다. '뉴스에 팔아라'라는 증시 격언도 관심받을 때 팔라는 의미다. 뉴스가 나오고 더 나올 뉴스가 없으면 관심 대상에서 멀어진다. 실적개선주도 실적이란 관심 요소, 고배당주도 고배당이란 관심이 있기에 오르는 거다.

≫ (예시) 띠부띠부씰을 모으기 위해 포켓몬빵을 사겠다는 사람은 많은데 물량이 없다. 당연히 전국적 인기는 올라가고 관심이 모인다. 비싼 가격에도 띠부띠부씰을 사겠다고 덤벼든다. 포켓몬빵 품절에 제조사 SPC삼립 주가도 오른다.

≫ 에스엠 인수를 두고 하이브가 주당 12만 원의 공개매수를 선언하자, 카카오는 주당 15만 원으로 맞불을 놨다. 경영권을 놓고 벌이는 지분 싸움은 관심을 모은다. 관심받는 동안 거래량 쏠림 덕에 에스엠 주가는 오른다. 다만 승자가 정해지면 급등했던 주가는 기업가치대로 원위치된다.

반대로 매도물량 증가는 악재다. 신규 아파트 단지 전세물량 증가로 전세가가 내리는 이치와 비슷하다. 유무상증자 추가상장일 이후 주가는 단기 조정을 보인다. 유상증자나 주식관련사채 발행 등으로 주식수가 늘어나는 건 악재다. 기업가치는 그대로인데 주식수만 늘어나니 좋을 일이 없다. 물적분할로 알짜배기 자회사를 떼어내는 것도 악재다.

≫ (예시) 에코프로비엠 무상증자 상장일 이후 주가는 잠시 주춤한다. 1주당 3주를 주는 무상증자를 했으니 투매물량이 정리되어야 주가는 움직인다.

≫ 주식관련사채는 채권이지만 주식으로 바뀔 권리가 있는 경우다. 투자자가 주식청구를 요청하면 주식수가 증가한다. 기업분할은 기업을 둘 이상으로 나누는 행위다. 인적분할과 물적분할로 나뉜다. 인적분할은 서로 대등한 관계의 회사 2개 이상으로, 물적분할은 모회사(지배회사)와 자회사(종속회사)로 만든다.

투자라는 안경으로 세상을 바라보자

세상의 모든 이벤트가 투자와 연결되어 있다. ① 돈을 잘 벌고(실적개선주) ② 잘 주는(고배당주) 회사와 함께 ③ 관심받는 회사가 주된 투자대상이다. 관심은 테마적 강한 상승을 일으킨다. 소외된 저평가주도 관심 덕에 주도주로 부상한다. 소설가의 역량은 사소한 것도 놓치지 않는 관찰에서 시작한다. 주식투자도 별반 다르지 않다. 투자라는 관점에서 세상을 바라보자. 뉴스 1면 기사에서 관심받을 종목을 유추하는 게 핵심이다. 하루도 빼먹지 말고 뉴스를 읽는 습관을 들이자. 사람들의 관심이 모이는 뉴스를 발굴하고 이를 투자로 연결하는 연습이 필요하다(뉴스 = 투자라는 등식으로 세상의 뉴스를 접하다 보면 투자고수가 금방 될 수 있다). 투자라는 안경으로 세상을 바라보자. 동일한 뉴스를 보고 투자로 연결하는지 여부는 열린 눈에서 시작한다.

500만 원을 5억 원처럼 생각하고 투자해라

없어도 되는 돈이라고 생각하지 마라

없는 돈이라 생각하고 투자하는 건 나쁜 습관이다. 투자금이 소액일 경우 '없는 셈 치고 투자한다'라는 마인드의 투자자가 많다. 허나 없어도 되는 돈, 잃어도 되는 돈은 없다. 소중한 돈을 허투루 생각하니 올바른 투자습관이 생길 리가 없다. 5억 원이다 생각하고 500만 원을 투자해 보자. 함부로 종목을 고르지 않게 될 것이다. 고심하고 선택하는 습관을 기르기 위해 소액도 신중히 투자하자. 대충대충 투자하는 습관이 굳어지면 막상 큰돈을 투자할 때도 생각없이 투자하게 된다. 주식투자에서 대충이란 없다. 절대 잃어선 안 되는 소중한 돈이다.

매수 결정을 쉽게 해선 안 된다

소액이다 보니 매수결정이 쉽다. 하지만 매수 결정이 쉬워선 성공투자가 어렵다. 주식투자에서 가장 어려운 결정이 매수여야 한다. 첫 단추를 잘 꿰어야 다음 계획이 있다. 종목을 잘못 사면 손절매 외에 방법이 없다. 매번 잘못된 매수와 손절매를 반복하면 진일보하기 어렵다. 주식투자 10년이면 나만의 필살기가 있어야 한다. 그 필살기는 결국 종목을 잘 고르는 것이다. 소액투자부터 올바른 방법으로 해야 한다.

투자종목 선정에 최선을 다하지. 고심하고, 고심하고, 또 고심하자. 혹여 실수로 보지 못한 것은 없는지 체크하자. 매수 결정을 위해 최소한 반나절은 고민해야 한다. 밤 9시부터 다음날 오전 9시까지 12시간은 오롯이 매수할 종목에 매달려 보자. 그래야만 500만 원이 5억 원이 될 수 있다.

귀차니즘과 이별하자

소액투자인데 절차도 많고 품도 많이 든다. 다른 할 일도 많은데 귀찮다고 생각하면 돈 벌기는 어렵다. 제일 중요한 건 돈 버는 종목을 고르는 거다. 주식투자 성공의 70% 이상은 좋은 종목을 고르는 데 있다. 그러니 그게 귀찮으면 안 된다. 돈을 벌려면 열정적으로 노력해야 한다. 회사에서 야근하는 마음으로 주식투자에 매진하자. 종목분석은 처음 한 번이 어렵지 그다음부터는 일사천리다. 종목분석은 전공, 학벌과 무관하다. 노력하는 시간과 비례한다. 귀찮다고 인생을 소액주에 허비해선 안 된다.

빚내서 주식투자 하지 마라

이자 부담이 조급함으로 이어진다

증권사 대출인 신용융자나 미수는 대출기한이 짧다. 미수는 2영업일, 신용융자도 보통 90일 정도 기한을 준다. 신용융자는 주식매수자금 대출, 미수거래는 결제일(T+2일)까지 외상거래다. 신용융자는 보유주식을 담보로 대출을 받는다. 보유주식의 가치가 떨어지면 담보가치가 부족해진다. 부족한 담보를 메우지 못하면 반대매매(증권사 임의처분)된다. 급락장에 반대매매가 시장급락을 더 부른다. 반대매매로 인해 투자원금보다 더 큰 손해를 볼 수 있다. 신용융자는 은행의 마이너스 통장보다 대출금리가 더 높다. 대출금리 이상의 수익을 빨리 거둬야 하기에 급등주만을 쫓는다. 단타매매로 짧은 승부를 볼 뿐 실적개선주를 진득하게 기다릴 수 없다.

기다릴 수 없다면 투자하지 마라

기한이 있는 자금(대출)은 나쁜 투자습관을 들이게 한다. 빠르게 승부를 보려는 습성은 고위험 투자만 부추긴다. 고위험 투자는 실패 확률도 높다. 위험이 높기에 조그만 손해에도 칼같이 손절매한다. 잦은 손절매는 결코 투자실력이 아니다. 진정한 실력자는 시간이 걸려도 매번 이긴다. 혹여 손실이 나도 기다릴 수 있는 투자를 해야 한다.

단기간에 빨리 수익 내려다 크게 당한다. 잃을 바에야 안 하는 게 낫다. 조바심 나는 투자는 하지 말자. 사람은 실수할 수 있다. 그 실수는 바로 회복되지 않는다. 기다림의 시간을 견딜 수 없는 투자라면 올바른 투자가 아니다.

큰 욕심은 부리지 마라

주식투자로 잃더라도 내가 가진 돈 범위 내에서만 잃자. 가급적 선물옵션이나 신용·융자(미수) 등은 보수적 관점으로 바라보자. 주식은 투자한 금액 내에서만 잃지만 선물옵션은 투자원금 이상 크게 잃을 수 있다. 내 능력 밖의 손실을 입으면 거리에 나앉는다. 그런 위험부담을 안고 투자하지 말자. 한번 발을 들이면 헤어나오기 어렵다. 크게 잃기 전까지는 레버리지 투자를 계속하게 된다. 익숙해진 위험부담에 레버리지 투자가 일상화되는 문제가 생길 수 있다. 과한 욕심을 조금 내려놓자. 천천히 가도 부자가 될 수 있다.

긴 호흡으로 투자해라

투자 스트레스를 줄이려면 매매횟수를 줄여라

주식투자가 힘든 이유는 매일 스트레스를 받아서다. 단타매매를 하면 매일 성적
표를 받아든다. 날마다 투자수익이 나면 좋겠지만 수익과 손실은 반복된다. 잃은 건
금방 잊어버리지만 대박 수익은 오랫동안 잔상에 남는다. 마치 내가 투자고수인 듯
착각에 빠진다. 허나 실상은 합산 결과 손해뿐인 경우도 많다. 행복해지자고 투자하
는데 단타매매가 일상을 망친다. 시세판이 스트레스를 유발하고, 그날 손익에 따라
집에서 화풀이만 는다. 스트레스와 결별할 투자법이 필요하다.

매매 횟수를 줄여보자. 아빠는 한 달에 많아야 1~2일 매매하는 투자자다. 이렇
게 하기 위해선 기업가치를 봐야 한다. 기업가치가 좋은 기업을 고르니 하루이틀
만에 승부 보는 투자자가 아니게 된다. 실적 결과를 검증하며 가기에 시간이 필요
하다. 기관과 외국인은 한 번에 '몰빵투자'하지 않는다. 상당한 시간을 들여 실적개

선주를 매수하기에 하루 변동폭도 낮다. 길게 보면 우상향이기에 기다리면 된다.

3년간 팔지 않겠다는 확신이 들면 사라

매수 전 매도시점과 목표치를 정하는 것이 중요하다. 매도에 대한 확신이 없다면 성공 가능성이 낮다. 확실한 매도 타이밍을 미리 정해두고 매수하자. 최소한 1분기 이상 보유하겠다고 마음먹은 종목들이 좋다. 적정 매도시점이 가까울수록 주가는 비싸져 간다. 충분히 기다릴 시간이 남았다면 주가는 아직 급등 전이다. 저가에 사두고 기다리기만 하면 된다.

아빠는 3년간 팔지 않겠다는 확신이 드는 종목을 좋아한다. 장기간 기다릴 수 있다는 건 그만큼 믿는 구석이 있다는 거다. 시장의 급등락에도 견딜 수 있다. 무엇보다 기업가치가 좋으니 장기간 투자할 수 있다. 아직은 호재가 다 반영되지 않았으니 주가도 저렴하다. 투자습관이 바뀌면 마음이 여유롭다. 심리적 안정감도 높고 주식투자도 행복한 일상이 된다. 행복하자고 돈을 번다. 행복하게 주식투자로 돈을 버는 게 어떨까.

≫ (예시) 2020년 코로나19로 국제유가가 급락했을 때 엑슨모빌을 주목했다. 3년 내 경기가 회복되면 수요증가로 유가는 오를 것이기 때문이다. 정유기업은 유가급등이 호재다.

마음 편한 투자를 택해라

단기간 대박의 가능성은 로또 확률과 같다

주식투자를 하며 일확천금을 꿈꾼다. 텐배거(10배 수익률)를 찾을 수 있다는 확신에 찬 투자다. 다만 그런 공격적 투자가 오히려 손실만 키울 수 있다. 급등주는 흔들리면서 오른다. 그 흔들림을 견디고 버티기란 어렵다. 아빠는 일반적으로 40% 이상 수익이면 만족하고 최소 절반은 매도한다. 그 이상의 수익은 내 것이 아니라고 생각한다. 한 번에 텐배거를 추구하는 것은 위험 부담이 매우 큰 투자전략이다. 10%씩 네 번 수익 내겠다는 방법이 더 바람직하다.

평생 투자할 거라면 마음 편한 방법으로 하라

이 책을 쓴 이유는 네가 마음 편한 투자를 해주길 바라서다. 주식투자를 마음 편하게 하기란 쉽지 않다. 주식고수가 되기 위한 마지막 단계는 심리를 다스리는 데 있다. 급등주만 쫓아다니는 투자는 권하지 않는다. 급등락에 강심장이 되긴 어렵다. 이미 급등한 주식은 한발 늦었다. 급등할 대로 급등한 주식에 단타로 들어갔다가 크게 당한다. 한발 늦은 투자만 계속해선 실력이 늘기 어렵다. 진정한 실력자는 저평가 주식을 미리 선점하고 기다린다. 그게 마음 편한 투자다. 저평가 주식을 찾기 위한 노력만 열심히 하면 된다. 강심장이란 좋은 주식을 고르면 당연히 따라온다. 관심을 가져야 할 주된 투자처로 실적개선주, 고배당주, ETF, 스팩, 리츠 5개 분야를 권한다.

먼저 본업에서 최선을 다해라

본업을 팽개치고 전업투자를 하겠다는 건 말리고 싶다. 기댈 곳이 없기에 주가 급락에 멘탈이 흔들린다. 본업은 주식이 망가져도 기댈 '믿는 구석'이다. 본업에 최선을 다하는 게 좋다. 주식은 부차적인 수단으로만 접근하자. 주식 일확천금만 평생 노리다 보면 사람이 게을러진다. 최소한 50대까지는 본업을 열심히 하자. 노동의 가치를 알고 주식투자를 겸하는 성실함이 필요하다.

고3처럼 공부하고 준비해라

투자를 치열하게 공부해야 돈을 번다

　주식투자는 돈을 버는 일이다. 돈 버는 일도 고3처럼 공부해야 성공한다. 노력 없이 저절로 되는 행운은 없다. 주식투자는 머리로 모든 결정을 한다. 손발이 힘든 육체노동이 아니다. 오직 두뇌개발이 필수다. 하지만 대부분의 초보자들은 투자 공부를 하지 않는다. 다른 사람의 조언대로 투자하는 경우도 많다. 종목선정은 내가 해야 한다. 내 머릿속에 든 생각대로 종목을 고르고 적정 시점에 매도해야 한다.

　주식투자 공부를 하려면 일단 주식용어와 친숙해져야 한다. 기본 개념이 있어야만 각종 재무제표, 뉴스, 공시를 읽을 수 있다. 주식투자 기초서적과 재무제표 책, 이렇게 2권만 반복해서 읽으면 된다. 적어도 2~3번 동일한 책을 읽어보길 권한다. 한 달이면 기초공부는 충분하다. 뉴스 리뷰도 지속적으로 해야 한다. 뉴스는 투자종목을 고르는 원천이다. 주식용어와 친숙해졌다면 뉴스 읽기가 한결 편해진다.

≫ 아빠가 이 책을 쓴 이유도 책 2권으로 주식공부를 마스터 해주길 바라서다. 기업분석, 투자 사례, 재무제표, 공시 등을 핵심만 압축해서 다루고 있으니 이 책을 반복해서 읽어주길 바란다.

전쟁 전 철저한 준비가 승리를 이끈다

투자하고 나서야 리스크가 보이는 경우도 많다. 준비가 철저하지 못해서다. 좋은 점만 보다 보니 단점을 놓친 거다. 종목에 대한 분석을 빠짐없이 하자. 종목분석도 실력을 기르는 원동력이다. 분석 과정을 거치면서 더욱 세밀한 공부가 된다. 철저한 리뷰가 주식투자 승리를 이끈다. 고3처럼 종목분석을 하길 바란다. 4당5락 정신으로 종목을 대하자. 리스크를 생각하고 또 생각하자. 진정 고3처럼 매진해야 할 핵심은 종목분석이다. 주식 기초공부와 뉴스 리뷰는 조금만 하면 누구나 비슷하다. 허나 종목분석은 자신만의 색깔과 노하우가 다르다. 생각의 깊이 차이가 수익률을 결정한다.

본업만큼 열심히 준비하라

설렁탕 장사를 하기 위해선 육수를 밤새 고아야 한다. 국물이 타지 않게 오랜 시간 저어준다. 직장인은 비즈니스를 위해 영어학원을 다닌다. 때론 인사평가를 위해 부장님과 억지로 소주잔을 기울인다. 다 먹고 살자고 하는 부지런함이다. 주식투자도 잘 먹고 잘 살자고 하는 일이다. 하지만 본업만큼 준비하지 않는다. 둘 다 돈 벌자고 하는 일인데 말이다. 나는 부자 될 준비가 되어 있는가. 본업에 노력하는 만큼만 주식투자에 노력하자. 오늘부터 주식투자도 철저한 준비태세다.

10

큰 수익보다 잃지 않는 것이
더 중요하다

대박 수익 기대감에 눈이 멀면 리스크를 못 본다

아빠의 주식투자 모토는 '잃지 말자'다. 대박수익, 조기은퇴 같은 거창한 문구보다 현실적이다. 잃지 않겠다 마음먹으니 리스크(투자위험)만 본다. 위험부담이 큰 종목은 무조건 걸러낸다. 가장 위험부담이 큰 투자는 적자기업을 사는 거다. 적자기업을 사다 보면 고민이 많아진다. 적자기업만 안 사도 위험부담은 절반 이하로 줄어든다. 일단 손실이어도 장기투자가 가능하다. 군이 고민을 안고 투자할 이유는 없다.

대박의 꿈을 버리자. 대박은 위험부담이 큰 종목에서 나온다. 큰 위험부담을 안고 투자하는 건 바람직하지 않다. 그런 로또는 인생에 몇 번 찾아오지 않는다. 찾아오더라도 수익까지 버티기 어렵다. 작전주는 심하게 흔들리며 오른다. 웬만해선 급등 초기에 다 매도하고 만다. 아쉬운 마음에 뒷북 고점투자하다가 결국 손해만 본다.

잃지 않겠다 마음먹어야 치밀해진다

잃지 않겠다고 마음먹으면 분석이 촘촘해진다. 리스크만 집중적으로 본다. 위험요인이 크면 무조건 탈락이다. 대부분 탈락시켜서 살 종목이 없다고 투덜댈 수도 있다. 허나 1년에 매력적인 종목 4개만 있으면 된다. 각각 10%씩 수익 내면 1년에 40% 수익이 가능하다. 위험요인이 적은 기업은 실적개선주다. 돈 잘 버는 회사는 걱정거리도 적다. 걱정거리가 적은 마음 편한 종목이 좋다.

100번 싸워 100번 이기자

평생 마음 편하게 투자하자고 했다. 그러기 위해 좋은 종목을 고르자고 했다. 대박수익 대신 리스크를 최소화하자고 했다. 이제 남은 건 이기는 것뿐이다. 100번 싸워 100번 이기는 거다. 투자원금은 크게 불어나게 될 것이다. 굳이 대박을 노리면서 고위험을 안고 살 필요가 있을까. 불안감을 가지면서 일상을 사는 게 행복한가. 리스크가 없는 주식이 좋은 주식이다. 좋은 주식을 샀으니 기다리면 그 주식은 오르게 되어 있다. 혹시 내린다면 추가매수해 매수단가를 낮춰 기다리면 된다. 주가가 오르기를 기다리는 시간이 즐겁다. 고위험주 급락은 고통이다. 언제 오를지 합리적인 이유가 없어서다. 참고 견뎌보지만 실적은 계속 악화되고 유상증자, 무상감자 등 악재뿐이다. 기다리다 지쳐 손절매한다. 마음 편하게 기다릴 수 있는 주식을 사자. 리스크가 적은 주식이 좋은 주식이다. 그 좋은 주식을 찾기 위해 끊임없이 분석하고 체크해야 한다.

11

리스크를 먼저 보자

호재를 찾고 리스크를 검증하라

분석할 종목을 고를 때는 호재가 있어야 한다. 주가상승을 일으킬 동력이 필요하다. 대부분의 호재는 실적개선과 연관된다. 호재를 찾았다면 다음은 리스크 악재체크다. 아무리 호재가 좋아도 리스크가 크다면 탈락이다. 호재에만 현혹되어서는 안 된다. 반드시 매수 전에 리스크를 전부 검증해야 한다. 리스크 검증 과정이 과열된 매수 열기도 식혀준다. 호재 체크보다 리스크 검증에 더 많은 시간을 들여보자.

이길 싸움에만 뛰어드는 영리함을 길러라

리스크가 줄어들면 마음이 편안해진다. 조급증도 없고 불안감도 멀어진다. 리스크가 적으니 손실에 손절매도 없다. 리스크가 적으면 기다림이 가능하다. 손실에도 추가매수가 가능한 강심장이 된다. 질 것 같으면 싸우지 않는 게 좋다. 굳이 싸움을 걸면 돈만 잃는다. 땀흘려 번 돈을 함부로 버릴 순 없다. 이길 확률이 높은 종목만 고르자.

리스크 부담을 지고 매수할 필요 없다

주식투자는 냉정해야 한다. 종목선정을 할 때는 엄격한 기준을 적용하자. 기준에 부합하지 못하면 기계적으로 탈락시키자. 하나둘 봐주다 보면 그 관대함이 발목을 잡는다. 리스크 부담을 지고 매수할 이유가 없다. 냉정하게 쳐낼 건 쳐내야 한다. 리스크에는 적자누적, 주식수 증가, 무상감자, 상장폐지 등이 있다.

구분	악재인 이유
적자누적	운영자금 부족으로 유상증자 발행 확률 높음 적자누적으로 상장폐지되거나 기업 부도 가능성 높음
주식수 증가	유상증자, 주식관련사채 발행은 주식수 증가를 유발함 주식수 증가는 주가희석을 가져옴
무상감자	보유주식을 아무런 보상 없이 강탈당할 수 있음
상장폐지	거래소 퇴출로 주식이 휴지조각이 될 수 있음

이중 적자누적이 최대 리스크다. 적자로 인해 나머지 악재들이 일어난다. 피곤한 일 없는 투자를 하자. 괜히 걱정할 일을 만들 필요가 없다. 호재만 가득해서 주가가 오를 일만 남은 깔끔한 주식만 사자. 리스크는 언젠가 부메랑처럼 악재로 돌아온다. 양성종양을 제거해 암 발생을 막듯 리스크 있는 종목의 싹을 잘라내자. 리스크를 안고 욕심내면 후회한다. 후회할 일 만들지 않기 위해 리스크 있는 종목은 제외하자.

12

기회비용은 잊어라

아빠는 절대 손절매하지 않는다

아빠가 손절매를 하지 않는 이유는 매수한 주식이 좋은 주식이기 때문이다. 실적개선주, 고배당주 등 나름 합리적 이유가 있다. 기업가치에 특별한 변화가 없다면 계속 보유한다. 가격이 내리면 오히려 더 싸게 살 수 있어서 즐겁다. 첫 단추를 잘 꿰어야 한다. 좋은 기업을 골라야만 손절매가 없다. 손절매가 없으니 마음이 편하다. 팔기 전의 손해는 확정적 손실이 아니다. 그저 일시적인 마이너스일 뿐이다.

사실 매력적인 투자기회는 투자종목이 크게 손실 나 있을 때다. 기업가치 변화는 없는데 시장상황이 안 좋을 때면 더 좋다. 내 종목만 내린 게 아니라 모든 종목이 다 내렸다. 글로벌 대외변수(우크라이나 전쟁, 코로나19와 같은 질병, 9·11 테러, 미국 신용등급 하락, 미중 무역갈등 등) 돌발악재 때문이다. 시간이 지나면 진정될 이슈이기에 이 매력적인 투자기회를 놓쳐선 안된다.

≫ 다만 흑자기업이 적자기업으로 둔갑하면 고민이 많아진다. 일회성 적자냐 적자의 지속이냐가 투자판단의 열쇠다. 적자가 지속된다면 그땐 손절매 외에 대안이 없다.

조급한 종목 교체로 손해보지 말자

손절매하고 다른 종목을 고른다고 해서 그 주식에서 수익이 난다는 보장은 없다. 손절매 후에는 본전 생각에 단기 급등종목 투자를 많이 하게 된다. 빠른 시일 내에 손해를 만회하고자 하는 조급함 때문이다. 다만 이미 급등한 종목은 급락할 우려도 크다. 더 큰 수익을 노리고자 수익구간에 차익실현을 하지도 못한다. 결국 더 큰 손실만 입을 수 있다. 옮겨서 괜히 손해 볼 바에야 그냥 기다리는 게 더 나은 선택이다. 추가매수 관점에서 매수단가를 낮추고 기다려 보자. 주식투자는 주가가 많이 저렴해진 종목을 사고 기다리는 거다. 기회비용(어떤 기회를 포기함으로써 발생하는 비용)은 중요하지 않다. 더 잃지 않는 게 기회비용 측면에서 나을 수 있다.

아빠의 성공비결은 오랜 기다림이다

아빠의 주식투자 성공비결은 손절매하지 않음에 있다. 먼저, 손절매하지 않을 좋은 종목을 골랐다. 손실구간 추가매수로 매수단가를 낮추고 기다렸다. 기다림이 때론 5~6년 걸리기도 했다만 그래도 기다렸다. 만약 회사정책상 투자금액 제한이 없었다면 훨씬 기다림이 짧았으리라. 어찌 보면 매우 단순한 투자방법이다. 좋은 종목을 분석해 매수하고 손해가 나면 더 사는 투자다. 아빠의 필명은 샌드타이거샤크다. 한번 먹이를 물면 놓지 않는다. 단기 손해라도 쉽게 포기하지 않는다. 끝까지 물고 늘어져 단돈 1원이라도 수익을 내고 나온다.

13

모든 정보는
부지런함에서 나온다

모든 투자정보는 사소한 뉴스에서 출발한다

　뉴스는 투자종목을 고르는 원천이다. 사소한 뉴스라 생각하는 것들이 투자수익을 부른다. 공시도 뉴스를 통해 알려진다. 뉴스를 꼼꼼히 읽어보는 습관을 들여야 한다. 네이버 경제뉴스 중 증권 섹션을 주로 읽어보면 된다. 투자수익은 뉴스에서부터 출발한다. 뉴스 제목은 핵심을 함축적으로 담고 있다. 제목만으로 호재 이슈를 추려내자. 어렵다면 실적개선 여부와 연관지어 보는 것도 방법이다. 설비투자, 수주계약, 업황개선, 원자재 가격변동, 환율변화 등도 실적개선과 관련이 있다. 완성품 제조 대기업의 실적개선 등도 소부장(소재부품장비) 납품기업의 실적개선으로 이어진다.

　≫ (예시) 2022년 7월 말 포스코퓨처엠은 GM에 양극재 수출계약 공시를 했다. 수주 공시는 실적개선으로 이어진다. 수주 뉴스 덕분에 실적개선이 화두가 되고 주가상승을 부른다.

투자에 앞서 꾸준하게 흐름을 체크하라

주식투자에서 부지런함, 꾸준함만큼 좋은 무기도 없다. 아빠는 가급적 매일 뉴스 리뷰를 한다. 종목을 교체하지 않아도 뉴스는 매일 체크한다. 가장 큰 장점은 현재 상황에 뒤처지지 않는다는 것이다.

시장 주도주의 흐름을 체크해야 한다. 같은 뉴스라도 주식투자와 어떻게 연결하느냐가 중요하다. 오랜 경험치가 쌓여야만 시간 대비 효율적인 방식으로 뉴스를 리뷰할 수 있다. 매일 기회가 될 때마다 뉴스와 친숙해지자. 뉴스는 '이럴 땐 이렇게' 식의 답을 준다. 의사들의 임상실험과도 같다. 다양한 케이스를 접할 수 있는 좋은 기회다.

더 나올 뉴스가 있는가

일회성 뉴스는 그날 반짝하고 끝난다. 호재 뉴스라고 생각했는데 급등 정점일 수 있다. 더 나올 뉴스가 없기에 급등하던 주가는 내려간다. 호재 뉴스라도 더 나올 뉴스가 있는지 여부가 중요하다. 관심받을 뉴스가 지속적으로 나와줘야 한다. 실적 개선주도 실적발표가 3개월 단위로 이루어진다. 적어도 3개월마다 실적이 좋아진다는 뉴스나 공시가 나온다. 증권사 리포트도 더해준다. 고배당주는 주가가 떨어질수록 오히려 고배당 매력이 부각되는 뉴스가 나와 관심을 더 모아준다.

(테마주 예시) 관심이 모이면 주가상승으로 이어진다

2021년과 2022년 누리호 발사가 국민적 관심사였다. 2021년 1차 발사 후 2022년 2차 발사 계획이 발표되었다. 1차 발사가 끝나고 우주항공 관련주는 관심권에서 멀어졌다. 거래량 감소와 함께 주가는 하락했다. 다만 2차 발사가 있기에 저점매수

후 기다리면 뜨거운 관심이 이어진다. 테마성 투자이기에 2차 발사 기대감만 누리고 매도한다. 발사가 끝나면 당분간 더 나올 뉴스는 없다.

(실적개선 예시) 실적발표에 따라 주가가 움직인다

가격 전가력이 높으면 가격을 올려도 구매수요가 떨어지지 않는다. 코로나19로 인해 2022년 중국은 자국 내 도시봉쇄 조치를 내렸다. 공급망 부족 사태 등에 따라 테슬라 생산이 줄었다. 2022년 상반기 테슬라는 가격을 25~30% 공격적으로 올렸다. 생산량 감소에 따른 매출 감소를 가격인상으로 메웠다. 넷플릭스는 2022년 상반기 가격인상을 단행했다. 가격인상에 따라 구독자는 감소했다. 상반기로만 보면 테슬라가 가격 전가력이 있다. 하지만 하반기 들어 둘의 처지가 바뀌었다. 테슬라는 중국 경기침체로 차량 판매가 감소했다. 주가도 하반기 들어 하락세를 보였다. 콧대 높던 테슬라가 가격인하를 단행했다. 반면 넷플릭스는 「이상한 변호사 우영우」의 히트 덕에 실적이 개선되었다. 주가도 실적발표에 강세를 보인다. 실적에 따라 주가가 울고 웃는다.

(고배당주 예시) 약세장이면 어김없이 언급되는 통신주

스마트폰은 식품 등과 함께 우리 일상에서 꼭 필요한 필수소비재다. 경기가 어려워도 소비가 이어진다. 필수소비재를 경기방어주라고도 하는데 통신주도 이에 포함된다. 경기방어주는 약세장에서 강하다. 통신주는 약세장 경기방어주이면서 안정적 고배당주로 늘 언급된다.

14

가슴이 뛰지 않게 해라

주식투자는 가슴보다 머리로 하는 거다

　주식투자는 과학적으로 해야 한다. 합리적 이유를 찾아야 하기에 이성적 투자 판단이 필수다. 호재만 보다 보면 이성보다 감성이 앞선다. 가슴이 뛰다 보니 악재는 보이지도 않는다. 인생의 대박 주식을 만났단 생각에 무턱대고 몰빵투자한다. 손실이 나봐야 큰 악재가 있음을 뒤늦게 깨닫는다. 주식투자는 가슴보다 머리로 해야 한다. 무턱대고 가슴만 뛰는 투자를 삼가자. 차익을 실현한 날은 특히 주의해야 한다. 준비가 덜 된 상태에서 무턱대고 투자할 수 있다. 매도한 종목이 오른다고 고점에 재매수할 수도 있다. 감정 기복이 심한 날은 아예 시세판을 열어보지 말자. 멘탈이 좋지 않아 주식투자만 엉망이 된다.

급할수록 천천히 돌아가라

호재 공시가 났다고 급하게 사다간 탈 난다. 이미 오를 만큼 오른 상태다. 조금 더 오를 수도 있으나 급등 정점일 수도 있다. 급등주 따라잡기만 하다간 투자실력이 늘기 어렵다. 단타매매만 계속하게 되고 그러다 크게 잃는다. 급등은 급락을 부르는 법이다. 급할수록 천천히 심호흡을 세 번은 해보도록 하자. 호재는 알아도 리스크는 모른다. 모를수록 호재에 가슴만 더 뛴다. 차분해지자. 호재 종목도 언제 사는지가 중요하다. 공시나 뉴스에 급하게 사는 건 특히 조심하자. 호재 공시에 한발 늦은 투자를 하는 건 뒷북 투자다. 매력적인 주식투자는 호재가 나오기 전 미리 선점하는 거다. 오히려 뉴스 발표에 맞춰 고점 차익실현을 해야 한다. 차분히 분석해 놓고 불어올 바람을 기다리는 거다. 주가버블, 악재 리스크 여부도 같이 보며 판단해 보자.

충분히 분석한 후에도 가슴이 떨린다면

하루 이상 충분히 이성적으로 분석을 했는데 여전히 가슴이 떨릴 수 있다. 주가 상승 가능성이 확실한 종목일 것이다. 이런 가슴 떨림은 좋다. 머리가 가슴에게 좋은 종목이니 매수하란 신호를 보내는 경우다. 합리적인 판단이기에 공격적 투자대상이기도 하다. 주식투자 선후를 정확히 하자. 먼저 머리로 분석하고 가슴으로 매수 열망이 나와야 한다. 그 반대로 하게 되면 손실만 있다. 주식투자는 머리로 하는 거다. 분석하지 않고 가슴부터 다가서는 건 열정이 아니라 투기다. 투기적 방법으로 평생 투자하기는 어렵다.

기다릴 줄 알아야 한다

내가 사면 떨어지고 팔면 오른다는 말

나쁜 습관 중 하나는 기계적인 손절매다. 가령 -3% 등 미리 정해둔 손절매 선을 칼같이 지키는 것이다. 큰 손해는 보지 않는다고 위안 삼지만, 손해는 손해다. 매수 뒤에 주가가 내리는 경우가 다반사인데 그새를 못 참는다. 종목에 대한 자신이 없어서 칼같은 손절매를 하는 것일 수도 있다. 급등주 매수 패턴에서 주로 칼같은 손절매를 자주 한다. 하지만 팔고 나면 그때부터 오른다. 속상함에 손절매가보다 높아진 가격에 재매수한다. 주가는 올랐지만 나는 번 게 없다. 그런 일을 몇 차례 반복하다 보면 '멘탈이 나간다'. 내가 사면 내리고 팔면 오른다는 자조 섞인 말도 많아진다. 주식은 수익을 내고 파는 거다. 일시적 손실을 참고 기다려서 오를 때 팔면 후회가 없는 법이다.

기다릴 수 있는 종목만 투자하라

주가는 사는 순간부터 내릴 수 있다고 마음 편히 생각하자. 내릴 걸 알기에 미리 철저한 준비가 필수다. 아빠는 3가지 전제를 두고 주식을 산다. 첫째, 내려도 기다릴 수 있는 종목만 산다. 둘째, 내려서 더 살 수 있는 종목만 산다. 셋째, 잠시 내려도 언젠가 오를 종목만 산다. 내린다고 해도 언젠가 내가 산 가격보다 반드시 오른다는 확신이 들어야 매수한다. 장기투자하겠다는 전제도 필요하다. 기다리면 주가가 올라야 한다.

주식시장 전체가 문제라면 괜찮다. 주식시장 전체가 나빠서 내렸다면, 또는 경기가 나빠서 일시적으로 판매가 부진했다면 기다리면 된다. 문제는 내가 투자한 회사의 주가만 내린 경우다. 회사가 적자 늪에 허덕이는데 장기투자를 하면 안 된다. 혼수상태인 4기 말기 암 환자와 같다. 이럴 때 기다리면 상태가 더욱 나빠져 다시 회복하기가 매우 어렵다. 그런데도 손해이니 기다리겠다고 다짐하는 경우가 많다. 죄다 부질없는 기다림이다.

기다리다 지쳐 포기하지 마라

기다림이 6개월 이상 길어질 수 있다. 기다리다 지쳐 손절매한다만 주가는 그다음부터 오른다. 지치지 말고 오랜 기다림을 견뎌야 한다. 영업이익이 나는 좋은 종목을 골랐기에 기다려야 한다. 아빠는 6~7년을 기다려 본 종목도 있다. 기다림을 지루해하지 말자. 언젠가는 수익이 날 것이기에 포기하지 말고 끝까지 버텨보자.

≫ (예시) 회사에서 투자금액 제한이 있어 추가매수에 어려움이 있었다. 그 결과 도이치모터스를 매수하고 5년 이상 보유했다. 한때는 손실률이 -70%가 넘기도 했다. 그래도 실적은 꾸준했고 정부의 중고차 정책 이슈로 주가가 매수단가보다 높아졌다. 오랜 보유종목은 매매차익이 발생하면 미련 없이 매도한다. 오랜 기다림 끝에 전부 매도해 수익을 냈다.

생각하고 또 생각해 스토리를 만들어라

투자수익은 생각의 깊이와 일치한다

재무제표를 나열하는 건 기업분석이 아니다. 숫자에 의미를 부여해야 진정한 분석이다. 생각하지 않는 주식투자는 실패다. 사골국물 우려내듯 오랜 시간 고민하고 그 중 최선의 선택지만을 골라야 한다. 합리적 이유를 찾아 그 타당성이 큰 종목만 매수하자. 나를 설득하고 남을 설득할 최적의 대안을 생각해 내자. 힘든 과정이 되겠으나 깊이 생각해야 한다. 스토리텔링은 주식투자에 필수다. 기업가치를 분석하고 이에 대한 회로도를 만들어봐야 한다. 다양한 경우의 수를 만들어두자. 기업분석과 그 분석에 대한 복기 과정이기도 하다. 혹여 잘못된 판단은 없는지, 우려 사항을 슬기롭게 극복할 방법은 없는지 촘촘히 확인해야 한다. 손실대응, 차익실현은 어떻게 할지도 세밀히 준비해 둬야 한다.

≫ 스토리텔링: '스토리(story) + 텔링(telling)'의 합성어다. 상대방에게 알리고자 하는 바를 재미있고 생생한 이야기로 설득력 있게 전달하는 행위이다.

생각하지 않으면 준비 없는 투자다

여행을 가기 위해선 여행가방을 잘 챙겨야 한다. 꼼꼼하게 준비하지 않으면 여행 가서 낭패를 본다. 주식투자도 준비가 철저하지 않으면 손해를 본다. 주식투자의 준비는 생각에서 출발한다. 기업분석도 생각하는 과정이다. 기초적인 자료를 찾은 뒤 고민해 결정한다. 매수를 위해선 준비할 시간이 필요하다. 5~10분만으로 결론 내기엔 챙겨볼 게 너무 많다. 주요 정보만 찾는 데 적어도 1시간 정도는 꼼꼼히 들여다봐야 한다. 찾은 정보를 검증하는 시간은 더 필요하다. 퇴근하고 2~3시간 공들여 들여다볼 시간이 있어야 한다. 생각 없이 매수하는 건 여행가방을 두고 여행 가는 것과 같다.

생각하고, 생각하고, 또 생각하라

주식투자 고수가 되는 길은 심플하다. 생각하고 또 생각하는 것을 실천하는 것뿐이다. 그 과정을 끊임없이 반복하는 데 익숙해져야 부자가 되는 거다. 성실하게 스토리텔링하는 습관을 들이자. 고3처럼 진득하게 앉아서 종목을 분석해 나가면 된다. 엉덩이가 무거워야 좋은 대학을 간다고 하듯, 오랜 분석만이 투자수익을 부른다.

17

세상을 뒤집어 봐라

주식은 싸게 사서 비싸게 파는 거다

흔히 하는 실수가 주가가 올라야만 주식을 사는 것이다. 주가가 내리면 손절매하고 투자를 그만둔다. 참 비합리적일 수밖에 없다. 명품도 아닌데 비싸야만 사고 싸지면 판다. 주식은 싸게 사서 비싸게 파는 게 진리다. 그 기본 원칙을 늘 가슴에 새겨두고 투자에 임하자. 이 원칙을 잊고 투자하니 급등주만 쫓아다닌다. 이미 버블인 주식에서 잠깐 수익 내자고 달려드는 불나방이 된다. 나쁜 투자습관을 고쳐야 오랫동안 주식시장에서 살아남는다.

싸게 사는 기준을 정해둘 필요가 있다. 개별 종목별 저평가 판단을 위해 기업분석이 필요하다. 미래 실적 등을 적용해 현재주가와 비교한다. 이는 기초지식과 분석 능력이 필요하다. 반면 전체 주식시장이 나쁠 때는 보다 쉽다. 주가지수가 얼마인지, 경기침체 정도가 어떤지, 경기침체를 가져올 큰 충격이 있는지만 알면 된다. 코스피지수만 매일 체크해도 된다. 주가지수가 많이 하락했을 때 공격적으로 매수해 보자. 전체 시장이 하락장인 때가 좋은 투자기회다. 인생역전은 개별종목 하락보다 전체종목 하락일 때 쉽게 찾아온다.

> ≫ (예시) 뉴스에서 코스피지수 대비 12개월 선행 PER에 대해 언급하는 경우가 많다. 코스피 구성종목의 12개월 미래 실적 예측치와 코스피 전체 시가총액간 비교다. 전문가들은 그 값이 10 배 수준이면 적정 주가수준이라고 이야기 한다. 그보다 아래면 저평가 상태인 셈이다.

지수를 뒤집어 보는 역발상이 투자수익을 부른다

아빠는 약세장 지수를 뒤집어 보곤 한다. MTS 지수 화면을 캡쳐해 놓고 이를 돌려서 본다. 세상을 거꾸로 보면 공포는 기회다. 남들에겐 공포가 내겐 신이 주신 투자기회다. 재테크 유튜브에 출연한 젊은 부자들은 공포장에서 인생역전 기회를 잡은 경우가 많다. 주식시장은 적어도 10년 내에 1~2번 큰 공포장이 열린다. 최근에도 2018년 미·중 무역갈등, 2020년 코로나19 등이 급락을 불렀다. 급락에 투매가 일어났다만 결론적으로 1년 내 주가는 다시 제자리를 찾았다. 마이너스 통장 한도를 최대한 열어두고 시장급락을 기다려보는 건 어떨까. 평소에 쓰지 않으면 이자를 낼 일은 없다.

첫 단추를 잘 끼워야 역발상이 가능하다

적자 부실기업일수록 주가급락 공포감은 커진다. 역발상은 고사하고 손절매하기 바쁘다. 기업이 더 나빠질까 두려워 추가매수도 쉽지 않다. 시장급락에 손절매하지 않으려면 첫 단추를 잘 끼워야 한다. 첫 단추를 잘못 끼우니 그 이후 두고두고 고생이다. 손해가 즐거운 인생역전 기회가 되려면 기업이 좋아야 한다. 좋은 기업을 사둬야만 역발상 투자가 가능하다.

세상을 주식투자의 눈으로 바라보라

주식투자는 세상 사는 이치와 똑같다 했다. 그렇다면 세상의 모든 이슈를 주식투자의 눈으로 바라보자. 첫째, 주식투자와 관련있는가. 둘째, 사람들의 관심 정도가 어느 수준인가. 셋째, 관련 호재 대상은 어디인가. 대부분의 세상 일들은 주식투자와 관련이 있다. 선거, 전쟁, 사고, 재해, 질병, 정책 등 모든 이슈에 관련주가 있다. 사람들의 관심도가 강할수록 주가는 오른다. 신문이나 방송 뉴스 1면을 주목해 보자. 엄선한 뉴스 중 가장 먼저 나오는 뉴스는 세상의 모든 관심을 모아놨을 테니 말이다. 그런 주식이 시장에 가장 강한 종목이 된다. 우린 그 관심을 받을 때 매도해야 한다.

≫ (예시) 5년마다 돌아오는 대통령 선거에 정치 테마주, 전쟁에 유가, 곡물 관련주가 급등했다. 중국 내 태양광 공장 화재사고로 우리 태양광기업 주가가 오른다. 폭염에 에어컨주, 폭설에 제설제 관련주 주가가 급등한다. 코로나19로 인해 진단키트 관련주는 급등하고, 여행주는 급락한다.

시멘트 가격급등에 원료비 상승 우려감으로 레미콘, 건설사 주가는 약세를 보인다. 철광석 가격인상이 철강 가격상승으로 이어지고 철강을 쓰는 자동차, 조선업종에 원료비 부담이 된다.

2장

아들아,
매매 전에
기초지식은 알아두자

18

비대면 증권계좌,
이렇게 만든다

5단계로 끝내는 주식계좌 개설

스마트폰만 있으면 계좌 개설부터 주식거래까지 가능한 편리한 세상이다. 굳이 시간을 내서 증권사를 방문할 필요가 없다. 수수료도 지점 방문보다 비대면 계좌가 더 저렴한 편이다. 증권사에 따라 무료 수수료 이벤트도 많다. 가급적 계좌 개설은 비대면으로 해보도록 하자. 필수 준비물은 ① 본인 명의의 휴대전화 또는 공인인증서 ② 신분증(주민등록증이나 운전면허증) ③ 이체 출금이 가능한 본인 명의의 타 금융사 계좌(또는 해당 증권사 등록 공인인증서 등 보안매체) 등이다. 준비가 완료되었다면 원하는 증권사 앱을 먼저 스마트폰에서 다운받아 보자. 앱을 다운받고 나면 계좌 개설을 시작한다.

주식계좌 개설 과정 요약

단계	Step 1	Step 2	Step 3	Step 4	Step 5
절차	본인 확인	신분증 확인	계좌정보 입력	타 금융사 본인 계좌 확인	계좌 개설 완료
시간	1분	30초	5분	2분	1분 30초

Step 1. 본인 확인　본인 명의 휴대폰 또는 공인인증서를 통해 본인임을 확인한다. 해당 증권사에 미등록 상태인 본인 공인인증서로도 가능하다.

Step 2. 신분증 확인　신분증 촬영·인식 후 실명 정보를 확인한다. 신분증 사본 이미지가 전송된다.

Step 3. 계좌정보 입력　계좌, ID, 투자자정보확인서, 투자성향 입력 및 등록을 거친다.

》 본인의 투자성향을 조사하는 절차를 거친다. 투자성향은 초저위험, 저위험, 중위험, 고위험, 초고위험 등으로 나뉜다. 주식투자를 위해선 고위험 등급 이상의 투자성향이 나와야 한다. 원금보장 상품을 원하는 성향의 경우 초저위험이나 저위험 등으로 평가될 수 있다.

Step 4. 타 금융사 인증　타 금융사의 본인 계좌에 1원이 인증번호와 함께 전송된다. 그 인증번호를 입력하면 된다.

Step 5. 계좌 개설 완료　계좌 개설이 완료되었다. 타 금융사에서 발행한 OTP를 등록한다. 로그인을 편리하게 할 수 있게 간편비밀번호 등을 등록해 두면 좋다.

19

주식시장 매매 관련
기초지식을 쌓아두자

주식시장 호가접수, 매매거래 시간

동시호가 주문 주식시장 정규시장은 오전 9시부터 오후 3시 30분까지다. 전일 종가대비 상한가(+30%)와 하한가(-30%) 사이에서 거래된다. 오전 08:30~09:00, 오후 15:20~15:30은 동시호가 주문시간이다. 주문을 받아 동시호가 마감시간인 오전 9:00, 오후 15:30에 일괄 체결한다.

시간외 주문 시간외 주문은 시간외 종가와 시간외 단일가로 나뉜다. 시간외 종가는 오전 08:30~08:40(전일 종가), 오후 15:40~16:00(당일 종가)에 종가로 매매한다. 시간외 단일가는 오후 16:00~18:00에 10분 단위로 매매한다. 당일 종가 기준 ±10% 범위 내에서 매매한다.

주식시장 호가접수 & 매매거래 시간

구분	호가접수 시간	매매거래 시간
시간외 종가	08:30~08:40(전일 종가)	
정규시장 장전 동시호가 장마감 동시호가	08:30~15:30 08:30~09:00 15:20~15:30	09:00~15:30 09:00 15:30
시간외 종가	15:30~16:00 (당일 종가)	15:40~16:00 (당일 종가)
시간외 단일가	16:00~18:00(당일 종가 ±10%)	

≫ 오전 동시호가 주문현황은 8시 40분부터 보인다.

호가가격 단위 호가(부를 호呼, 값 가價)는 주식 종류, 가격, 수량 등을 제시하는 거다. 과거에는 주식거래를 할 때 경매처럼 사람이 직접 가격을 구두로 불렀다. 그 전통이 남아 아직도 호가라는 용어를 쓴다. 주가에 따라 끝자리 호가가격 단위가 다르다. 2,000원 미만은 1원씩, 50만 원 이상은 1,000원씩 호가 단위가 바뀐다.

주가별 호가가격 단위(유가증권시장 기준)

주가	단위	주가	단위
2,000원 미만	1원	5만 원 이상 ~ 20만 원 미만	100원
2,000원 이상 ~ 5,000원 미만	5원	20만 원 이상 ~ 50만 원 미만	500원
5,000원 이상 ~ 2만 원 미만	10원	50만 원 이상	1,000원
2만 원 이상 ~ 5만 원 미만	50원	-	-

주식주문, 주식 예약주문, 관심종목 관리

주식주문은 스마트폰, PC, 전화, 지점 방문 등의 방법으로 할 수 있다. 최근에는 스마트폰을 활용한 모바일 매매가 일상화되어 있다. 장소의 제약 없이 거래할 수 있고 증권사에서 수수료 할인 등도 해준다. PC는 HTS(Home Trading System)를 활용하고 스마트폰은 MTS(Mobile Trading System)를 활용한다. MTS를 통해 간편하게 주식매매를 해보자. 관심종목도 MTS로 정리해 둘 수 있다. 여러 군별로 나눠서 관심종목을 분류할 수 있다. 실시간 매수주문이 어려울 경우 일정 기간을 정해두고 예약주문을 해둘 수도 있다. 예약주문을 활용하면 시세판을 자주 볼 필요가 없어 심리적 안정에 좋다.

MTS 내 주식주문, 주식예약주문, 관심종목 화면

MTS 화면 출처: 삼성증권(이하 화면 동일)

≫ (화면 A) MTS 화면에서 ① 국내·해외주식이나 ② 연금을 선택한다. ③ 국내주식 화면에서 관심종목을 정리할 수 있다. ④ 주식주문을 클릭하면 주식을 매매할 수 있다. ⑤ 주식예약주문을 클릭하면 예약매매도 할 수 있다.

≫ (화면 B) 예약주문의 경우 ① 종목을 고르고(이 예시에서는 삼성전자) ② 현금·신용 여부 ③ 가격과 수량을 입력한다. ④ 기간(최대 30일, 휴일 제외)을 설정해서 예약매수(매도)를 걸어둔다. ⑤ 기간(수량)은 지정기간 동안, 지정한 단가와 수량으로 주문이 실행된다. 체결 여부와 무관하게 동일한 수량 주문이 실행된다. ⑥ 반면 기간(목표)는 지정기간 동안, 지정수량이 체결될 때까지 지정한 단가로 주문을 실행한다. 주문 전 체결수량을 체크하여 남은 잔량만 주문된다.

기간(수량)과 기간(목표)의 차이

구분	기간(수량)	기간(목표)
4월 3일(월)	삼성전자 100주, 6만 원 주문, 50주 체결	삼성전자 100주, 6만 원 주문, 50주 체결
4월 4일(화)	삼성전자 **100주**, 6만 원 주문	삼성전자 **50주**, 6만 원 주문

매매주문 방식

지정가 주문과 시장가 주문의 차이는 가격 지정 여부다. 지정가 주문은 가격을 지정하는 반면 시장가 주문은 가격을 지정하지 않는다. 시장가 주문은 가격보다 매매체결에 방점이 있다. 지정가 주문은 지정된 가격에서만 매매가 체결된다. 시장가 주문은 주문자에게 가장 유리한 가격에 매매가 체결된다. 다만 급등락주의 경우 과한 가격에 매매가 체결될 수 있다. 조건부 지정가 주문은 장중에는 지정가 주문이되, 장마감 10분 전(동시호가)부터 시장가로 바뀐다.

MTS 내 지정가 주문, 시장가 주문 화면

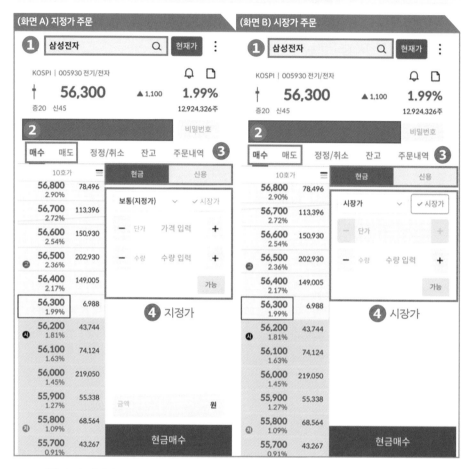

≫ (화면 A) 지정가 주문은 ① 종목을 고르고 ② 매수와 매도를 선택한다. ③ 현금 또는 신용매매 여부를 결정한다. ④ 지정가 주문 시에는 수량뿐만 아니라 가격도 지정한다.

≫ (화면 B) 시장가 주문도 지정가 주문과 ①~③ 과정은 동일하다. ④ 시장가 주문은 지정가와 달리 가격을 지정하지 않는다. 가격을 화면에서 입력할 수 없게 되어 있다.

최유리지정가는 거래 상대방에게 유리한 호가다. 이때 매수는 최우선 매도호가, 매도는 최우선 매수호가다. 반면 최우선지정가는 내가 유리한 호가다. 이때 매수는 최우선 매수호가, 매도는 최우선 매도호가다.

MTS 호가 화면

	56,900 1.07%	98,604
최유리지정가 매수: 최우선 매도호가 매도: 최우선 매수호가	**56,800** 0.89%	77,565
	56,700 0.71%	116,364
㉮	**56,600** 0.53%	161,451
	56,500 0.36%	282,686
❶ 최우선 매도호가	**56,400** 0.18%	69,089 -10
	56,300 0.00%	140,558 -10 ❷ 최우선 매수호가
	56,200 0.18%	154,618
	56,100 0.36%	157,113
	56,000 0.53%	265,980
	55,900 0.71%	254,915
㉯	**55,800** 0.89%	171,223

최우선지정가
매수: 최우선 매수호가
매도: 최우선 매도호가

≫ ① 최우선 매도호가는 매도호가 중 제일 낮은 가격이다. ② 반면 최우선 매수호가는 매수호가 중 제일 높은 가격이다. 위 예시에서 56,400원이 최우선 매도호가, 56,300원이 최우선 매수호가다.

네이버 앱을 활용한 관심종목 관리 & 알림 설정

네이버 앱을 활용해 관심종목 관리와 알림 설정을 할 수 있다. 알림 설정을 통해 원하는 목표주가 등을 시세판을 보지 않고도 확인할 수 있다. 공시정보, 리서치 자료도 알려주니 매매가 편리하다.

네이버 앱의 알림 설정, 관심종목 화면

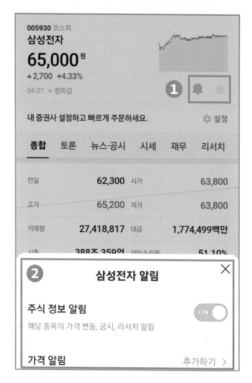

>> ① 네이버 앱에서 종목명을 검색해(위 예시에서는 삼성전자) 해당 종목 페이지로 들어가면 우측 상단에 종모양(알림), 별모양(관심종목)이 있다. ② 종모양을 클릭하면 해당 종목의 가격변동, 공시, 리서치 알림 등 정보를 받아볼 수 있다.

소수점 거래 한 주를 잘게 나눠서 사고파는 것을 말한다. 주식수 대신 매수할 금액을 정한다. 가령 1주에 100만 원인 주식을 15만 원어치만 사겠다고 정하면 0.15주만 매수된다. 배당도 0.15주에 대해서 받을 수 있다. 단 증권사가 소수점 주문을 모아서 온주(1주)를 만들어 주문하기에 매매체결에 시간이 걸린다.

미수, 신용융자(신용거래), 반대매매 주식은 매수 후 2영업일(T+2일) 후 결제된다. 이를 위해 일정한 담보 금액을 잡아두는데, 이것이 위탁증거금이다. 보통은 위탁증거금률이 40%인데 내 돈 40%가 있으면 60%는 빌려서 투자가 가능하다. 초보자나 보수적 투자자라면 미수, 신용융자 같은 빚 투자는 주의해야 한다. 잘못하면 빚을 갚지 못해 집에 빨간 딱지(차압)가 붙을 수 있다. 아예 미수나 신용융자를 못하도록 설정(증권사에 요청)해 두면 된다.

① **미수거래**로 1,000만 원어치 주식을 샀다고 가정하자. 내 돈(현금) 400만 원으로 일단 사고 결제일(T+2일)에 600만 원을 납부하면 된다. 2영업일간의 주식매수자금 대출인 셈이다. 결제일에 600만 원이 미납되면 미수처리(결제대금 미납) 된다. 증권사는 그 다음날(T+3일) 9시에 시장가로 반대매매 처리한다. **반대매매**는 미수나 신용거래 후 과도한 하락이 발생한 경우 증권사가 고객의 동의 없이 임의로 주식을 처분하는 것을 말한다. 향후 30일간 미수동결계좌(미수 불가능)로 묶이고 그 기간 동안 모든 주식에 대해 위탁증거금률 100%를 적용한다.

② **신용융자**(신용거래)로 1,000만 원어치 주식을 샀다고 가정하자. 내 돈(현금) 400만 원에 신용융자 600만 원으로 매수한다. 신용융자(신용거래)는 주식매수자금 단기 대출이다. 미수거래는 이자가 없지만 신용융자는 대출이자를 내야 한다. 은행 마이너스 통장보다 이자율이 높은 편이다. 매수와 동시에 대출이 실행된다. 보통 90일 만기이며 연장도 가능하다. 매수한 주식 등을 담보로 잡는데 담보가치가 하락하면 부족분을 메워야 한다. 못 메우면 반대매매된다. 강세장에서 신용융자 잔고가 증가한다. 신용융자 잔고 증가는 장기적인 매물폭탄이다.

주가하락으로 신용융자액 600만 원의 140%인 840만 원 아래로 잔고가 떨어지면 증권사는 부족분을 채우도록 요청한다. 이를 못하면 그 다음날 오전 9시 시장가 주문으로 반대매매된다.

20

기술적분석 기초지식을 쌓아두자

봉차트 양봉&음봉 차트 화면

| 양봉 | 음봉 |

>> 봉차트에서 종가 위치를 파악해 보면 쉽게 그래프를 이해할 수 있다. 양봉은 종가가 위, 음봉은 종가가 아래에 위치한다.

봉차트는 막대 모양의 그래프다. 작성 기간에 따라 일봉, 주봉, 월봉차트 등으로 나뉜다. 일봉은 하루, 주봉은 1주일, 월봉은 1개월간의 주가흐름을 나타낸다. 1분봉, 10분봉 등 하루 거래도 더 세분화해서 볼 수도 있다. 일봉의 경우 하루 주식시장의 시가(시작가격), 종가(마감가격), 고가(최고가격), 저가(최저가격)의 기록이다. ① 빨간색으로 표시하는 양봉은 종가가 시가보다 오른 경우다. ② 파란색(또는 검은색)으로 표시하는 음봉은 종가가 시가보다 내린 경우다.

봉차트 양봉 & 음봉 일봉과 60분봉 차트 화면

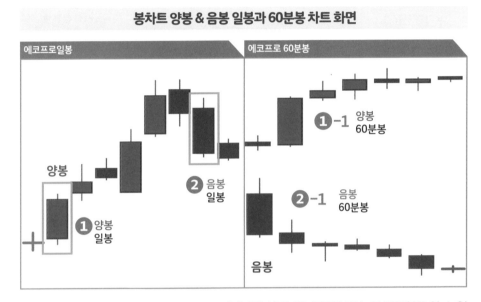

≫ ① 양봉 일봉을 ①-1 60분 분봉으로 나눠보면 시가보다 종가가 더 높은 경우임을 알 수 있다. 반면 ② 음봉 일봉을 ②-1 60분 분봉으로 나눠보면 시가가 종가보다 더 높다. 장이 시작한 이후 하락하는 모습이다.

봉차트 양봉 & 음봉 예시

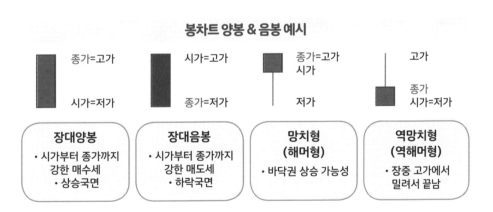

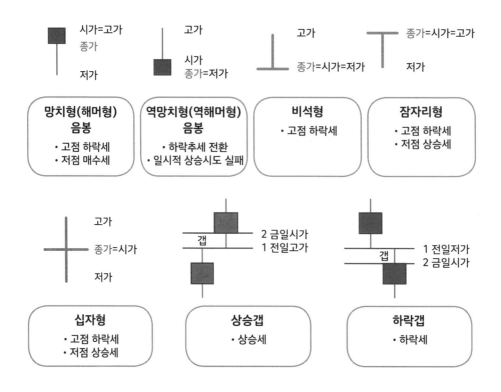

시가=고가 종가 저가	고가 시가 종가=저가	고가 종가=시가=저가	종가=시가=고가 저가
망치형(해머형) 음봉 • 고점 하락세 • 저점 매수세	**역망치형(역해머형) 음봉** • 하락추세 전환 • 일시적 상승시도 실패	**비석형** • 고점 하락세	**잠자리형** • 고점 하락세 • 저점 상승세

고가 종가=시가 저가	갭 2 금일시가 1 전일고가	1 전일저가 갭 2 금일시가
십자형 • 고점 하락세 • 저점 상승세	**상승갭** • 상승세	**하락갭** • 하락세

적삼병·흑삼병, 추세선 예시

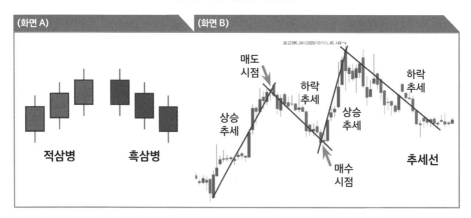

(화면 A) 적삼병   흑삼병

(화면 B) 매도 시점 / 상승 추세 / 하락 추세 / 상승 추세 / 하락 추세 / 매수 시점 / 추세선

≫ (화면 A) 적삼병은 3일 연속 주가상승으로 양봉이 나오는 경우다. 하락장 또는 횡보장에서의 적삼병은 상승전환을 의미하기도 한다. 상승장에서는 상승추세가 지속되는 경우다. 반대로 흑삼병은 3일 연속 주가하락으로 음봉이 나오는 경우다. 상승장 또는 하락장에서의 흑삼병은 하락전환을 의미하기도 한다. 하락장에서는 하락추세가 지속되는 경우다. 적삼병이나 흑삼병

의 경우 거래량도 크고 봉차트 몸통이 클수록 상승 또는 하락의 의미가 커진다.

≫ (화면 B) 추세(Trend)는 주가가 일정 기간 같은 방향으로 이동하는 모습을 말한다. 추세선은 추세를 직선으로 나타낸 것을 말한다.

이동평균선, 지지선, 저항선 등

이동평균선은 일정 기간 동안의 주가 이동평균을 차례로 연결해 만든 선이다. 5일선, 20일선, 60일선, 120일선 이동평균선 등이 있다. 5일선은 1주일, 20일선은 1개월, 60일선은 3개월, 120일선은 6개월 주가 이동평균선이다. 주가급등락은 5일선이 가장 빠르게, 120일선이 가장 느리게 반영된다. 정배열은 5일선, 20일선, 60일선, 120일선 순으로 위부터 배열된다. 역배열은 정반대로 120선이 맨 위에 있다. 정배열은 주가상승의 경우, 역배열은 주가하락의 경우에 주로 만들어진다. 골든크로스는 주가상승으로 인해 5일선이 20일선, 20일선이 60일선 등을 상향 돌파하는 경우다. 데드크로스는 주가하락으로 인해 정반대로 하향돌파하는 경우다. 이동평균선간 간격이 심하게 벌어질 경우 주가는 간격을 좁힌다. 호재 이슈가 있다면 간격을 좁힌 뒤 재상승한다. 급등주는 한박자씩 쉬면서 계단식 상승을 한다. 이 쉬는 구간을 눌림목이라고 한다. 눌림목은 단기 저점매수 기회다.

지지선은 내려가지 않는 주가, 저항선은 올라가지 않는 주가다. 지지선은 하락에 버티는 주가, 저항선은 상승에 버티는 주가다. 3번의 지지선과 저항선은 의미가 있다. 3번이나 하락(상승) 시도를 했음에도 지켜낸 선이다. 장기간 주가가 옆으로 움직이는 횡보도 있다. 횡보는 매수와 매도 간 힘겨루기 중이라는 뜻이다. 둘의 힘이 엇비슷해서 옆으로 움직인다.

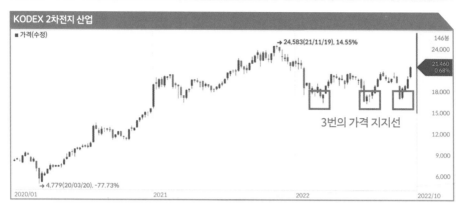

KODEX 2차전지 산업

■ 가격(수정)

→ 24,583(21/11/19), 14.55%

21,460
0.68%

4,779(20/03/20), -77.73%

2020/01   2021   2022   2022/10

146봉
24,000
18,000
15,000
12,000
9,000
6,000

3번의 가격 지지선

≫ 3번의 가격 지지선이 나타난 모습이다. 특별한 시장 악재나 실적악화가 없다면 3번의 지지선은 저점매수 기회다.

거래량

주가는 눈속임이 있어도 거래량은 속이기 어렵다. 세력의 입성과 퇴각은 거래량을 통해 알 수 있다. 급등락주에 있어서 거래량 추이는 더욱 의미가 있다. 주가저점 거래량 급등은 세력입성을, 반대로 주가정점 거래량 급등은 세력이탈을 뜻한다. 급등주의 경우 단기급등 결과 투자경고종목 지정(예고) 공시가 나오곤 한다. 신용거래 등이 어려워지면서 세력이탈이 한번에 일어난다. 거래량도 크게 일어나며 마지막 불꽃을 태운다. 거래량이 크게 터지고 나면 급등주 거래량이 줄어들고 주가는 하락세를 보인다. 더 나올 뉴스가 없는 뉴스 정점에서도 거래량이 크게 터진다. 급등주 거래량을 지속적으로 체크해 봐야 한다. 관심은 거래량을 만들고 거래량은 주가상승을 일으킨다. 더 관심받을 일이 없으면 거래량은 줄고 주가는 하락한다.

≫ 투자경고종목 지정(예고)는 단기 주가급등 종목에 대해 거래소가 투자자에게 안내하는 경고 메시지다. 투자경고종목에 지정되면 빚 투자(신용융자, 미수)가 불가능해진다.

이동평균선 & 거래량 차트 화면

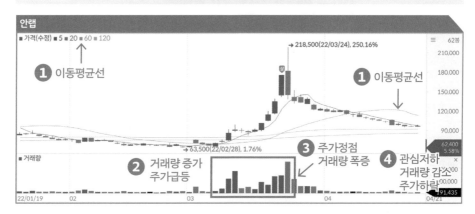

≫ ① 이동평균선별로 색깔이 다르다. ② 안랩은 정치테마 이슈가 있다. 정치인 안철수의 정치적 행동에 따라 관심을 받는다. 관심은 거래량을 일으키며 주가를 올린다. ③ 뉴스의 정점에 거래량이 크게 터진다. 더 나올 이벤트가 없다면 뉴스 정점이 끝물이다. ④ 큰 거래량을 일으킨 후 관심 저하로 거래량은 줄어들고 주가는 하락세를 보인다.

네이버 증권의 기관·외국인 매매현황 화면

| 종합정보 | 시세 | 차트 | **투자자별 매매동향** ❶ | 공시 | 종목분석 | 종목토론실 | 전자공 ❸ | 공매도현황 |

외국인 · 기관 순매매 거래량 ❷				❷					
						기관	외국인		
날짜	종가	전일비	등락률	거래량		순매매량	순매매량	보유주수	보유율
2022.10.14	56,300	▲ 1,100	+1.99%	12,924,326		+1,181,626	+206,925	2,955,958,687	49.52%
2022.10.13	55,200	▼ 600	-1.08%	13,784,602		-949,397	+595,814	2,955,641,762	49.51%

≫ 매일 외국인과 기관 거래량 통계도 나온다. ① 네이버 증권의 종목[예: 삼성전자] 화면에서 투자자별 매매동향 탭을 보면 ② 외국인·기관 순매매 거래량을 확인할 수 있다. ③ 같은 화면에서 공매도현황도 체크가 가능하다.

≫ 네이버 증권: finance.naver.com

≫ 공매도: 주식을 가지고 있지 않은 상태에서 주식을 빌려서 매도하는 것

차트 예시 이렇게 살펴보자

차트에 적힌 번호를 따라가며 살펴보자

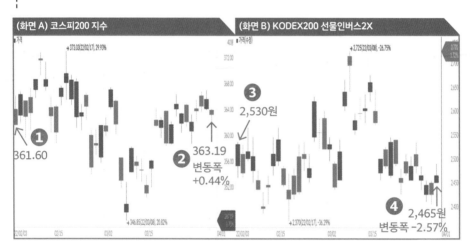

(화면 A) ①~② 동일 기간 코스피200지수는 0.44% 상승했지만 (화면 B) ③~④ 곱버스 ETF는 -2.57% 하락폭을 보였다. 매일 변동폭의 2배수를 추종하니 횡보장에선 곱버스 손실률이 커진다.

차트에는 번호가 적혀 있고 차트 하단의 설명에도 번호가 나열되어 있다. 앞의 예를 보면 차트에 ①~④까지 번호가 있다. 차트 하단에서는 ①~④까지 번호에 따라 각 내용에 대해 설명을 해준다. 차트에 있는 번호와 차트 하단의 설명에 있는 번호는 동일한 이슈에 대한 내용이다. 차트의 번호와 그에 해당하는 하단의 설명을 같이 보며 이해하자.

기업환경과 주가는 시간이 지나면 변한다

(화면 A) ① 카카오게임즈의 자회사인 라이온하트 상장 우려감에 주가가 하락했다. ② 하지만 약세장이 지속되자 상황이 바뀌어 라이온하트 상장은 철회되었다. 상장철회 이슈로 카카오게임즈 주가는 반등했다. (화면 B) ③ SKC는 LG에너지솔루션이 매출처 다변화를 추진한다는 소식에 주가가 하락추세였다. 실적악화가 우려된다는 이유에서다. ④ 상황이 바뀌어 북미 동박공장 신설계획 발표에 따른 실적개선 기대감에 주가는 상승세를 보였다.

이 책에 나온 사례들은 사건발생 당시 시점을 기준으로 작성했다. 그 시점 이후 기업환경, 영업규제, 주가추이는 바뀔 수 있다. 앞의 차트 예시처럼 상황이 언제든 바뀔 수 있다는 점을 전제하고 읽어주길 바란다. 기업은 생물처럼 변하고 경제환경도 바뀐다. 실적개선주라 여겼던 기업들의 실적이 나빠질 수도 있다. 정책변수도 많아 규제가 갑자기 생기기도 한다. 삼성전자가 효자가 되었다가 불효자가 되는 게 다반사다. 세상에 영원한 건 없다. 그래도 이 책의 사례가 '이럴 땐 이렇게' 대응할 수 있다는 케이스 스터디 예시로 활용되길 바란다.

거래량 적은 단기급락은 매수기회

매물대는 일정 기간 특정 가격대에 거래된 물량을 막대형 그래프로 도식화한 것을 말한다. 거래량이 많은 구간일수록 막대가 길어진다.

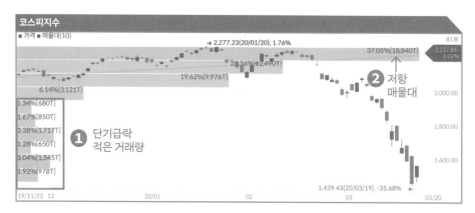

≫ ① 코로나19로 인해 코스피지수가 단기간 급락했다. 서킷브레이커(주식시장 일시정지)가 두 번이나 발동될 정도로 급락 정도가 컸다. 반면 매물대 측면에서는 매력적인 매수기회가 생겼다. 거래량도 적으며 주가지수가 많이 빠져서다. 매력적인 매수기회일 수 있다. 급락하는 동안 거래물량이 적기에 주가가 오를 경우 차익실현 물량도 적다. 역발상으로 단기간 주가급락에 적극적인 매수를 해야 하는 이유다. ② 주가지수가 다시 반등하려면 기존 매물대가 많은 구간이 저항구간이 될 수 있다.

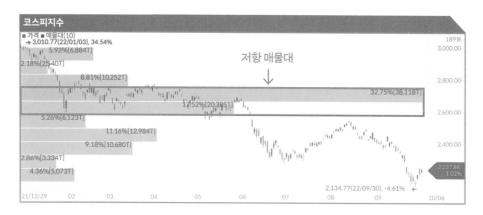

≫ 코스피지수가 내린 후 다시 올라가기 위해선 매물이 몰린 구간을 뚫어야만 한다. 비중이 높기에 그 구간에서 정체가 있을 수 있다.

투자전략 | 짧은 기간의 단기급락은 좋은 매수기회다. 거래물량이 적어 원래대로 회복하기 쉬워서다. 단기급락 서킷브레이커가 인생역전 매수기회인 이유다. 매물대 거래량이 적은 구간은 적극적인 매수기회일 수 있다.

≫ 서킷브레이커는 주식시장이 급락할 경우 주식매매를 일시 정지하는 제도다. 코스피(코스닥)지수가 전일 종가 대비 8%, 15%, 20% 이상 각각 하락하면 발동 예고된다. 그리고 이 상태가 1분간 지속되면 발동한다.

케이스 스터디 002 **거래량**

큰 거래량이 주는 주가 변곡점 시그널

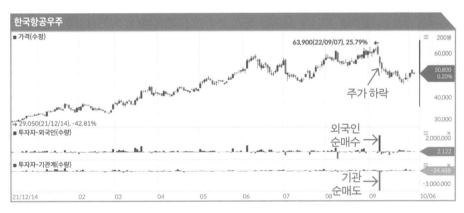

≫ 한국항공우주는 방위산업(항공기)이기에 방산주로 분류된다. 주가가 오르자 기관이 차익실현했다. 순매도 규모가 연중 최고치다. 그 물량을 외국인이 받아냈다. 기관 순매도 물량만큼 외국인 순매수 물량도 크다. 기관 순매도 이후 주가는 조정을 보였다.

투자전략 | 외국인과 기관의 과한 순매매는 주가 변곡점 시그널일 수 있다. 둘이 같은 방향이면 예측이 쉽지만 한쪽만 순매매를 할 경우에는 경우의 수가 복잡하다. 다만 급등 이후 물량투매는 차익실현일 가능성이 높다.

오버행 대기물량은 주가하락 요인

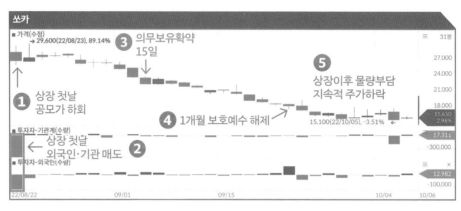

>> 쏘카는 카셰어링 모빌리티 플랫폼을 운영한다. 쏘카 공모가 밴드는 34,000~45,000원이었지만 기관 수요예측(기관투자자 대상 공모주 청약)에서 흥행에 실패했다. 공모가가 34,000원을 하회한 28,000원에 결정되었다. ①~③ 의무보유확약 물량도 15일을 신청한 19만 6,000주가 전부였다. 신주 364만 주 중 우리사주(1년간 의무보유)를 제외한 270만 주 이상이 상장 직후 매도가 능한 물량이었다. 우리사주는 회사 근로자가 자기 회사의 주식을 취득, 보유하는 제도다. 상장 첫날 종가는 26,300원으로 공모가를 하회했다. 장중 최고가도 29,150원이었다. 첫날 기관 59만 주, 외국인 16만 주 매도가 나왔다.

④~⑤ 오버행(잠재적 매도물량)은 주가상승을 억누른다. 주가가 오르면 투매물량이 나올 거란 우려에 매수세가 주춤하다. 쏘카 상장 1개월을 맞아 197만 주 기관투자자 의무보호예수(주식의무보관, 매각금지) 물량이 풀렸다. 총 상장주식의 6.03%, 기존 유통주식의 41.58% 물량이다. 상장 전 지분을 매입한 FI(재무적 투자자) 물량이다. FI 보호예수 물량은 상장 후 3개월, 6개월 후에도 추가로 풀린다. FI의 총 보호예수 물량은 543만 주로 총 상장주식의 16.6%나 된다. 보호예수가 풀린 재무적 투자자는 장기투자자가 아니다. 또 다른 투자를 해야 하기에 차익실현하기 바쁘다.

투자전략 | 오버행 이슈가 있는 주식은 주가가 오르면 투매물량이 나온다. 투매 물량이 소화되기 전까지 주가는 불안정한 모습을 보인다. 물량매도를 위해 이유 없

는 급등락이 생길 수도 있다. 오버행 이슈가 있는 기업에 대한 공격적 투자는 조심할 필요가 있다.

케이스 스터디 004 **블록딜**

블록딜 매도는 단기 악재요소

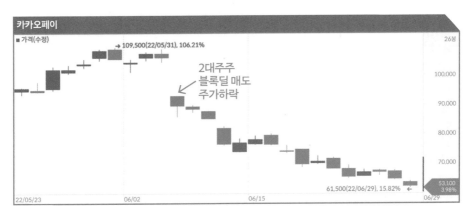

>> 카카오페이는 간편결제서비스 등 핀테크사업을 하고 있다. 카카오페이 2대 주주인 알리페이 싱가포르홀딩스가 보호예수 해제된 지 한 달 만에 500만 주 블록딜(시간외대량매매)을 했다. 블록딜 전 38.52%였던 지분은 34.72%로 낮아졌다. 알리페이는 전날 장 종료 이후 기관 대상 수요예측을 진행했다. 매각 할인율은 전날 종가 대비 8.5~11.8%였다. 수요예측(기관투자자 대상 공모주 청약) 결과 11.8% 할인한 93,500원에 매각되었다. 블록딜 영향으로 주가는 하루 동안 15% 이상 하락했다.

투자전략 | 주요주주(10% 이상 주주)의 블록딜 매도는 악재다. 회사에 대한 정보가 많은 이들의 매도다. 단기 주가고점이란 시그널을 주는 악재다.

3장

아들아,
주식투자는 실적에
투자하는 거란다

21

아빠가 해보니 실적에 투자하는 게 제일이더라

실적개선주는 지속적으로 우상향해 기다림이 가능하다

돈을 많이 버는 회사에 투자하는 게 실적개선주 투자다. 지금보다 돈을 더 많이 버니 회사 곳간에 돈이 넘친다. 주가상승에 도움 되는 일만 한다. 넘치는 돈으로 신규투자를 하거나 부채를 갚는다. 주주를 위해 배당을 늘리거나 자기주식 매입·소각 등도 할 수 있다. 운영자금이 부족해 유상증자 등을 할 이유도 적다. 악재가 나올 이유가 적으니 장기투자할 만하다. 시세판을 자주 볼 이유도 없다. 시간이 지날수록 실적개선 덕에 PER(시가총액÷당기순이익)은 점점 낮아질 수 있다. 실적 대비 저평가 이슈에 주가는 상승하게 되어 있다. 혹여 손해라도 묻어두고 저점 추가매수하면 된다.

테마주는 단기 급등으로 큰 수익을 낼 수 있다. 허나 테마 이슈가 사라지면 급락한다. 관심에서 멀어지면 거래량은 줄고 하락추세로 전환된다. 반면 실적개선주는 테마와 달리 꾸준하게 오른다. 거래량도 계속 유지되면서 우상향한다. 기관과 외국인 등 장기투자자들이 꾸준하게 매수해서다. 미래 실적 기준으로 원하는 PER까지 묻어두고 기다리면 된다. 가치투자를 할 때는 남을 설득할 투자 이유가 있어야 한다. 돈을 많이 버는 기업과 함께 하는 건 합리적인 투자 이유다. 오를 이유가 확실하기에 공매도 세력도 실적개선주에는 함부로 덤벼들지 않는다.

> ≫ 자기주식은 자사주라고도 표현된다. 공시 용어는 자기주식이기에 이 책은 통일성을 위해 가급적 자사주를 자기주식으로 표현한다. 자기주식 소각은 회사가 취득한 자기주식을 소멸(자기주식 없애기)시키는 것이다.

실적개선주는 심플해 고민이 적다

적자 부실기업은 악재 공시가 끊임없이 나온다. 유상증자, 주식관련사채 발행(리픽싱, 주식청구 등), 무상감자 등으로 주가는 계속 내린다. 장기보유 할수록 손해만 커진다. 때론 상장폐지되어 주식이 휴지조각이 되기도 한다. 보유기간 내내 끊임없는 두통을 유발한다. 지속적인 실적악화가 발생하면 손절매 외에는 방법이 없다. 오래 기다린들 테마 이슈가 아니면 주가상승이 쉽지 않다.

실적개선주는 고민할 악재가 적다. 신경쓸 일이 적으니 마음 편한 투자가 가능하다. 잦은 매매를 할 필요도 없으니 조바심도 없다. 불안함이 적은 투자는 매력적이다. 본업에도 충실할 수 있어서 좋다. 약세장에서도 실적개선주는 나 홀로 주가가 상승한다. 혹여 실적개선주가 내리면 저점매수 관점에서 접근하면 된다. 실적개선주는 증권사 리포트, 매수추천, 목표가 상향, 기관·외국인 순매수, 배당증가 등 관심을 유도할 이슈들도 계속 만들어진다. 이슈들은 관심을 모으고 거래량을 일으킨다. 거래량이 늘면 주가는 당연히 오른다.

> ≫ 주식관련사채는 주식으로 바꿀 수 있는 권리가 있는 회사채다. 주식으로 바꿔질 가격(주식청구 행사가격)은 미리 정해둔다. 주식관련사채 리픽싱은 주식청구 행사가격을 낮추는 행위다. 행사가격이 낮아지면 청구되는 주식수가 더 늘어난다.

성장주라면 현재의 버블은 시간이 해결해 준다

테슬라 등 미국 기술주를 성장주라고 한다. 개발하는 기술들이 성공하면 매출액 증가가 크게 기대되는 경우다. 주가는 미래 실적증가를 미리 반영한다. 적자 바이오 기업의 시가총액이 1조를 넘는 이유는 임상실험 중인 미래신약 성공 가능성 때문이다. 성장주 대부분이 기대감으로 인한 주가버블 상태인 경우가 많다. 주가버블이 지속되기 위해선 실적이 예상치대로 나와줘야 한다. 실적발표 시즌 실적이 예상만큼 나오지 않으면 주가는 급락한다. 반면 기대 이상의 어닝서프라이즈를 기록하면 주가는 한 계단 더 오른다. 실적이 주가상승 모멘텀이 되는 셈이다. 높아진 실적만큼 주가가 올라 버블을 계속 유지한다. 버블이 낀 성장주는 미래 실적예측치를 아는 게 중요하다. 미래 PER을 계산할 수 있어서다. 현재 실적 대비 버블인 PER도 실적개선을 반영하면 버블이 아닐 수도 있다.

실적개선주는 기관과 외국인이 선호하는 주식이다

외국인은 외국인 기관투자자의 줄임말이다. 기관과 외국인은 국내외 기관투자자를 의미한다. 엄격한 내부통제에 따라 우량기업을 엄선해 투자한다. 주된 투자원칙은 실적개선이다. 정보분석력이 개인보다 뛰어나 좋은 종목을 먼저 매수하곤 한다. 그들이 순매수하는 상위 종목들을 주목해 보자. 저평가 우량기업을 장기투자하기에 그들을 따라 투자해도 늦지 않는다. 똑똑한 친구들을 따라하기만 해도 꾸준한 수익이 가능하다. 기관과 외국인의 순매수 상위 종목을 아는 가장 쉬운 방법은 네이버 증권에 있다. 네이버 증권에서는 매일 코스피·코스닥 시장별 순매수(순매도) 상위 종목들을 보여준다. 주간 단위는 주말에 보도되는 통계기사를 참고하면 된다. 기관과 외국인이 꾸준히 순매수하는 종목, 순매수량(금액)이 큰 종목, 중소형주 중 순매수종목 중심으로 그 이유를 파악해 보자. 뉴스 리뷰 등을 통해 실적개선이 그 이유라는 것을 파악한다면 매력적인 투자대상인 셈이다.

네이버 증권 외국인매매·기관매매 화면

≫ 네이버 증권의 ① 국내증시 탭에서 ② 투자자별 매매동향의 외국인매매·기관매매를 클릭하면 확인 가능하다.

≫ 부실 중소형주에 외국인 매매가 잦은 경우가 있다. 소위 '검은머리 외국인'으로 작전세력이다. 우량주에 투자하는 외국인 기관투자자와 다르다.

주말 기관·외국인 순매수(순매도) 통계기사 예시

기관 외국인 순매수 1위! 에스엠과 에코프로비엠

〈외국인〉 (단위 : 백만원, 주)

종목	순매수		종목	순매도	
	금액	수량		금액	수량
에코프로비엠	46,120	235,820	에스엠	54,050	365,313
엘앤에프	26,605	115,930	에코프로	45,524	146,769
나노신소재	13,060	93,771	현대바이오	12,605	506,322
성일하이텍	6,366	40,101	비에이치	6,212	260,845
안랩	5,756	88,827	메지온	5,362	287,039

≫ 기관, 외국인, 개인별 순매수(순매도) 주말 기사다. 코스피, 코스닥 시장별로 구분해 안내하고 있다(2023.3.10. 기준).

꾸준한 실적개선은 주가 우상향으로

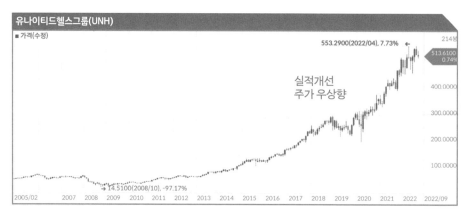

유나이티드헬스그룹(UNH)

■ 가격(수정)

553.2900(2022/04), 7.73%

214
513.6100
0.74%

실적개선
주가 우상향

14.5100(2008/10), -97.17%

2005/02 2007 2008 2009 2010 2011 2012 2013 2014 2015 2016 2017 2018 2019 2020 2021 2022 2022/09

≫ 유나이티드헬스그룹은 미국 최대 의료보험 회사다. 건강보험 서비스(United Healthcare, 매출의 80%)와 디지털사업(Optum, 매출의 20%)을 한다. 미국은 우리와 달리 건강보험이 민영화되어 있다. 미국 건강보험 서비스 시장 1위 기업이다(시장점유율 12%). 고객 수가 많을수록 병원과의 협상력이 높아진다. 더 낮은 가격에 더 나은 서비스를 이끌어낸다. 인구 고령화도 건강보험 외연 확장에 도움이 된다. 원격진료 등 디지털사업은 향후 성장 가능성이 높은 분야다. 미래에셋증권은 향후 5년간 디지털헬스케어 시장이 연 60~70%씩 성장세를 보일 것이라고 예측했다.

≫ **매출액 추이**(단위: 백만 달러) 2019년 말(242,155), 2020년 말(257,141), 2021년 말(287,597). (케이스 스터디에서 다루는 매출액과 영업이익은 모두 네이버 증권 기준이다.)

투자전략 | 건강보험 서비스는 미국인에겐 필수다. 시장 1위 기업이기에 워런 버핏이 말한 경제적 해자도 보유한 듯하다. 배당과 자기주식 매수를 통한 주주환원 정책도 있다. 꾸준히 실적이 개선되는 가치주는 투자매력이 높다.

실적개선과 지속적 주가 우상향

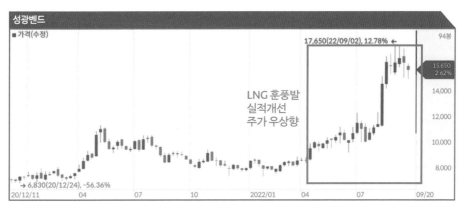

> 우크라이나-러시아 전쟁으로 LNG(액화천연가스)가 석유 대체재로 각광받는다. 각국 수요증가로 LNG 건설 프로젝트가 늘어난다. 덕분에 피팅(관이음쇠) 제조사인 성광벤드 수주 증가로 실적이 개선된다. LNG 프로젝트는 초기 1~2년에 피팅 수주가 집중된다. 2022년부터 수주가 늘었기에 2023년까지 실적이 이어진다. 피팅은 조선, 석유화학 발전소 등에 쓰인다. 국내 피팅 시장은 성광벤드와 태광이 양분하고 있다. 초기 막대한 투자금, 대규모 공장 부지가 필요해 진입장벽이 있다. 원부자재의 가격 인상분을 판매가격에 전가하기도 쉽다.

> **영업이익 추이(단위: 억 원)** 2021년(-81), 2022년 예측치(314), 2023년 예측치(501), 2024년 예측치(581)

투자전략 | 유가가 급등하면 천연가스가 주목받아 천연가스 관련 산업이 낙수효과를 얻는다. 실적개선 뉴스가 나오면 초기에 선점해야 한다. 실적개선주는 지속적인 우상향 그래프를 보인다.

기관·외국인 순매수는 주가상승에 호재

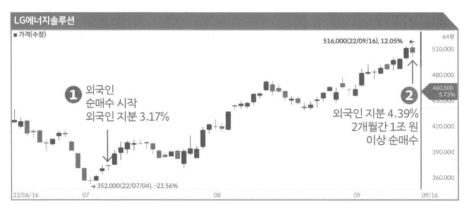

≫ LG에너지솔루션은 2차전지 배터리 제조업체다. ①~② 외국인 순매수로 LG에너지솔루션 주가가 꾸준히 상승했다. 2개월간 1조 원 이상 순매수를 이어가면서 주가도 30% 넘게 상승했다. IRA(인플레이션 감축법) 최대 수혜주로 부각되면서 외국인 매수세가 집중된 결과다. IRA에 따라 북미에서 생산된 전기차를 구입할 경우 대당 7,500달러의 세액공제를 해준다. 전제는 배터리 핵심자재(리튬, 니켈, 코발트 등)를 미국 또는 미국과 FTA(자유무역협정)를 맺은 국가에서 공급받아야 한다. 또한 북미에서 제조되는 배터리 주요 부품 비율이 50% 이상이어야 한다. 미국에서 전기차 판매를 하기 위해선 중국산 배터리와 부품을 사용하기 어려워졌다. 덕분에 LG에너지솔루션이 반사이익을 얻는다. SNE리서치에 따르면 미국 전기차 배터리 시장은 2021년 64GWh, 2023년 143GWh, 2025년 453GWh로 연평균 63%씩 성장할 것이다.

투자전략 | 기관과 외국인 순매수는 호재다. 주로 실적개선이 기대되는 경우에 집중매수한다. 그들이 집중매수하는 종목에 주목해야 하는 이유다.

≫ IRA(인플레이션 감축법, Inflation Reduction Act)에선 전기차 세액공제 대상에서 중국산 배터리와 핵심 광물을 사용한 전기차를 제외했다. 미국 내 생산·조립된 전기차에만 세제혜택을 준다. 덕분에 국내 2차전지 업체들이 중국기업 대비 반사이익을 얻을 수 있다.

IRA는 총 4,330억 달러에 달하는 예산을 투자한다. 향후 10년간 에너지 안보와 기후변화 3,690억 달러, 건강보험과 헬스케어 640억 달러를 투자한다.

≫ **(예시)** IRA 승인 당시 미국 현지에서 전기차 생산을 못하고 있던 현대와 기아는 보조금 지급 대상에서 제외되었다. 그 결과 IRA법 발표로 주가는 하락세를 보였다.

케이스 스터디 008 **순매수**

기관·외국인 동시 순매수에 주가상승

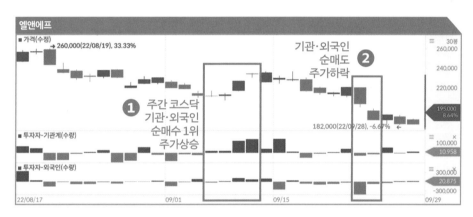

≫ 엘앤에프는 2차전지 양극재 생산업체다. ① 엘앤에프가 코스닥 주간 기관과 외국인 순매수 1위를 했다. 기관과 외국인이 동시에 매수하니 주가가 상승 곡선을 그린다. ② 반면 기관과 외국인이 동시에 매도하니 주가가 내린다. 개미투자자보다 기관과 외국인 거래규모가 크다. 그들의 거래 움직임에 따라 주가흐름이 결정된다.

주간 기관·외국인 순매수 뉴스기사 예시

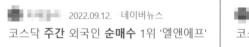

투자전략 | 기관과 외국인 동시 순매수를 주목해야 한다. 둘 다 매수하는 것은 좋은 시그널이다. 일간 또는 주간 순매수 상위 종목 뉴스를 체크해 볼 필요가 있다.

실적개선에 따라 기관과 외국인이 순매수하는 종목을 집중해서 매수해 보자.

케이스 스터디 009 **실적둔화**

실적둔화에 따른 주가하락

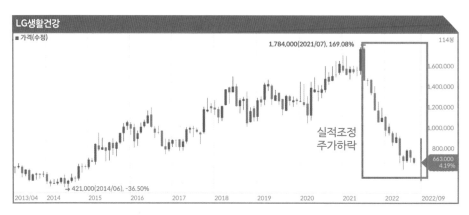

>> 화장품주인 LG생활건강은 대표적인 실적개선주였다. 그동안 실적개선에 따라 꾸준히 주가
도 우상향해 왔다. 하지만 코로나19 이후 중국 경기침체와 봉쇄정책으로 실적 둔화세가 커졌
다. 중국 내 소비감소로 인해 주가 하락폭이 크다.

주요재무정보	최근 연간 실적				최근 분기 실적					
	2019.12	2020.12	2021.12	2022.12(E)	2021.06	2021.09	2021.12	2022.03	2022.06	2022.09(E)
	IFRS 연결	IFRS 연결	IFRS 연결	IFRS 연결	IFRS 연결	IFRS 연결	IFRS 연결	IFRS 연결	IFRS 연결	IFRS 연결
매출액(억원)	76,854	78,445	80,915	75,323	20,214	20,103	20,231	16,450	18,627	19,352
영업이익(억원)	11,764	12,209	12,896	8,753	3,358	3,423	2,410	1,756	2,166	2,511
당기순이익(억원)	7,882	8,131	8,611	5,570	2,264	2,395	1,364	1,138	1,260	1,803

투자전략 | 화장품 산업의 중국 의존도는 50%가 넘는다. 화장품 업종 실적은 중
국 경기에 달렸다. 중국 경기가 살아나야 소비수요와 화장품 매출증가로 이어진다.
중국 소비수요는 계절적 요인도 있다. 9월 중추절, 10월 국경절, 11월 광군절 등으
로 쇼핑 인구가 늘어나는 시즌이다. 따이공(중국 보따리상)의 면세점 쇼핑도 화장품

실적개선에 한몫해 왔다. 중국 경기회복이 화장품주 주가회복의 관건이다. 중국 경기 관련 뉴스를 주목해 볼 필요가 있다. 경기는 사이클 산업이다. 불황과 호황을 오간다. 경기회복 기대감을 선점하고 기다릴 필요가 있다.

케이스 스터디 010 **수주증가**

수주증가와 실적개선으로 약세장에도 강세

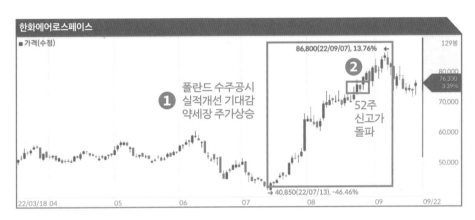

》① 폴란드에 대규모 방산장비 수출계약 체결로 주가는 급등했다. 실적개선 이슈기에 단기 이벤트 이상이다. 주가는 지속적으로 우상향 패턴을 보였다. 코스피지수는 미국발 금리인상과 경기침체 우려감에 하락했다. 반면 수출계약에 따른 실적개선 이슈는 나홀로 급등을 만든다. 한국항공우주(FA-50 전투기), LIG넥스원(유도무기), 현대로템(K-2 전차) 등 다른 방산주들도 한화에어로스페이스(K-9 자주포 등)과 비슷한 상승흐름을 보였다. ② 실적개선 이슈로 52주 신고가(1년 중 최고가)를 돌파한 뒤에도 상당 기간 주가는 강세흐름을 보였다.

투자전략 | 수주계약은 실적개선을 가져오는 호재다. 수주규모와 장기적 지속성 등을 고려해 투자판단을 해야 한다. 수주규모가 크다면 단기급등 이후 지속적인 상승도 고려해 투자해 보자. 미래 실적개선치 기준 PER이 낮다면 52주 신고가를 돌파해도 주가는 더 오른다.

≫ 1년은 52주로 52주 신고가는 1년 중 최고가, 52주 신저가는 1년 중 최저가다. 호재가 있으면 52주 신고가를 돌파한 이후 주가는 더 오른다.

≫ **수주계약 증가에 따른 방산주 실적개선:**

우크라이나-러시아 전쟁으로 안보 이슈가 화두다. 덕분에 폴란드 방산수출 등 K-방산주들 수주계약 증가가 이어진다. 동유럽, 중동, 남중국해 등 지정학적 리스크 위기감이 호재다. 대표적 방산주로는 한국항공우주, 한화에어로스페이스, LIG넥스원, 현대로템 등이다. FA-50 전투기, K-2 전차 등 생산과 연관이 있다.

케이스 스터디 011 **방산테마주**

북한 위협 이슈에 단기 방산테마 급등

≫ ① 우크라이나 전쟁과 ② 북한 핵실험 우려 등 심리적 공포감이 주가급등 요인이다. 다만 실적과 무관하기에 급등 후에는 주가가 도로 원위치 되는 되돌림 현상을 보였다.

투자전략 | 빅텍은 대표적인 방산주다만 수주계약에 따른 실적증가보다는 테마적 성격이 강하다. 북한의 핵실험, 미사일 발사 등 심리적 요인에 주가 상승폭이 크다. 공포감이 잦아들면 주가는 급등분을 도로 반납한다. 과거 경험치 학습효과가 크다. 평화로울 때가 주가저점이다. 평화로울 때 매수해 두고 전쟁 위협에 매도한다.

22

잃지 않으려면 적자기업은 사지 마라

투자원금을 지키려면 적자기업은 이유불문 사지 마라

　"적자기업은 빼고 실적개선주만 산다." 아빠의 핵심 투자원칙이다. 그 원칙을 지켰더니 잃지 않는다. 때론 손실이 나서 지루하게 기다리기도 했지만 결국 수익을 냈다. 적자기업은 기다릴수록 상태가 더 나빠진다. 적자기업에 한해서만은 빠른 손절매가 더 큰 손해를 막는 길일 수 있다. 손절매를 하면 손실이 확정된다. 투자원금을 지킬 수 없다. 손절매 이후 본전 생각이 난다. 급등주만을 좇아 단타매매를 한다만 위험이 커지기에 손실만 더 난다.

　투자원금을 지키려거든 적자기업은 사지 말자. 평생 그 원칙만 지킨다면 주식투자로 크게 손해 볼 일은 없다. 손실구간이더라도 추가매수해 매수단가를 낮추면 되기 때문이다. 인간은 누구나 실수한다. 그 실수를 만회할 다음 기회가 남아 있는 투자를 해야 한다. 적자기업을 매수하면 실수를 만회할 기회가 없다. 적자 누적으로 계속 상태가 나빠지기 때문이다.

적자기업은 지속적 유상증자로 주가희석이 크다

주식투자에 있어 최대 악재는 주식수 증가다. 주식수가 늘어난 만큼 주가를 낮춰야 한다. 그래야 동일한 시가총액이 유지된다. 유상증자, 주식관련사채 발행은 그래서 악재다. 유상증자나 주식관련사채 발행은 운영자금이 부족한 적자기업의 공시 단골손님이다. 돈이 떨어질 때마다 계속 주식을 팔아 연명한다. 유상증자를 하다 회사 사정이 더 안좋아지면 주식관련사채를 남발한다. 최대주주 등을 뺀 제3자배정이나 일반공모 방식이 주를 이룬다. 최대주주 등 지분율은 계속 낮아지게 되고 회사 주인이 바뀐다.

≫ 최대주주는 보유주식이 가장 많은 자다. 지분율이 A 30%, B 40%, C 30%면 B가 40%로 제일 주식이 많다. 하지만 A와 C가 연합하면 60%로 A와 C가 최대주주가 될 수 있다. 특수관계인은 최대주주와 가까운 사이로 최대주주 친인척, 회사 임원, 자회사 등이다. 최대주주와 특수관계인을 줄여서 '최대주주 등'으로 표현한다.

유상증자 방식 중 제3자배정은 주주 이외의 제3자 대상으로 증자를 한다. 일반공모는 불특정 다수를 대상으로 증자를 한다.

투자하지 않을 적자기업의 기준을 정하라

적자기업의 기준을 정할 필요가 있다. ① 아빠는 지난 3년간 한 번이라도 적자인 기업은 제외한다. 보수적 투자자라면 그 기간을 5년으로 늘릴 수도 있다. 다만 과거 적자였어도 향후 3년간 실적이 크게 늘어나는 흑자기업(실적성장주)은 예외로 한다. ② 연결재무제표는 흑자지만 별도재무제표가 적자인 경우도 있다. 연결재무제표는 지배회사(모회사)와 종속회사(자회사) 재무제표를 하나로 묶어서 작성한다. 지배회사는 종속회사의 지분(주식)을 50% 초과해 보유하는 경우다. 별도재무제표는 연결재무제표 대상인 지배회사만의 재무제표를 말한다. 자회사와 합쳐지지 않은 순수한 개별회사의 실적발표다. 자회사 덕에 흑자지만 본업은 적자이기에 투자대상에서 제외한다. ③ 연간은 흑자이나 최근 분기 적자인 경우도 제외한다. 최근 기업실적이 나빠지기 시작한 경우일 수 있어서다. 다만 계절적 이유로 매년 그 시기 적자였다면 이를 고려할 순 있다.

일시적 적자가 저점매수 기회가 아니냐고 반문할 수도 있다. 허나 적자의 회복 여부를 기대하는 건 요행수다. 한번 적자로 전환하면 이는 생각보다 오래 지속될 수 있다. 실적이 개선되는 좋은 종목도 많은데 굳이 위험부담을 떠안을 이유가 없다. 주식투자는 통계 싸움이다. 가급적 이길 가능성이 높은 투자에만 집중하는 게 좋다. 적자기업은 제외하고 실적개선 기업만 고르는 선구안이 필요하다.

아빠는 적자 바이오 기업을 사지 않는다

적자 바이오기업은 임상실험 성공 기대감에 단기 주가급등도 발생하지만 내 것이 아니라고 생각한다. 적정 기업가치를 모르다 보니 적정 매도 타이밍을 잡기 어렵다. 매도하고 나서 더 오르면 잘못 판 것 같아 속상하다. 결국 매도가격보다 더 높은 가격에 추가매수한다. 크게 손해 보기 전까지 사고 팔고를 반복한다. 기업가치에 근거하지 않은 투기적 투자법이다. 바이오 기업도 흑자 바이오 기업만 압축해서 보자. 수없이 많은 실패 중에 한두 개가 임상실험에 성공한다. 하지만 우리나라 바이오 기업은 파이프라인(연구개발 프로젝트) 숫자가 적다. 임상실험 실패 하나로도 주가는 종잡을 수 없이 내린다. 우발 악재상황을 최대한 줄여야 안정적으로 투자수익을 낼 수 있다.

적자기업이 아니면 마음 편하게 장기투자가 가능하다

조바심, 공포감, 불안을 없애는 좋은 방법은 적자기업을 사지 않는 것이다. 적자기업은 계속 상태가 나빠질 수 있다 보니 불안하다. 불안감 때문에 손실이 나면 안절부절 못한다. 가격이 더 내릴까 두려움에 장기투자가 어렵다. 공포감과 조바심에 손절매하고 만다. 손절매하고 나면 주가는 그때부터 오른다. 나는 주식투자를 못한다는 자책만 남는다. 마음 편하게 오래 기다리는 투자를 하려면 돈 잘 버는 회사가 최고다. 남한테 손 벌리지 않고 스스로 잘 사는 기업에 투자해야 하는 거다.

불안감은 컨트롤되지 않는다. 불안하지 않게 하는 게 최우선이다. 그러기 위해서는 믿고 보는 기업으로 압축해야 한다. 적자기업은 결코 믿고 볼 수 없는 기업이다. 적자기업은 이유불문 투자대상에서 제외하자. 적자기업을 제외하면 밤에 두 다리 뻗고 편하게 잠들 수 있다.

적자기업이 아니니 추가매수가 가능하다

내 투자성공의 원인은 끝없는 물타기(추가매수)다. 주가하락에는 추가매수 전략으로 대응하기에 빠른 수익이 가능했다. 추가매수로 투자금액이 더 늘어난다. 그만큼 불안감도 커진다. 하지만 아빠는 미리 정해둔 손실구간에 돌입하면 추가매수를 과감하게 해왔다. 전제는 적자기업이 아니라는 것이다. 굳이 유상증자 등이 필요 없는 실적개선기업만 골랐다. 그렇다면 손실에도 과감한 추가매수뿐이다.

추가매수 기준을 세울 필요가 있다. 아빠는 -20%씩 3번을 기본 원칙으로 한다. 1만 원에 샀다면 8,000원, 6,000원, 4,000원으로 가격이 떨어질 때마다 추가매수한다. 만약 4,000원 아래로 내려간다면 공격적으로 더 산다. 최초 매수가격이 버블이 있다면 -30%, -40%, -60% 등 변칙적으로 살 수도 있다. 배당주 등이라면 -10% 단위로 살 수도 있다. 가격이 떨어질수록 매수금액을 더 늘릴 수도 있다. 중요한 건 추가매수 원칙은 최초 매수 전 미리 세워둬야 한다는 점이다. 그래야만 손실에 바로 대응할 수 있다. 망설임은 추가매수의 적이다. 기업가치의 변화가 특별히 없다면 정해진 손실시점에 기계적인 추가매수로 대응하자. 이미 매수 전 기업가치를 충분히 리뷰했기 때문이다. 공포심이란 감정이 섞이면 추가매수가 어렵다.

케이스 스터디 012 적자지속

적자지속에 따른 주가 우하향

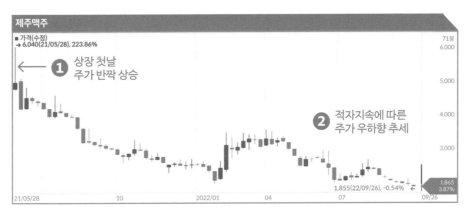

≫ 국내 1위 수제맥주 기업인 제주맥주는 테슬라요건으로 상장했다. 테슬라요건(이익미실현 기업 특례)은 적자라도 성장성이 있으면 상장을 해주는 제도다. 상장하고 1년이 넘었지만 주가는 공모가(3,200원)보다 낮다. ① 상장 첫날 공모가 대비 2배 가까이 반짝 상승하기도 했지만 ② 적자가 지속됨에 따라 주가는 계속 하락했다. 2022년 9월엔 52주 신저가를 기록하기도 했다. 실적 개선이 주가 반등의 열쇠다.

≫ **영업이익(단위 : 억 원)** 2019년(-95억 원), 2020년(-44억 원), 2021년(-72억 원)

투자전략 | 적자기업 투자는 리스크가 크다. 흑자전환이 되지 않고서는 주가상승 모멘텀이 약하다. 적자가 지속되다 보면 자본잠식 우려도 있다. 운영자금 부족으

로 유상증자, 주식관련사채 발행 등이 뒤따른다. 보수적 투자자라면 적자기업은 일단 주된 매매대상에서 제외함이 바람직하다.

≫ 자본총계는 자본금, 잉여금 등으로 구성된다. 보통의 경우 자본총계가 자본금보다 크다. 자본잠식은 적자누적으로 잉여금이 결손금(손실액) 마이너스 처리되어 자본총계가 자본금보다 적은 상태다.

적자 바이오 기업의 투자 리스크가 큰 이유

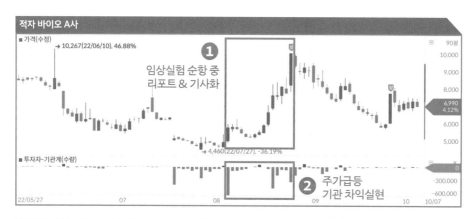

구분(억 원)	2019년	2020년	2021년	2022년(6월 말까지)
매출액	4	20	1	–
영업이익	-183	-249	-336	-182
당기순이익	-171	-288	-296	-159

≫ 바이오 기업인 A사는 항암치료제를 개발 중이다. 매년 영업적자가 지속되고 있다. 영업적자 바이오 기업의 유일한 주가급등 요소는 임상실험 발표다. ① 개발 중인 임상실험의 진행 경과가 좋다는 증권사 리포트에 주가가 단기급등했다. ② 실적개선 호재 이슈라면 기관이 순매수를 이어가야 한다. 하지만 주가급등에 순매도하기 바쁘다. 리포트가 나오기 전 주가저점에 순

매수하고 증권사 리포트 뉴스에 차익실현하는 모습이다. 기관이 순매도를 하니 장기간 주가가 상승할 수 없다. 임상실험 이슈가 잠잠해지면 주가는 도로 원위치된다.

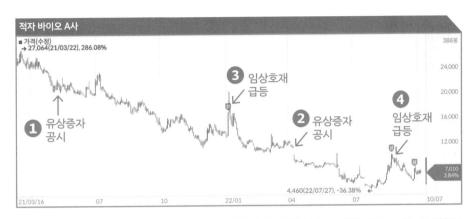

≫ 영업적자가 지속되는 바이오 기업은 유상증자, 주식관련사채 발행이 필수다. ①~② 2021년 유상증자(운영자금 225억 원), 2022년 유상증자(운영자금 866억 원, 시설자금 100억 원)를 했다. 유상증자로 인해 주가 희석효과가 발생한다. 적자 지속, 유상증자 등을 통한 주식수 증가 등으로 주가는 지속적인 우하향을 보인다. 2년간 나오는 주요 공시도 유상증자, 주식관련사채 리픽싱(주가조정) 등이다. ③~④ 가끔씩 임상실험 진행 발표 덕에 단기 주가급등이 생긴다. 이런 급등 이슈가 투자자들에게 혹시나 하는 마음을 갖게 한다.

투자전략 | 적자 바이오 기업에 장기투자하는 것이 어려운 이유가 유상증자 희석효과 때문이다. 매출이 없으니 지속적인 유상증자로 운영자금을 댄다. 주식수 증가로 주가가 꾸준히 내릴 수밖에 없는 구조다. 임상실험 성공을 위해선 10년 이상 꾸준한 투자가 필수다. 혹여 임상실험이 성공할 수도 있지만 그 인고의 세월을 버텨야 한다. 주가만 띄우고 임상실험을 중단하는 경우도 많다. 임상실험 중단이나 실패는 주가급락을 부른다.

영업적자 기업은 작전세력 놀이터

》 주방가구의 제조와 판매를 주로 하는 에넥스는 영업적자가 지속되고 있다. 적자기업의 경우 실적 이슈보단 작전세력의 놀이터가 되기 쉽다. ① 스팸관여과다종목에 지정되었다. 스팸 문자메시지를 통한 허위 풍문에 이유 없는 주가급등이 만들어졌다. ② 작전세력이 거래량을 만들며 주가를 끌어올리곤 빠져나간다. 주가정점 거래량이 크게 터진 뒤 주가는 내려간다.

③ 새 정부 재건축 규제완화 기대감에 주가는 상승세를 보였다. 하지만 정부의 적극적인 규제완화가 나오지 않자 주가는 하락세를 보였다. ④ 주가정점 거래량이 터지며 세력들은 빠져나왔다. ⑤ 소수의 작전세력이 주가를 끌어올렸다. 소수계좌 거래집중 종목으로 지정되자 작전세력이 드러났다. 공시 이후 주가는 하락세를 보였다.

투자전략 | 지속적인 적자기업은 투자대상이 아니다. 실적과 무관한 테마 이슈나 작전세력이 주가를 끌어올린다. 거래량을 일으키고 주가를 상승시킨 뒤 주가정점에 큰 거래량을 일으키며 빠져나간다. 거래량이 크게 터진 뒤 주가는 힘을 잃는다.

실적악화 기업의 자산재평가는 눈속임

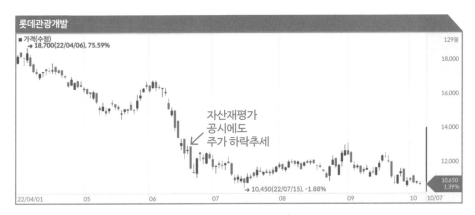

≫ 제주도에 카지노와 복합리조트를 운영하는 롯데관광개발은 2022년 3월 말 부채비율이 2,967%까지 올랐다. 부채비율은 부채를 자본총계로 나눠준다. 적자가 심해지다 보니 부채가 늘어났다. 결손금도 증가해 자본총계는 줄었다. 분자인 부채는 늘고 분모인 자본총계는 줄다 보니 부채비율이 폭증한 것이다.

높은 부채비율을 줄이기 위해 제주 드림타워 복합리조트 토지지분 자산재평가를 실시했다. 유형자산 재평가이익[자본총계 증개] 3,512억 원이 더해지며 부채비율이 6월 말 424%까지 낮아졌다. 3월 말 27.94배이던 PBR[시가총액÷자본]도 6월 말 2.58배로 낮아졌다. 하지만 재무적 수치만 좋아졌을 뿐 이자를 내는 차입금은 그대로다.

주식관련사채 발행량도 상당한데 주식전환을 위해선 주가가 올라야 한다. 주식전환으로 자본총계가 늘어나게 되면 부채비율은 더욱 낮아질 수 있다. 다만 주가상승을 위해서는 주가를 끌어올릴 실적개선이 동반되어야 한다.

투자전략 | 자산재평가는 평가자산이 증가하는 호재지만 실적개선과 무관한 이벤트다. 실적악화 기업의 자산재평가는 보수적 관점에서 바라볼 필요가 있다. 자산재평가 공시에도 롯데관광개발 주가는 하락을 이어갔다.

30초 투자판단 방법

　뉴스 등을 보다가 종목이 궁금해지면 30초만 시간을 들여 종목을 리뷰해 보자. 종목분석 대상인지 여부를 빠르게 스캔하는 방법을 소개하겠다. 먼저 네이버 증권 사이트에 들어가 종목명을 검색한다. 재무지표를 열고 ① 영업이익과 당기순이익 ② 배당 여부만 먼저 확인해 본다. 잘 벌고 잘 나눠주는 회사가 좋은 회사다. 잘 벌게 되면 영업이익이 많고 잘 나눠주면 배당을 많이 준다. 즉, 영업이익이 나고 배당을 주는 회사가 쓸만하다. 모든 회사 사정 봐줘가며 투자하긴 힘들다. 부실회사를 일단 거르고 다음 스텝을 밟아야 한다. 호재 이슈가 터져서 빠르게 매수하고 싶을 때도 있다. 이럴 때 최소한 영업이익(당기순이익)과 배당은 체크하고 투자해야 한다. 그래야만 실수 가능성이 줄어든다.

30초 투자판단 방법

① 영업이익과 당기순이익이 나는가?

YES → 통과　　　NO → 탈락

② (1단계 통과 후) 배당을 주는가?

YES → 통과　　　NO → 탈락

① 아빠는 영업적자면 분석대상에서 제외한다. 혹여 대박 종목을 놓칠지라도 괜찮다. 리스크를 최소화하기 위해 안전하게 영업흑자만 고른다. 영업이익임에도 당기순손실이 발생하는 경우는 좀 더 깊이 파고들어 그 이유를 파악해야 한다. 보수적 투자자면 심플하게 영업이익, 당기순이익이 흑자인 회사만을 고른다. 최근 3년간 영업이익과 당기순이익이 지속적으로 증가하면 더 좋다.

② 순이익을 파악했다면 배당을 체크하자. 영업이익이 발생하는 회사는 웬만해선 배당을 준다. 보수적 투자자라면 배당이 없는 회사는 제외하자. 배당을 보는 또 다른 이유는 고배당주 투자대상 여부를 파악하기 위해서다.

네이버에 해당 종목명을 치면 증권정보 화면이 나온다. 그 화면을 클릭하면 해당 종목의 실적(매출액, 영업이익, 당기순이익)과 배당정보를 확인할 수 있다.

네이버에서 개별종목의 증권정보 찾는 방법

N 삼성전자 ❶			⌨ ▼ 🔍

증권정보 ❷

삼성전자 005930 ›
60,100 ▼ 200 (-0.33%)

❸ +MY등록

일봉 주봉 월봉 <u>1일</u> 3개월 1년 3년 10년

전일종가	고가	저가
60,300	60,800	59,900
거래량	외국인소진율	시가 총액
13,941,818	50.74%	358조 7,839억

코스피
2,419.09 ▼12.82 (-0.53%)

≫ ① 네이버에서 삼성전자를 치면 ② 삼성전자 증권정보 화면이 나온다. 이를 클릭하면 실적, 배당 등 상세한 증권정보가 나와있다. ③ '+MY등록'은 관심종목 등록관리 기능이다.

23

미래 실적을 알아야
돈을 번다

현재의 실적은 이미 주가에 반영되어 있다

실적개선주의 역대급 최대실적 발표에도 주가가 힘을 쓰지 못하는 경우가 많다. 실적 피크아웃 우려 때문이다. 지금까진 좋았어도 실적이 꺾이면 주가도 내린다. 그동안의 실적개선 덕분에 주가가 현재 수준까지 올랐다. 여기서 한 단계 더 오르려면 앞으로도 더 좋아야 한다. 하지만 향후 실적에 대한 우려감이 있다면 주가는 더 오르기 어렵다. 등산과 같은 이치다. 산 정상을 밟았다면 이젠 하산만 남은 거다. 실적 피크아웃 여부는 뉴스, 증권사 리포트 리뷰를 통해 파악 가능하다. 부지런하면 전망 예측치를 쉽게 접할 수 있다.

사이클 산업일수록 실적 피크아웃 현상이 많다. 과거 실적 기준으로는 PER이 가장 낮은 상태가 피크아웃이다. 저PER의 역설이다. 주식투자할 때는 미래를 봐야 하는 이유가 여기에 있다. PER도 미래 실적 기준으로 판단하자는 이유이기도 하다. 반도체, 자동차 등 대형수출주는 경기에 따라 오르락내리락이 심하다. 환율에도 영향을 받는다. 환율이 올라갈수록 수출이 늘어서 좋다. 정유, 조선, 해운 등은 원유 가격변동, 물가상승(인플레이션) 영향을 많이 받는다. 유가가 오를수록 관련주 주가는 상승한다. 원자재 가격상승이 꺾이면 이들 주가도 꺾인다.

≫ 정유주는 유가급등이 반갑다. 기존에 싸게 사둔 원유 정제마진이 늘어서다. 정제마진은 석유제품 가격에서 원유, 수송비, 운영비 등을 제외한 값이다. 반면 유가가 너무 오르면 판매가 줄어든다. 유가가 오른 만큼 가격을 올리기 쉽지 않을 수 있다. 정제마진이 줄어들 수 있다.

최소 6개월 이후 실적에 베팅해라

주가를 볼 때 미래 기준으로 보자. 최소 6개월 후 실적이 지금 주가에 반영됨을 기억하자. 현재 실적 정점은 향후 주가에 영향이 크지 않다. 현재 실적은 과거의 기록이다. 현재 실적에만 집중하면 실적 정점 고점매수할 수 있다. 오직 미래 실적만이 앞으로의 주가를 움직인다. PER도 미래 실적 기준으로만 판단해야 한다. 종목분석에 앞서 미래 실적 체크 단계를 거치자. 즉, 종목분석의 순서는 ① 호재 이슈 발견 ② 미래 실적 체크 ③ 종목분석표 작성이다.

6개월 실적 체크법은 좋은 투자습관으로 이어진다. 향후 업황전망, 실적변화 등을 찾는 노력이 이어져야 하기 때문이다. 6개월 후 실적 체크라고 하지만 6개월 주가추이 예측이라 해도 무방하다. 실적개선 기업만을 엄선한다는 건 잘 버틸 종목을 고르는 셈이다. 이왕이면 보다 먼 미래의 실적을 알수록 더욱 좋다. 실적개선은 거짓말을 하지 않는다. 최고의 투자전략은 6개월 이후 실적개선을 체크해 가장 알짜 종목을 고르는 것임을 잊지 말자.

≫ 설비투자가 집중된 기업의 경우 단기간 감가상각비(유형자산 가치하락 비용) 증가로 인해 영업이익이 줄어들 수도 있다. 매출액이 늘었는데 영업이익이 줄어드는 경우 감가상각비 증가로

인한 부분인지 체크해 볼 필요가 있다.

3개년 연속 실적개선주를 주목하라

실적개선의 의미는 매출액, 영업이익, 당기순이익이 모두 늘어나는 경우다. 일회성 실적개선보다 꾸준한 실적개선이 좋다. 3년간 당기순이익이 꾸준하게 오르는 종목을 주목해 보자. 여기에 향후 실적치도 꾸준하게 증가한다면 매력적인 투자종목이 된다. 주가는 지속적으로 우상향하며 움직인다. 이왕이면 매출액이 계속 커질수록 좋다. 매출액이 늘면 고정비 비중이 줄어들어 수익이 더욱 크게 개선될 수 있다.

미래 실적개선을 모르면 투자하지 마라

중소형주의 경우 미래 실적 예측이 불가능한 경우가 많다. 뉴스 언급도 안되고 증권사 리포트도 없다. 불확실성에 베팅을 해야 하는 셈이다. 미래 실적개선 예측이 어렵다면 보수적 관점이다. 불확실성에 베팅하기엔 부담스럽다. 과거 학습효과가 강한 종목, 이벤트에 강한 테마 이슈가 없다면 군이 매수를 추천하지 않는다.

주식투자는 불확실성을 줄여가는 확률 게임이다. 맞을 확률이 높을 때 뛰어드는 영리함이 필요하다. 실적개선은 확률이 가장 높은 투자의 한 수다. 호재 이슈를 발견하면 최소 6개월 이후 실적을 찾는 습관이 그래서 중요하다.

종목발굴을 위한 뉴스기사 활용

에이프로, 향후 3년간 폭발적 수주 증가

하나증권은 미국 인플레이션감축법(IRA) 이후 중국산 장비가 배제되면서 향후 3년간 에이프로의 수주잔고가 폭발적으로 증가할 것이라고 28일 전망했다. 에이프로는 그동안 중국 저장항커테크놀로지와 5대5 비율로 LG에너지솔루션에 활성화 공정장비를 납품해 왔다. 하지만 **미중 무역분쟁과 IRA 등의 여파로 중국산 장비의 미국 수출이 막히면서 에이프로가 LG엔솔의 미국 합작 1공장(오하이오)부터 전량 납품했다.** 에이프로는 1공장으로 총 971억 원 수주를 공시했는데, 해당 공장이 35GWh규모인 점을 감안하면 GWh당 약 28억 원을 수주할 수 있다는 결론이 나온다. **2025년까지 테네시와 미시간, 애리조나 등 총 290GWh의 증설이 예정돼 북미 지역에서만 8,120억 원을 수주할 수 있다는 분석이다.** 에이프로는 올해 매출액은 전년동기대비 61.0% 증가한 991억 원, 영업이익은 44억 원으로 흑자전환할 전망이다. **미국 매출이 본격화되는 2023년은 매출액이 61.2% 늘어난 1,597억 원, 영업이익167억 원으로 280.7% 증가할 전망이다.** (아시아경제신문 2022.9.28. 지연진 기자)

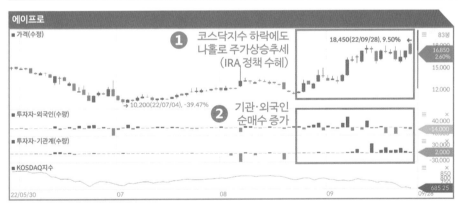

≫ 에이프로는 리튬이온 2차전지 활성화 장비를 생산한다. ① 코스닥지수 하락에도 불구하고 실적개선 이슈에 나홀로 주가 강세다. IRA 정책 수혜에 따른 실적개선 기대감이 주가를 이끈다. 네이버 증권 실적예측에 따르면 매출액이 2022년 대비 2년 후 2배 이상 성장한다. ② 기관과 외국인의 관심이 올라가 거래량이 늘었다. 기관이 일부 차익실현했는데 이를 외국인이 받아간다.

≫ **매출액 추이(단위: 억 원)** 2020년(490), 2021년(615), 2022년 예측치(991), 2023년 예측치(1,597), 2024년 예측치(2,290)

투자전략 | 실적개선 관련 뉴스를 찾는 게 투자의 핵심이다. 위 예시에선 2023년 실적개선 예측치가 나왔다. 그 이유도 밝혔는데 IRA법에 따른 반사이익 수혜다. 중국산 제품을 쓸 수 없게 함에 따라 수익이 오롯이 에이프로에게 돌아간다. 실적개선 예측치와 그 이유가 나왔다면 분석해 볼 만한 종목이 된다.

실적추이에 따른 주가 움직임 차이

≫ **(화면 A)** ① 삼성바이오로직스는 바이오시밀러(바이오의약품 위탁개발생산)사업을 한다. 실적이 지속적으로 개선됨에 따라 약세장에서도 주가가 잘 유지되었다. **(화면 B)** ② SK바이오사이언스는 코로나19 백신 개발 및 위탁생산 등 사업을 한다. 코로나19로 인해 2021년 실적 피크아웃을 겪은 뒤 점차 실적이 줄어들었다. 실적하락세에 맞춰 주가도 같이 하락했다.

예측치를 보면 삼성바이오로직스는 2021년 이후 꾸준히 실적이 증가하는 추세인 반면 SK바이오사이언스는 2021년 정점을 찍은 후 실적이 하락하고 정체되는 모습을 보인다.

두 기업 간 매출액, 영업이익 추이 비교

구분(억 원)	삼성바이오로직스		SK바이오사이언스	
	매출액	영업이익	매출액	영업이익
2021년	15,680	5,373	9,290	4,742
2022년 예측	26,312	7,811	5,159	2,081
2023년 예측	32,772	9,746	5,474	1,935
2024년 예측	38,220	11,496	5,892	1,771

투자전략 | 실적개선이 꾸준히 유지되지 않으면 실적 피크아웃 이후 주가는 내린다. 주가는 미래 실적을 선반영하기에 앞으로 실적악화가 예상되면 미리 내린다. 실적이 정점이어도 주가가 하락하는 이유다. 실적예측치를 꾸준히 체크해 보자. 향후 실적개선이 기대되는 기업은 약세장에서도 실적발표와 함께 주가는 강세를 띤다. 실적하락으로 주가가 내려간 기업보다 향후 실적개선이 강할 기업을 고르는 게 더 좋다.

케이스 스터디 018 **실적예측**

실적하락 예측에 따른 주가하락추세

≫ ① 해운주인 HMM은 전년도 실적개선 발표에 주가가 상승세를 보였다. 여기에 우크라이나 전쟁발 물류난 기대감도 더했다. 새 정부 출범에 따른 정부 보유지분 매각 가능성도 주가상승 추세를 더했다. 기업매각 이슈는 관심받는 주가상승 호재다. ② 코로나19 확산세 증가 등에 따라 중국 봉쇄조치가 내려졌다. 상해 봉쇄가 해제되고 경기개선 기대감에 주가는 상승했다.

③ 경기침체 우려가 불거진 6월 이후 주가는 하락세를 지속하고 있다. 운임이 하락하고 물동량도 줄어들고 있어서다. 증권사 실적감소 예측, 기관과 외국인 순매도가 이어졌다. HMM의 경우 2023년에는 전년 대비 매출액 24%, 영업이익 38%가 감소하리라는 전망치가 나왔다.

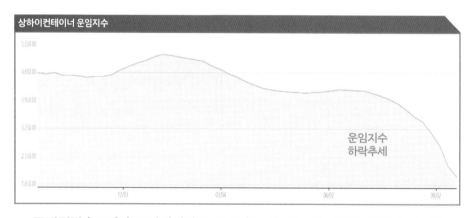

상하이컨테이너 운임지수

운임지수
하락추세

투자전략 | 증권사 투자의견과 목표주가를 낮추는 건 실적악화를 우려해서다. 해운주에는 컨테이너선 관련주인 HMM과 벌크선 관련주인 팬오션 등이 있다. 해운주도 경기침체에 따른 해운업황 피크아웃 우려감에 목표주가를 낮췄다. 실적악화를 우려할 경우 주가는 하락할 가능성이 높다.

실적추이에 따른 주가 움직임 차이

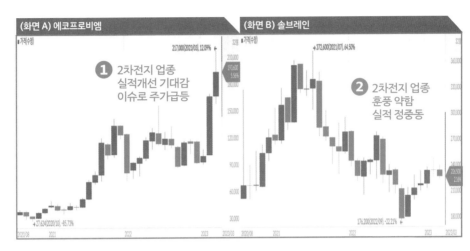

(화면 A) 에코프로비엠

① 2차전지 업종
실적개선 기대감
이슈로 주가급등

217,000(2023/03), 12.09%

197,600
5.56%

+27,624(2020/10), -85.73%

(화면 B) 솔브레인

② 2차전지 업종
훈풍 약함
실적 정중동

372,600(2021/07), 64.50%

226,500
2.09%

176,200(2022/09), -22.21%

≫ **(화면 A)** 에코프로비엠은 2차전지 양극재를 생산한다. 2023년 2차전지 실적개선 기대감에 주가가 급등했다. **(화면 B)** 반면 2차전지 전해액을 생산하는 솔브레인은 2차전지 훈풍에도 반등폭이 약하다.

두 기업 간 매출액, 영업이익 추이 비교

구분(억 원)	에코프로비엠		솔브레인	
	영업이익	매출액	영업이익	매출액
2021년	1,150	14,856	1,888	10,239
2022년 예측	4,091	52,173	2,103	11,060
2023년 예측	6,059	89,946	2,129	11,100
2024년 예측	8,407	114,676	2,490	11,770

투자전략 | 주가 차이 원인은 실적이다. 에코프로비엠은 3년 후 영업이익(2021년 대비)이 8배 증가하는 반면, 솔브레인은 영업이익 증가폭이 20% 수준이다. 주가는 실적개선치를 선반영한다. 실적개선 폭이 클수록 주가상승도 크다. 실적개선주를 발굴한 뒤, 미리 선점하고 기다리는 투자법이 중요하다.

24

실적개선주를 접하는 방법

출퇴근 시간에 호재기사에 집중한다

출퇴근 시간 뉴스 리뷰는 좋은 투자습관이다. 정보의 홍수 속에서 매력적인 정보만을 골라낼 소중한 시간이기도 하다. 가성비 높게 호재 뉴스 중심으로 압축해 보자. 제목만으로 호재 이슈를 판단해 보자. 처음엔 어려울 수 있으나 숙달되면 금방 익숙해진다. 출퇴근 시간에 검색한 뉴스 중 하루 베스트 기사 3개만을 골라보자. 퇴근 후 종목분석으로 이어질 소중한 뉴스들이다. 뉴스를 보지 않고 투자에 성공하긴 어렵다. 매일 빼먹지 말고 뉴스를 리뷰해 보자.

모바일로 확인하는 네이버 뉴스 화면

≫ 네이버 앱에서 (화면 A) ① 뉴스 탭의 ② 경제를 클릭하면 (화면 B) ③ 금융, 증권, 부동산 구분화면이 나온다. 증권면을 보면 그날의 증권 기사를 확인할 수 있다. PC에서도 네이버 뉴스 (news.naver.com) 경제-증권면 확인이 가능하다.

증권사 리포트 실적 예측치에 집중한다

증권사 리포트는 실적 예측치의 좋은 원천이다. 리포트에는 향후 2~3년간의 실적 예측치가 담겨 있다. 2~3년간의 실적 예측치는 모범답안과 같다. 2~3년 후 실적 기준 PER(시가총액 ÷ 당기순이익)을 계산해 보자. 실적이 대폭 늘어나는 기업만 골라 투자하면 된다. 대형주의 경우 리서치보고서도 여럿이다. 이때는 각 리포트의 평균치를 기준으로 삼아보자. 보수적인 투자자라면 제일 낮은 수치를 기준으로 삼아도 된다. 아빠는 호재 이슈가 나오면 맨 먼저 증권사 리포트를 찾는다. 2~3년 후 실적 예측치를 보고 분석 여부를 결정한다.

증권사 리포트는 해당 증권사 홈페이지 등에서 안내하고 있다. 다만 리포트를 보기 위해선 회원가입이나 계좌개설 등이 필요하다. 한경컨센서스(hkconsensus. hankyung.com)는 무료로 여러 증권사 리포트를 제공하고 있다. 주로 중소형증권사 리서치 자료 위주로 보여준다. 네이버 증권에서도 실적 예측치를 보여준다. 네이버 증권 활용법은 291쪽 종목분석표 부분에서 좀 더 공부해 보도록 하자.

증권사 추천종목, 추천한 이유를 살펴라

일부 증권사는 매주 주말 다음 주 추천종목을 발표한다. 추천종목보다 추천하는 이유에 집중해 보자. 대부분 실적개선을 그 이유로 든다. 실적개선주를 접할 수 있는 좋은 기회다. 주말에는 증권사 추천주를 분석해 보길 권한다. 증권사가 권할 만큼 실적개선 이슈가 매력적인지 확인해 보는 거다. 증권사가 먼저 엄선하고, 여기에 나의 분석이 더해지니 이중 검증을 한 셈이다.

증권사 추천주 사례(2022.10.11. 기준)

종목명	추천 이유
삼성전자	4분기 피크아웃 구간, 업황반등 초입구간 진입
삼성바이오로직스	매출에서 달러비중 70~80% 고환율 수혜
더블유게임즈	30% 전후 높은 영업이익률 장기간 지속
신한지주	3분기 순이자 마진폭 시중은행 중 가장 양호
LG전자	성장 가시성 확보한 전장사업부 흑자전환
삼성엔지니어링	수주 파이프라인 증가로 중장기 실적 가시성 확대

≫ 증권사 추천주의 추천사유를 리뷰해 보자. 합리적 근거가 있는지, 실적개선과 관련이 있는지 확인해 보자. 증권사 추천사유 중 상당수는 실적개선이다. 실적개선이 사유라면 종목분석으로 이어질 만하다. 위 예시를 봐도 업황반등, 고환율 수혜, 영업이익률 증가, 흑자전환 등 실적개선 이슈 언급이 많다.

데일리(Daily) 투자일기를 작성하라

투자는 몸이 수고스러워야 한다. 부지런하게 몸을 움직여야만 투자 준비가 철저해진다. 매일 투자일기표 쓰기를 권한다. 짧게라도 매일 쓰면 좋다. 투자일기표는 그날 기사 중 투자에 도움 되는 내용을 중심으로 쓴다. PC를 활용해서 써도 되지만 아빠는 아날로그 감성이 좋다. 종이에 연필로 기록을 하다 보면 문득 떠오르는 아이디어들이 생긴다.

아빠의 경우 투자일기표를 쓰면서 향후 얼마의 돈이 생길지 계획하는 걸 즐겼다. 현재 자산 규모 대비 매년 얼마씩 늘어날지, 그 방법은 어떻게 할지를 고민하는 게 좋았다. 당장 현실이 될 수 없을지라도 하고자 하는 의욕을 자극했다. 투자일기표는 더욱 분발해서 노력하고 싶다는 자극제가 되어준다.

케이스 스터디 020 **실적개선**

뉴스 업종예측이 종목분석으로

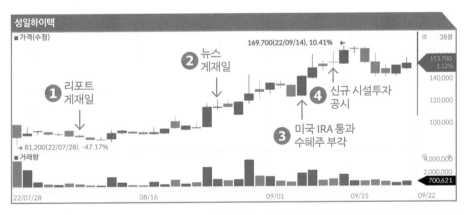

≫ 성일하이텍은 2차전지 리사이클링 전문업체로 폐배터리 관련주로 거론된다. ①~② 실적개선주는 증권사 리포트와 뉴스 게재일에 매수해도 늦지 않는다. 실적개선 뉴스를 확인하면 적극적으로 관련 정보들을 확인하는 노력도 필수다. ③ 미국 IRA법안 통과에 따른 수혜주 부각 이슈로 단기 급등을 보였다. ④ 설비투자는 매출증가를 가져오는 호재다. 신규시설투자 공시 발표로 주가상승을 보였다.

① **뉴스기사** | 뉴스기사에선 배터리 재활용시장 성장성에 대해 언급했다. 시장 규모가 2021년부터 2025년까지 4년 사이 5배 이상 성장한다. 시장규모가 연평균 53% 성장한다면 주가도 그에 비례해 오를 가능성이 높다.

폐배터리 재활용 관련주 강세…

성일하이텍 7% ↑

"시장의 관심이 커지고 있는 폐배터리 순환 사업과 관련해 국내 사업장에 이어 핵심 거점인 헝가리 사업장에서도 폐배터리 재활용을 추진할 계획"이라며 "에너지저장장치(ESS) 글로벌 선두 지위를 이용해 폐배터리 재사용 사업에도 속도를 낼 것으로 기대된다"고 말했다. **시장 조사 전문기관 SNE리서치에 따르면 전 세계에서 수명을 다하는 폐배터리는 2025년 42 기가와트시(GWh)에서 2040년 3천455기가와트시로 80배 늘 것으로 추산된다**(연합뉴스, 2022.9.14. 이미령 기자).

---

② **증권사 리포트** | 매출액 기준 2022년(1,945억 원) 대비 2025년(4,988억 원) 2.5배 늘어난다. 실적개선 기대감이 있기에 장기투자 대상으로 삼을 만하다. 미래 실적예측치는 네이버 증권을 활용해도 된다.

SK증권 리포트 실적예측(2022.8.5. 기준)

성일하이텍 실적 추이 및 전망(별도 기준)						(단위: 백만원, %)
	2020년	2021년	2022년(E)	2023년(E)	2024년(E)	2025년(E)
매출액	60,503	138,487	194,506	242,017	377,409	498,835
코발트	32,098	68,060	88,031	88,109	96,964	99,735
니켈	22,996	54,277	67,488	85,646	134,630	141,361
탄산리튬		6,076	29,961	56,375	132,740	243,356
기타	5,409	10,074	9,026	11,887	13,076	14,383
영업이익	-6,355	13,660	25,454	29,109	54,004	76,056
OPM	-10.5%	9.9%	13.1%	12.0%	14.3%	15.2%

자료: 성일하이텍, SK증권

③ **설비투자 공시** | 2차전지 리사이클 관련해서 2,147억 원을 시설투자한다는 공시다. 자기자본의 82.19% 규모다. 설비투자로 인해 실적개선을 기대해 볼 수 있다.

신규 시설투자 등 공시

신규 시설투자 등		
1. 투자구분	신규시설투자	
2. 투자내역	투자금액(원)	214,700,000,000
	자기자본(원)	261,228,442,349
	자기자본대비(%)	82.19
	대규모법인여부	미해당
3. 투자목적	이차전지 리사이클링 시장 성장대응과 생산능력 확보	
4. 투자기간	시작일	2022-09-13
	종료일	2025-06-30

투자전략 | 배터리 리사이클 산업의 장기적인 성장성, 성일하이텍 매출액 추이를 확인할 수 있었다. 미국정부의 2차전지 산업 육성책까지 더해졌다. 긴 호흡으로 투자하는 실적개선주 투자방식이다. 실적개선이 꾸준하기에 장기투자 대상이다. 매수하고 손실이 나면 추가매수한다.

≫ 전기차 폐배터리는 ① 전력저장장치(ESS) 등 다른 용도로 재사용하거나, ② 배터리에서 니켈, 코발트, 망간, 리튬 등을 추출해서 재활용(리사이클링)할 수 있다. 전기차 배터리 수명은 최소 5~10년 정도다. 시장에서는 2025년부터 전기차 배터리 교체가 본격화되면서 폐배터리 시장이 확대될 것으로 예상하고 있다. SNE리서치에 따르면 전 세계 폐배터리 재활용 시장은 2025년 78만 톤, 2030년 143만 톤, 2040년 500만 톤 규모다. 금액 기준으로 2030년 60조 원에서 2040년 200조 원 규모로 성장할 것으로 예상하고 있다.

경쟁업체 서비스 저하로 반사이익

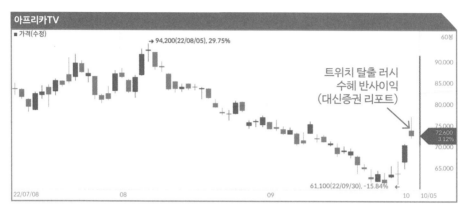

아프리카TV

■ 가격(수정)

94,200(22/08/05), 29.75%

트위치 탈출 러시
수혜 반사이익
(대신증권 리포트)

72,600
3.12%

61,100(22/09/30), -15.84%

22/07/08   08   09   10   10/05

≫ 아프리카TV(1인 미디어 플랫폼기업)는 꾸준한 영업이익 개선으로 주가가 크게 상승했지만, 최근 성장정체 우려감에 성장주로서 주가버블이 줄어들었다. 그러나 트위치 사용자가 아프리카TV로 옮겨가면서 아프리카TV가 반사이익을 얻을 수 있다는 증권사 리포트가 발표되자마자 뉴스에 언급되었다. 아프리카TV 주가는 장중 9% 넘게 급등했다. 뉴스가 관심을 모으고 단기 주가상승 모멘텀이 되었다. 리포트에 따르면 경쟁 스트리밍 플랫폼인 트위치가 한국사업을 축소하고 있다. 국내 망 사용료 부담이 커지자 비용절감을 위해 라이브영상 최대 화질을 낮췄다. 화질저하는 트위치 유저들이 아프리카TV로 옮기게 되는 유인이 된다. 트위치 사용자 이동효과로 아프리카TV 매출이 410억 원 증가할 것으로 예상되었다. 순이익은 기존 대비 2023년 19%, 2024년 32% 증가할 것으로 예상되었다. 목표주가도 상향했다.

영업실적 및 주요 투자지표

(단위: 십억원, 원, %)

	2020A	2021A	2022F	2023F	2024F
매출액	197	272	310	374	435
영업이익	50	89	91	111	129
세전순이익	48	89	93	113	131
총당기순이익	36	71	74	90	104
지배지분순이익	37	71	74	90	104
EPS	3,184	6,179	6,445	7,833	9,062
PER	19.0	32.8	9.9	8.1	7.0
BPS	12,758	18,209	23,845	30,843	39,026
PBR	4.7	11.1	2.7	2.1	1.6
ROE	27.6	39.9	30.6	28.6	25.9

주: EPS와 BPS, ROE는 지배지분 기준으로 산출
자료: 아프리카TV, 대신증권 Research Center

≫ 리포트는 실적이 꾸준히 성장할 것으로 예측했다. 2022년 3,100억 원인 매출액이 2024년 4,350억 원으로 40% 이상 성장할 것으로 기대되고 있다.

투자전략 | 증권사 리포트는 투자보고다. 리포트는 뉴스기사화되니 뉴스 리뷰만으로도 리포트 확인이 가능하다. 리포트에는 실적개선 이슈가 기록된다. 향후 실적 전망과 그 이유가 설명되어 있다. 이유와 예측치는 중요한 투자판단 요소다.

증권사 리포트 분석표

증권사 리포트를 간단히 압축해서 기록해 둘 필요가 있다. 방대한 양과 어려운 용어 속에서 맥을 짚어가는 과정이다. 아빠는 리포트를 프린트 해 두고 형광펜으로 주요 사항들을 색칠해 가며 읽는다. 색칠한 부분 중 중요사항 중심으로 분석표에 기록한다. 이 자료는 나중에 종목분석을 하는 데도 도움이 된다.

리포트는 중요도에 따라 기록해 나간다. 실적 전망치, 실적에 따른 미래 PER, 실적 근거, 목표주가와 그 이유 순으로 기록한다. 실적 전망치나 목표주가는 숫자로 되어 있어 금방 확인 가능하다. 반면 실적이나 목표주가 근거는 많은 양이 적혀있다 보니 상세히 읽어야 한다.

증권사 리포트 분석표

종목명 :　　　　　　　　　　　　　일자 & 증권사명 :

1. 실적예측치	세부내용
- 매출액 추이	
- 영업이익 추이	
- 당기순이익 추이	
2. 미래 PER	
3. 실적 근거	
4. 목표주가 　현재주가(괴리율)	
5. 목표주가 근거	

생각을 잡아줄 데일리 투자노트

데일리 투자노트는 주식판 난중일기다

머릿속을 붙잡아둘 노트 한 권이 인생을 바꾼다. 머리에만 맴도는 다양한 투자전략을 붙잡아 둬야 한다. 사람의 머리는 유한하여 기억은 시간이 지나면 잊혀진다. 합리적 사고를 잡아줄 노트를 만들어보자. 투자노트는 매일 기록하는 주식판 난중일기다. 오늘의 매매결과뿐 아니라 내일의 투자전략이 담겨야 한다. 매력적인 매수종목을 선정하기 위한 사전 단계로 의미가 크다.

투자노트는 가급적 퇴근하고 작성해 보자. 매력적인 종목이 보이면 이를 분석으로 연결도 하자. 투자노트를 작성하는 방법은 ① 직접 수기로 작성하는 방법과 ② 엑셀로 양식을 만들어 PC에 저장하는 방법이 있다. 아빠는 직접 써내려가는 아날로그 방식을 선호한다. 볼펜보다 연필로 작성하면서 지우개로 지워나가는 재미도 쏠쏠하다.

투자노트에 담길 핵심 내용을 보자

투자노트는 주식투자에 대한 생각을 오롯이 잡아주는 역할을 한다. 투자노트는 ① 투자결과 ② 분석종목 후보 ③ 재테크 목표의 세 부분으로 구성된다.

투자노트 구성

구분	세부 구분
① 투자결과	투자일지 & 복기, 오늘 & 연간 손익, 주식잔고
② 분석종목 후보	인기 검색어, 인기 검색종목, 기관·외국인 순매수, 베스트 기사(기사 연관종목), 투자전략 측면 내 생각, 분석후보(이유)
③ 재테크 목표	재산현황 & 향후 목표, 버킷리스트

① 1단계 '투자결과'에는 투자일지와 복기, 손익 및 잔고 등을 기록한다. 잦은 잔고 확인은 불안감만 야기하니 매매가 없으면 생략해도 무방하다. ② 2단계 '분석종목 후보'는 분석할 종목을 고르는 과정이다. 주요 이슈별 종목과 베스트 기사를 나열해 본 후 분석후보(이유)를 찾는다. 후보군 중 매력적인 종목은 상세 분석으로 이어진다. ③ 3단계 '재테크 목표'에는 재산 현황과 앞으로 목표, 인생 버킷리스트 등을 기록한다. 매일 기록할 필요는 없다. 특별한 계획이 생각날 때 적어두면 된다. 동기부여 측면에서 좋다.

요즘에 떠오르는 이슈를 파악해 두자

투자노트를 작성하려면 알아둬야 할 정보도 상당하다. 정보력 싸움이 승패를 좌우하니 네이버 등 포털 사이트와 친해져야 한다. 출퇴근 시간에 뉴스 검색은 필수다. 수시로 실시간 인기 검색어, 인기 검색종목 리뷰도 하자. 다양한 정보가 모여 크로스 체크가 되니 촘촘한 종목선정이 가능해진다. 부지런함은 그 어떤 노력보다 중요하다. 결국 부지런한 자가 부자가 된다. 귀찮다고, 하기 싫다고 편한 것만 찾다 보면 평생 인생판을 뒤집을 기회는 오지 않는다. 오늘부터 '일찍 일어나는 새가 돈을 번다(An Early Bird Catches the Money)'고 생각하자.

투자 결과	1. 투자일지 & 복기		3. 주식잔고
	2. 오늘 & 연간 손익		
분석 종목	4. 인기 검색어 ① ② ③ ④ ⑤	5. 인기 검색종목 ① ② ③ ④ ⑤	6. 기관 & 외국인 순매수 ① ② ③ ④ ⑤
	7. 베스트 기사 ① ② ③ ④ ⑤		7. 기사 연관종목
	8. 투자전략 측면 내 생각		9. 분석후보 & 이유 ① ② ③ ④ ⑤
재테크 목표	10. 재산현황 & 향후 목표		11. 버킷리스트 ① ② ③ ④ ⑤

투자노트 단계별 상세내용 설명

1. 투자일지 & 복기　주식매매를 했다면 투자일지를 써서 어떤 종목을 매매했는지 매매기록을 남긴다. 혹여 실수는 없었는지 복기하는 거다. 매매가 없는 날이면 작성할 필요는 없다.

2. 오늘 & 연간 손익　오늘 손익과 함께 연간 누계 손익을 적는다. 수익이 계속 불어나는 재미에 쓰는 즐거움이 있다.

3. 주식잔고　주식매매 결과 잔고가 변경되었다면 상세 종목명, 수량, 잔고금액 등을 기재한다.

4. 인기 검색어　뉴스기사, 줌(Zum)과 네이트 등 포털 사이트 실시간 이슈 키워드 중 기억할 만한 검색어를 3~5개 기록한다. 주식투자와 연관성이 높은 키워드 중심으로 기재한다. 인기 검색어에 주식 종목명이 언급되는 경우도 있다. 뉴스 1면에 언급되는 기사도 중점적으로 확인해 보자.
≫ 네이버와 다음은 실시간 인기검색어 제공을 종료했다.

5. 인기 검색종목　네이버 증권에서 개별 종목명을 검색하면 우측 하단에 코스피와 코스닥 인기 검색종목이 10종목씩 나온다. 이 중 기억할 만한 종목을 3~5개 압축해 기록한다.

네이버 증권의 인기검색종목 화면

≫ 네이버 증권에서 종목명(예: 삼성전자)을 검색한 후 종목 상세정보를 보면 우측 하단에 인기검색종목이 보인다. 코스피와 코스닥 각 10종목씩 볼 수 있다.

6. 기관 & 외국인 순매수   기관과 외국인 동시 순매수 종목 중 주요 특징 종목을 3~5개 적어놓는다. 매일 체크하다 보면 ① 신규 발생종목 ② 지속적으로 발생하는 종목 ③ 중소형주 중 특징종목 등을 발견할 수 있다. 주요 경제신문 순매수 종목 통계기사를 참고하면 된다. 투자노트 기재를 위한 기초 기사만 따로 프린트해서 스크랩해 놓는 습관도 좋다. 네이버 증권에서도 관련 정보를 안내하고 있다.

7. 베스트 기사 & 기사 연관종목   증권 관련 기사 중 투자에 도움될 베스트 기사를 3~5개 뽑아본다. 악재는 버리고 주로 실적개선 등 호재 이슈 중심으로 선정한다. 선정된 기사와 함께 관련 연관종목도 나열해 본다.

8. 투자전략 측면 내 생각   나열된 주요 종목들을 기반으로 투자전략을 짜본다. 스스로 생각하는 단계가 실력을 기르는 중요 포인트다. 생각을 정리하다 보면 매력적인 투자 종목(군)이 보일 수 있다. 투자 트렌드, 투자사유 등도 차분히 정리해 보자.

9. 분석후보 & 그 이유 분석할 최종 후보군을 뽑아보는 단계다. 3~5개 분석 후보군 종목과 선정이유 등을 나열해 보자. 여러 단계 필터링을 거친 후에 가장 매력적인 분석대상이 결정된다.

10. 재산현황 & 향후 목표 현재 재산현황을 부동산, 주식, 펀드, 부채 등을 총망라해 기록한다. 순자산 기준 향후 5년, 10년, 20년 후 자산 증가 목표치 등도 기재해보자. 목표를 세운다는 건 동기부여 측면에서 좋다. 실현 가능한 목표를 정해 놓으면 필연적으로 노력하게 된다.

11. 버킷리스트 살아가면서 꼭 이루고 싶은 버킷리스트를 적어보자. 상상이라도 돈 쓰는 재미를 즐기는 묘미도 있다. 삶의 원동력이 되기도 한다. 주식투자는 즐거운 마음에서 해야 성과도 더 나는 법이다. 삶의 윤활유 측면에서 버킷리스트는 필요하다.

25

성장주 실적을 체크하고 투자해라

성장주 실적이 받쳐줘야 버블이 유지된다

성장주라도 실적 체크는 필수다. 성장주는 미래 기대감에 주가버블이 심하다. 버블 주식을 무작정 매수해선 안 된다. 합리적인 근거가 있어야 한다. 미래 실적 기대감이 버블 원인일 텐데 그 실적은 시간이 지나면 검증이 된다. 보통은 2~3년 내 실적 성장성을 보여줘야 한다. 예측치만큼 실적이 따라줘야 그 버블이 계속 유지된다. 성장주 주가는 실적 시즌마다 출렁인다. 예측에 부합하지 못한 결과가 나오면 주가가 급락한다. 버블이 껴있는 만큼 그 낙폭도 크다.

성장주에 긍정적 상황은 강세장이다. 강세장일수록 버블이 강한 주식이 더 간다. 미국 통화정책도 중요하다. 시중에 돈을 푸는 양적완화 정책은 호재다. 넘쳐나는 돈이 위험성 자산에 몰린다. 이자를 내리는 금리인하도 호재다. 수익률을 높이려 주식 등에 투자해서다. 반대로 양적완화 축소, 금리인상에 성장주 주가는 큰 타격을 입는다. 이 경우 실적 대비 저평가인 가치주와 배당주가 대신 선전한다. 그나마 성장주도 실적이 받쳐준다면 낙폭을 축소할 수 있다.

적자 성장주는 사지 않으려 한다

성장주라도 적자가 심하다면 보수적 관점으로 접근하자. 적자 누적으로 회사가 망할 수 있어서다. 유상증자 등 주가희석을 가져오는 악재도 많다. 성장주는 대규모 연구개발과 설비투자가 따른다. 돈이 많이 필요하니 유상증자는 필수다. 적자다 보니 잉여현금흐름(FCF)이 마이너스다. 유상증자가 잦을 수밖에 없다. 바이오 신약성공 과실은 10년 이상이 필요하다. 장기간 임상실험을 견뎌야 하는데 적자가 지속되면 망할 수 있다. 적자기업을 사지 않는다는 원칙은 성장주여도 예외는 없다. 잃지 않는 투자를 위해선 그 원칙을 꼭 지키자.

» 잉여현금흐름(FCF)은 기업에 현금이 얼마나 순유입되었는지 나타내는 지표다.

성장주라면 10년을 내다보고 투자하라

10년을 내다보란 의미는 10년간 크게 성장할 산업으로만 압축하란 이야기다. 마음 편히 기다릴 수 있는 경우다. 큰 기술적 우위에 있거나 시장을 선도할 경제적 해자가 있어야 한다. 국가별로는 미국은 빅테크 기술주, 중국은 전기차, 신재생에너지 분야가 그 예다. 기업이든 산업이든 10년 후 성장성이 큰 경우에만 베팅을 해보자.

워런 버핏은 '경제적 해자'에 대해 이야기한다. 해자는 적의 침입을 막기 위해 성밖을 둘러 파서 만든 연못이다. 경제적 해자가 있는 기업은 ① 기술적 우위 ② 높은 시장 점유율 ③ 가격 전가력(가격을 올려도 구매수요가 줄어들지 않음) 등의 특성이 있다. 다른 기업이 넘볼 수 없는 독점적 지위다. 10년간 기다려볼 성장주라면 경제적 해자가 있어야 한다.

보수적 투자자라면 성장주 비중은 50% 이내로 하라

가치투자의 기본은 미래 실적 대비 저평가다. 미래 실적은 증권사 리포트나 뉴스 리뷰 등을 기준으로 한다. 이러한 합리적 근거가 없다면 보수적 관점으로 접근한다. 성장주가 강한 상승 모멘텀을 가진 건 인정한다. 다만 아빠는 잃지 않는 투자를 하는 가치투자자다. 가치투자의 기본은 실적개선주 선택이다. 관건은 실적개선이 가능한지에 대한 확신이다. 성장주는 먼 미래를 내다보는 투자다. 현재 개발 중인 신기술이 제대로 구현되는 걸 전제로 한다. 뉴스나 증권사 리포트 등을 토대로 확실한 팩트가 있기 전에 올인하는 건 위험하다.

아빠는 성장주 비중을 50% 이내 수준으로 가져간다. 혹여 모를 실패 가능성 때문이다. 이미 주가는 성장성을 반영해 버블 정도가 심하다. 금리인상 등 성장주 약세를 부르는 이슈에 하락폭도 크다. 성장주를 보완할 배당주 투자도 겸해야 한다. 배당주 투자를 50% 이상 가져가라고 권한다. 절반은 안정적인 주가흐름을 유지하는 셈이다. 시장은 강세장과 약세장을 오간다. 강세장에선 버블이 낀 성장주가 강하지만 약세장에선 낙폭도 크다. 약세장에 버텨줄 실적개선 가치주와 배당주가 성장주 하락을 만회해 줘야 한다.

성장 산업 낙수효과로 주가 우상향

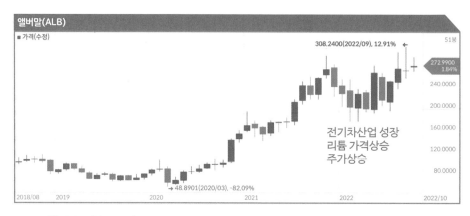

앨버말(ALB)

■ 가격(수정)

308.2400(2022/09), 12.91%

51봉

272.9900
1.84%

전기차산업 성장
리튬 가격상승
주가상승

48.8901(2020/03), -82.09%

>> 앨버말은 2차전지 핵심원료인 리튬 생산기업이다. 2021년 기준 전체 매출의 41%가 리튬이다. 전기차 산업이 발전할수록 리튬 수요는 대폭 늘어난다. 하지만 리튬 양은 한정되어 있어 공급량보다 수요가 더 많아지면 가격이 오른다. IRA에 따라 미국 또는 미국과 FTA를 체결한 국가에서는 생산·가공된 광물 사용 비중을 높여야 한다. 앨버말은 미국, 호주, 칠레 등에서 리튬 생산기지(광산, 염호, 제련시설)를 가지고 있다. 주가가 급등하고 조정을 보이기도 하지만 꾸준히 우상향하는 모습을 보였다.

투자전략 | 산업 팽창에 따라 필수 원료 수요는 늘어만 간다. 전기차산업은 향후 10년 이상 꾸준히 팽창할 산업이다. 덕분에 리튬 수요는 지속적으로 증가할 것으로 예상한다. 수요에 비해 공급이 부족하기에 리튬 가격도 경제적 해자가 있다. 수요증가와 가격 탄력성이 있는 기업은 장기투자 관점에서 지켜봐야 한다.

연예인 군입대에 따른 엔터주 실적악화

하이브

■ 가격(수정)

421,500(21/11/19), 255.70%

① BTS 병역이슈
주가 지속 하락

② BTS 단체활동
잠정중단 발표

114,500(22/10/11), -3.38%

118,500
3.66%

20/10/16   2021/01   04   07   10   2022/01   04   07   10/11

>> 하이브는 BTS(방탄소년단) 소속사다. BTS 군입대 공백에 따른 실적하락 우려감에 주가가 하락했다. 2021년 하이브 영업이익의 67%가 BTS로부터 나왔다. 2023년부터 순차적으로 멤버들이 군입대를 해야 한다. 하나증권은 2023년부터 모든 멤버가 입대한다면 BTS 관련 매출감소분을 7,500억 원으로 예측하기도 했다. 특히 4명이 입대하는 2025~2026년에는 가장 큰 실적공백을 예상했다.

투자전략 | 매출액의 50% 이상을 차지하는 연예인의 군복무는 실적공백을 부른다. 매출액 감소가 예상된다면 적극적인 투자는 보수적 관점이다.

26

실적발표일을 노려라

실적발표 시즌을 주목하라

실적발표는 1년에 4번 3개월 단위로 한다. 12월 말 결산법인의 경우 분기보고서 (3월 말, 9월 말 기준), 반기보고서(6월 말 기준), 사업보고서(12월 말 기준)를 공시한다. 분기 와 반기보고서는 기준일 45일 내, 사업보고서는 90일 내에 공시한다. 12월 말 결산 법인이라면 다음 해 90일(3월 말~4월 초) 안에 공시해야 한다. 매년 3~4월 감사보고 서 의견거절(회계사의 감사의견 표명 불가능)로 상장폐지가 많은 이유다.

실적발표 시기를 어닝시즌이라고 표현한다. 시장 기대치보다 높은 실적이면 어 닝 서프라이즈다. 그 반대면 어닝쇼크다. 시장 악재가 많아도 실적이 잘 나오면 주 가는 오른다. 실적이 예상보다 잘 나온 경우 다음 실적발표까지 주가는 안정적으로 우상향한다. 실적시즌의 실적발표를 주목해야 하는 이유다.

≫ (예시) 코스피 시가총액 1위 기업 삼성전자의 실적발표는 초미의 관심사다. 분기당 발표되는 실적에 관련 소부장주(소재·부품·장비) 주가도 영향을 받는다. 공시 발표 전 실적 예측치에 대한 뉴스도 많아진다. 실적악화가 예상될 경우 외국계 증권사 매도 리포트와 공매도 잔량이 늘어난다. 공매도는 주가하락이 예상될 경우 주식을 빌려서 미리 파는 것을 뜻한다. 주가가 내릴수록 공매도는 수익을 얻는다.

실적발표가 관심을 유도한다

실적은 공시를 통해 발표한다. 금감원 공시사이트 DART 정기공시를 통해서다. 실적이 잘 나올 경우 자율공시로 미리 홍보한다. 자율공시는 의무사항이 아닌 회사가 자율적 판단으로 공시할 수 있는 사항이다. 실적발표 공시는 뉴스화된다. 실적개선(하락) 정도가 클수록 뉴스 파급효과는 크다. 주가는 관심을 먹고산다. 테마주가 단기급등하는 이유는 관심을 받아서다. 풍선효과라고도 하는데 한쪽 방향 쏠림현상이다. 과한 관심이 모이면 거래량 증가로 이어진다. 거래량이 많아지다 보면 주가상승으로 이어진다. 저평가 우량주라도 평소 관심을 받지 못하면 주가는 힘을 잃는다. 거래량이 많아야 주가가 상승한다. 실적개선 발표는 관심을 크게 모은다. 관심은 거래량으로, 거래량은 주가상승으로 이어진다.

실적발표로 주가는 계단식 상승한다

주식시장의 큰손은 기관투자자와 외국인(기관투자자)이다. 그들이 매매해야 주가가 움직인다. 조막손 개미와는 파급효과가 다르다. 그들은 실적에 기반한 가치투자를 한다. 실적발표는 투자판단의 바로미터다. 실적을 확인하고 실적개선치가 높은 기업에 집중한다.

실적발표 전후로 기관과 외국인이 실적개선주에 몰리는 이유다. 분석력과 정보력에서 앞서니 실적발표 전에 미리 매수하곤 한다. 이후 실적발표가 주가를 더 올리는 호재가 된다. 실적발표 시점마다 주가가 한 단계 오르는 계단식 상승이 이루어진다. 실적시즌 기관과 외국인 순매수 종목을 집중해서 볼 필요가 있다. 실적개선이 기대되는 종목이라면 미리 선점하는 게 좋다.

핵심은 '다음 실적개선이 지속될 것인가'

실적발표와 함께 향후 예측치 변화에 주목해 보자. 증권사 리포트나 뉴스기사에도 실적예측치가 들어 있다. 실적발표 이후 신규로 발간되는 증권사 리포트를 눈여겨보자. 최근 실적변동을 고려해 새롭게 2~3년간 실적예측치를 담는다. 기존 예측치보다 상향된 실적을 주목해야 한다. 실적 추정치가 떨어진다면 매도를 고려할 수 있다.

실적개선주에 투자하고 있기에 실적변화는 가장 중요한 체크포인트다. 업황변화, 납품처와 경쟁사 실적변화도 주의 깊게 살펴보자. 실적에는 유가, 환율, 질병, 전쟁 등 외부변수도 영향을 미친다. 투자한 종목이 특정 이슈와 관련이 크다면 그 외부변수도 지켜봐야 한다.

≫ (예시) 미 달러 환율이 1,300원을 넘어서면 반도체, 자동차 등 대형 수출주들에 호재다. 환율이 올라간다는 건 원화의 가치가 떨어진다는 의미다. 미국인 입장에서 보다 싼 가격에 우리 제품을 살 수 있으니 매수가 몰려 실적개선이 이루어진다. 다만 환율이 오르면 환차손을 우려한 외국인이 국내 주식시장에서 단기 이탈하기도 한다. 환차손인 이유는 1달러를 1,100원에 바꿔서 투자했는데 1,300원을 줘야 1달러로 바꿔갈 수 있으니 200원 손해가 발생하기 때문이다.

≫ (예시) 코로나19가 유행하면 진단키트, 백신주 실적개선이 이루어진다. 반면 여행, 면세점, 항공, 영화관 등은 고객 수요가 줄어 실적악화를 겪는다.

정확한 실적을 보려면 별도재무제표를 체크하라

상장사 상당수가 연결재무제표로 실적발표를 한다. 연결재무제표는 자회사(50% 초과 지분 보유)를 한 몸처럼 하나의 재무제표로 묶는다. 다만 지배회사(모회사)와 종속회사(자회사)간 서로의 거래는 제외한다. 100% 완전자회사가 아닐 경우 자본과 당기순이익 등은 지배주주와 비지배주주 지분을 구분하여 표시한다. 비지배주주 지분은 회사 몫이 아니다. 지배주주 지분만 회사 몫이므로 당기순이익을 판단할 때 지배주주 지분만 봐야 한다.

≫ 지배하는 회사는 어미 모(母)를 써서 모회사, 지배당하는 회사는 아들 자(子)를 써서 자회사라고 한다.

자회사 실적이 합쳐지다 보니 개별회사(모회사)만의 실적을 따로 확인해야 한다. 이는 별도재무제표를 통해서 확인 가능하다. 자회사와 합쳐지지 않은 순수한 개별회사 실적발표다. 모회사 별도재무제표 실적은 악화되는데 반해, 자회사(상장사)덕에 연결재무제표 실적이 좋아 보일 수 있다. 이럴 경우 자회사로 매수종목을 바꿀 필요가 있다. 본연의 실적개선에 보다 집중해야 한다는 기본 원칙에 충실한 투자다.

≫ 재무제표에 대한 보다 상세한 이야기는 제2권에서 다루고 있다.

실적개선 발표에 주가급등

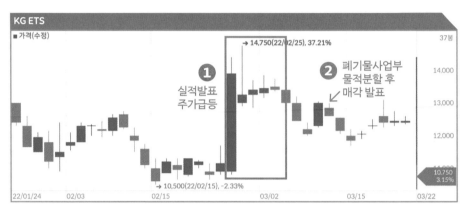

≫ ① 친환경 발전용 연료를 제조 판매하는 KG ETS가 실적을 발표했다. 전년 대비 매출액 증가

율은 2,197%, 영업이익은 1,655% 급등했다. 감사보고서 제출 전 「매출액 또는 손익구조 30%

이상 변동 공시」로 실적변동을 알렸다. 실적발표에 맞춰 주가는 발표 당일 장중 상한가까지 상

승했다. ② 다만 실적발표 이후 폐기물사업부를 물적분할 후 매각한다는 발표에 주가급등은

주춤해졌다. 사업부 매각으로 인해 실적이 줄어들 수 있어서다.

매출액 또는 손익구조 30% 이상 변동 공시

매출액 또는 손익구조 30%(대규모법인은 15%)이상 변동				
1. 재무제표의 종류	연결			
2. 매출액 또는 손익구조변동내용(단위 : 원)	당해사업연도	직전사업연도	증감금액	증감비율(%)
- 매출액(재화의 판매 및 용역의 제공에 따른 수익액에 한함)	3,535,380,132,676	153,866,929,956	3,381,513,202,720	2,197.6
- 영업이익	334,641,116,848	19,057,664,833	315,583,452,015	1655.9
- 법인세비용차감전계속사업이익	265,843,355,260	32,047,153,188	233,796,202,072	729.5
- 당기순이익	197,119,585,136	26,670,326,348	170,449,258,788	639.1

투자전략 | 실적개선 정도와 지속성을 파악해야 한다. 지나간 실적보다는 앞으로의 성장성이 더 중요하다. 네이버 증권, 증권사 리포트, 뉴스 등을 참고해 미래 실적을 체크해 보자. 지속적인 실적개선이 이루어질 예정이라면 장기투자 대상이다.

케이스 스터디 025 **실적발표**

실적확인 후 주가상승

≫ ① 임플란트 관련주인 덴티움의 매출은 꾸준히 증가한다. 덕분에 주가는 우상향 패턴을 보인다. 코스피지수가 하락함에도 불구하고 주가는 우상향한다. ② 상승 피로감에 주가가 하락하기도 한다만 삼중바닥을 확인하고 다시 상승한다.

구분(억 원)	2019년	2020년	2021년	2022년 예측	2023년 예측	2024년 예측
매출액	2,526	2,297	2,915	3,728	4,471	5,229
영업이익	447	396	699	1,248	1,530	1,829

투자전략 | 실적이 꾸준하게 증가하는 기업이라면 장기투자 대상이다. 조정을 보여도 긴 호흡으로 보면 지속적으로 우상향한다. 주가가 상승해도 실적이 받쳐줄 경우 버블이 아닐 수 있다. 특별한 실적악재 없이 바닥을 세 번 지지하는 삼중바닥을 확인했다면 그 지지선을 저점매수 기회로 삼아볼 수 있다.

실적발표에 서로 다른 단기간 주가전개

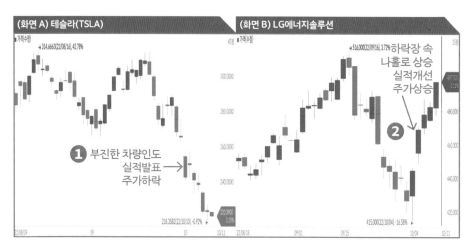

>> (화면 A) ① 테슬라가 차량인도 실적(2022년 3분기)을 발표한 뒤 주가가 하락했다. 월가는 36

만대를 예상했으나 34만 3,000대를 발표하면서다. 시장 기대치에 못 미치는 실적발표로 주가

는 흘러내렸다. (화면 B) ② LG에너지솔루션은 하락장 속에서도 나홀로 강세를 보여 증권사 평

균 전망치보다 37% 이상 웃돈 깜짝 실적발표를 했다. 고객사 배터리 출하량 급증, 원·달러 환

율상승으로 수익성이 개선되었기 때문이다.

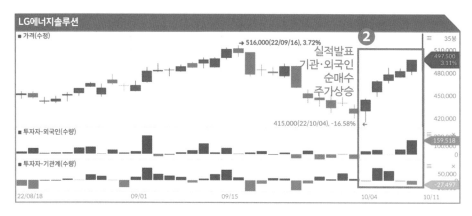

>> ② 기관과 외국인은 LG에너지솔루션 실적발표에 맞춰 집중적으로 순매수를 이어갔다.

투자전략 | 실적개선은 주가상승 동력이다. 시장 기대치에 부합하지 못한 실적은 단기하락을 보여준다. 주가가 다시 상승동력을 얻는 관건은 향후 실적개선 여부다. 반면 시장 기대치 이상의 어닝서프라이즈는 주가상승 모멘텀이다. 기관과 외국인 순매수가 몰려서 주가는 상승한다.

실적개선이 밀어올리는 주가상승

≫ 에코프로비엠은 2차전지 양극재 생산기업이다. ① 미국의 공격적 금리인상 우려감에 증시가 하락을 지속했다. 2차전지 관련주도 동반 하락했다. 투자심리 악화에 따라 모든 주식이 내리니 2차전지 관련주도 버티지 못했다. 시장이 흔들리면 공포감에 투매가 나온다. 다만 실적악화와 무관한 주가하락이기에 역발상 저점매수 기회이기도 하다. ② 3분기 호실적 전망이 나오며 주가는 나홀로 상승전환했다. 증권사는 1개월 전 대비 실적예측치를 올리고 어닝 서프라이즈를 기대하는 눈치다. 주가지수는 맥을 못 췄지만 실적개선이 주가를 밀어올렸다. 코스닥지수가 4%대 급락했음에도 에코프로비엠은 1.5% 상승했다.

투자전략 | 투자심리 악화에 따른 주가하락은 역발상 투자기회일 수 있다. 실적과 무관하게 공포감이 주식시장을 끌어내려서다. 장기적 실적개선 이슈가 있다면

매도하는 대신 저점매수 기회라는 역발상이 필요하다.

케이스 스터디 028 **실적쇼크**

실적쇼크가 불러온 주가급락

≫ KCC는 건축산업용 자재, 도료 등을 생산한다. ① KCC에 대해 증권사 실적개선 예상 증권사 리포트가 나왔다. 목표주가도 현재주가보다 2배 높은 수준으로 제시되었다. 실적 대비 저평가 라는 리포트에 당일 주가는 25.4%나 급등했다. ② 리포트 발표 이후 KCC가 2021년 4분기 실적 을 발표했는데, 시장 전망치인 1,280억 원의 절반 수준인 683억 원에 그쳤다. 2분기 1,170억 원, 3 분기 1,200억 원에 비해서도 영업이익이 줄었다. 2019년 인수한 미국 실리콘기업 모멘티브의 일 시적 실적감소가 어닝쇼크의 원인이었다. 실적악화 발표 결과 주가도 하락하는 모습을 보였다.

투자전략 | 실적 기대치에 부합하지 못한 실적이 나오기도 한다. 증권사도 예측 하지 못한 실적악화다. 일시적인 실적쇼크일 수도 있지만 어닝쇼크가 나온 기업은 보수적 관점으로 접근해 볼 필요가 있다.

27

실적 피크아웃,
사이클 산업 정점에 팔아라

사이클 산업은 장기투자가 어렵다

사이클 산업은 경기에 민감하다. 경기가 살아나면 실적이 좋지만 경기가 꺾이면 실적이 나빠진다. 호황에는 주가상승, 불황에는 주가하락 사이클이 반복된다. 농산물, 조선, 해운 등의 경우 장기투자가 어렵다. 사이클 산업은 꾸준히 성장하기보다는 정점과 바닥을 오르락내리락하기 때문이다. 특히 농산물, 유가 등 원자재는 사이클 주기가 중요하다. 전문가 중심의 투기시장이라 한번 방향이 바뀌면 상당히 오래 간다.

≫ 원자재 업종은 인플레이션(물가상승)이 중요하다. 원자재로는 원유, 금은, 철강, 비철금속(구리 등), 농산물 등이 있다. 원자재 업종 가격은 '수요 × 물가'로 계산된다. 물가가 오를수록 주가는 오른다. 물가가 오른 만큼 제품 가격에 전가해서다. 인플레이션 헤지 측면에서 원자재 업종이 수혜주다. 반면 금리인상은 경기침체를 불러온다. 경기침체로 물가가 하락하니 원자재 업

종 주가가 힘을 잃는다. 경기침체에는 실적주도 실적악화를 겪을 수 있다. 그 빈자리를 정책주와 배당주 등이 대신한다.

사이클 산업 바닥에 사서 정점에 파는 투자가 필요하다. 최소 6개월 이상 미래의 실적전망이 중요한 이유다. 반도체, 전기차 등 성장산업도 사이클 주기를 주목해야 한다. 사이클에 따라 상승, 하락을 반복하며 성장해 가기 때문이다.

뉴스로 경기 사이클을 체크하라

개미투자자가 경기 사이클을 예측하기란 어렵다. 관련 전문가의 정보를 얻는 방법이 최선이다. 증권사 리포트나 뉴스가 최적의 원천이다. 네이버 증권이나 한경컨센서스에는 산업분석 리포트들이 있다. 뉴스는 전문가(증권사) 등의 의견을 빌어 향후 예측을 기사화한다. 핵심은 전문가 의견의 공통분모를 찾는 거다. 모두가 경기활황을 외치면 경기활황 가능성이 더 높아진다. 경기활황이면 증시도 강세장을 띤다.

사이클 산업 실적 피크아웃에 떠나라

사이클 산업은 역발상 투자가 필요하다. 정점에 팔고 저점에 사는 투자전략이다. 실적이 최대치를 기록할 때인 슈퍼사이클에 과감히 매도한다. 전부 매도가 어렵다면 일단 반은 매도하고 추가수익을 노려보는 게 좋다. 현재 PER이 근래 최저치로 낮아진 경우가 사이클 산업·실적 피크아웃이 될 수 있다.

≫ (예시) 사이클 산업의 대표주자는 반도체다. 삼성전자와 SK하이닉스 주력은 D램으로 통하는 메모리 반도체다. 동일한 규격을 대량생산하는 시스템이다. IT산업은 정기적으로 시스템 업그레이드를 한다. 경기가 좋아지면 소비가 많아져 D램 수요도 늘어난다. D램 수요증가는 주가

상승 요인인 실적개선으로 이어진다. 삼성전자 주주라면 D램 수요가 늘어나 현재 PER이 낮아진 실적 피크아웃 시점을 매도 타이밍으로 삼을 만하다.

약세장 3년간 묻어 두겠다고 생각하라

아빠는 3년간 묻어두겠다는 투자전략을 많이 써왔다. 역사적 저점이거나 서킷브레이커 급락장에 매수하고 기다림 전략을 취한다. 사이클 산업은 3년 내 호황이 오곤 했다. 긴 호흡으로 기다리겠다 생각하면 높은 수익률을 거둔다. 단기매매에 연연하며 투자할 필요 없다. 긴 호흡으로 최소 3년간 팔지 않겠다고 생각하고 버티면 된다.

아빠는 사이클 산업은 3년, 성장주는 10년을 매도 타이밍으로 생각하고 투자하고 있다. 물론 그 전에 원하는 목표수익을 거두면 매도하기도 한다. 이렇게 3년 또는 10년이라는 기간을 정하는 이유는 긴 호흡으로 투자하기 위함이다. 또한 3년 등의 목표기간을 두는 건 그만큼 주가상승에 대한 기대감이 크기 때문이기도 하다. 3년간 묻어두겠다고 마음먹으면 길게 기다려 보자. 짧은 기간에 주식을 팔아 수익내고 나면 나중에 후회할 수 있다. 장기간 보유해야 하기에 종목 고르는 데 여간 신중하지 않다. 실적예측치 대비 저평가 여부, 미래 실적개선 가능성 등을 세밀하게 분석하게 된다.

사이클 산업 주가는 산 모양

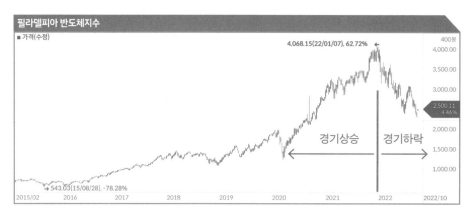

필라델피아 반도체지수

■ 가격(수정)

4,068.15(22/01/07), 62.72%

400봉
4,000.00
3,500.00
3,000.00
2,500.11
4.46%
2,000.00
1,500.00
1,000.00

경기상승   경기하락

543.03(15/08/28), -78.28%

2015/02 2016 2017 2018 2019 2020 2021 2022 2022/10

≫ 필라델피아 반도체지수는 경기 사이클을 타고 산 모양을 이룬다. 몇 년 단위로 올랐다, 내렸다 반복하며 움직인다. 반도체산업 성장에 맞춰 주가 저점이 계속 높아지고 있는 점도 특징이다.

투자전략 | 반도체는 산업의 인프라다 보니 경기상황에 민감하다. 경기가 살아날 듯하면 반도체 구입이 늘어난다. IT기업 인프라 교체도 주기를 두고 발생한다. 경기와 IT 인프라 교체수요가 사이클을 두고 좋아졌다 나빠졌다를 반복한다. 반도체지수 그래프가 산 모양처럼 만들어진다. 경기상승기에는 지속적인 우상향을 보이다가 경기가 꺾이면 지수가 오랜 기간 하락한다. 필라델피아 반도체지수 변화가 삼성전자, SK하이닉스 등 우리 반도체 기업 주가에도 영향을 미친다.

반도체는 메모리와 비메모리로 나뉜다. 시장점유율은 메모리 30%, 비메모리 70% 비중이다. 메모리(D램, 낸드플래시)는 규격화된 동일 상품 대량생산 체제다. D램은 전원이 꺼지면 저장된 자료가 사라지나 낸드플래시는 사라지지 않는다. 비메모리(팹리스, 파운드리, 패키징)는 고객 니즈별 맞춤 제작이다. 반도체를 설계하는 팹리스와 설계자료를 위탁생산하는 파운드리, 생산된 칩을 가공하는 패키징으로 나뉜다. 메모리반도체는 삼성전자, SK하이닉스, 마이크론이 장악하고 있다. 비메모리 중 파운드리에서 50% 이상 점유율을 보이는 TSMC에 삼성전자가 도전하고 있다.

경기민감형 사이클 산업 반도체 주가

≫ SK하이닉스는 반도체 D램 수요에 따라 실적이 변하는 경기민감형 기업이다. 반도체는 사이 클이 있어 2~3년 주기로 슈퍼사이클(호황)이 찾아온다. IT기업 서버증축(교체) 수요도 주기적으로 있다. ① 2017~2018년 슈퍼사이클 이후 ② 2020년 호황주기에 코로나19가 찾아왔다. ③ 코로나19로 잠시 주춤했지만 본격적인 경기회복 사이클에 주가가 급등했다. ④ 오미크론 등 코로나19 변이 바이러스 여파에 따라 경기부침이 있다. 2022년 인플레이션 해법으로 내건 미국 금리인상발 경기침체 우려감에 주가는 하락세다.

≫ **영업이익 추이(단위: 백억 원)** 2019년(272), 2020년(501), 2021년(1,241), 2022년 예측치(1,008)

투자전략 | '불황에 사서 호황에 팔아라'가 들어맞는다. 사이클 산업인 반도체 2~3년 주기(그 주기가 점점 빨라지고 있다) 호황을 기다려야 한다. 불황에 선점하고 기다리면 된다. 실적 피크아웃에 매도하는 센스도 필요하다. 사이클 산업은 6개월 후를 내다보는 선구안이 필요하다. 뉴스나 증권사 리포트를 지속적으로 체크해야 하는 이유다.

코로나19 종식에 실적 피크아웃

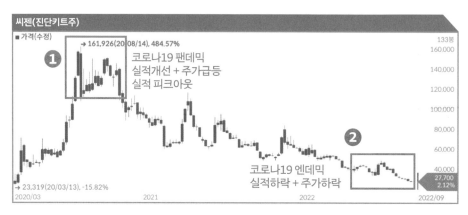

>> 씨젠은 진단키트주다. ① 코로나19로 인해 2020년 실적이 폭발적으로 증가했다만 ② 실적

피크아웃으로 점진적으로 주가는 하락추세다.

>> **매출액 추이(단위: 억 원)** 2019년(1,220), 2020년(11,252), 2021년(13,708), 2022년 예측치(8,706)

투자전략 | 실적개선주도 지속적인 실적유지를 고려해야 한다. 일회성 실적증가

라면 주가는 꺾일 수 있다. 지속적인 실적 유지가 어렵다면 실적 피크아웃을 차익

실현 기회로 삼아야 한다.

탄소배출권은 경기민감형 상품

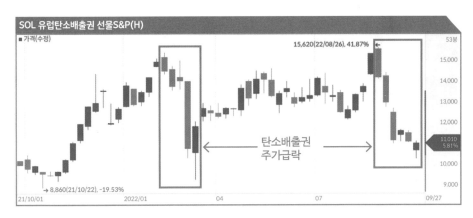

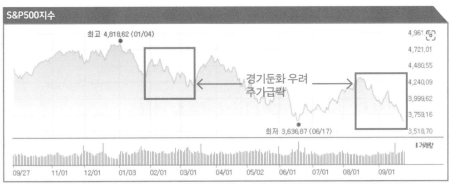

≫ 탄소배출권은 기업 등이 온실가스를 배출할 수 있는 권리다. 일정 기간 배출한 탄소량이 할당량보다 많으면 부족한 탄소배출권을 사야 한다. 각국 정부가 환경규제를 강화하자 탄소배출권 가격은 상승했지만 우크라이나 전쟁발 경기둔화 우려로 급락하기도 했다.

투자전략 | 탄소배출권 가격에 영향을 미치는 요소로는 경기변화, 환경규제 등이 있다. 경기가 살아나야 탄소배출도 늘어나고 탄소배출권 매수수요도 늘어난다. 탄소배출권이 경기민감형 상품인 셈이다. 탄소국경세 도입, 탈원전 정책 추진 등 유럽의 환경규제가 강화될수록 가격이 상승한다. 시기적 요인도 있는데 유럽기업들의 경우 탄소배출권 제출 기한이 4월이다. 4월이 가까이 올수록 매수수요가 증가할 수 있다. 추운 겨울로 난방 소비가 늘면 탄소배출권 매수수요도 늘어난다.

28

EV/EBITDA로 보는 설비투자 기업이 좋은 이유

고정비가 큰 기업에서 매출증가가 중요한 이유

고정비용은 항상 일정하게 들어가는 비용으로, 줄이기 쉽지 않다. 고정비에는 인건비, 임대료, 이자, 보험료, 전기수도료, 감가상각비 등이 있다. 매출액이 늘어나면 고정비의 상대적 비중이 줄어든다. 매출액이 증가하는 만큼 고정비용이 더 늘진 않아서다. 고정비 규모가 큰 기업일수록 매출액 증가가 좋다. 매출액 증가만큼 영업이익 증가폭이 커진다.

적자기업의 경우 매출액 증가가 중요하다. 매출액 규모가 커질수록 흑자가 될 가능성이 높아서다. 벤처캐피탈 업계에서 영업이익보다 매출액 증가폭을 더 중요하게 보는 이유다. 매출액 규모가 폭발적으로 늘려면 설비투자 또는 연구개발이 먼저 이루어져야 한다. 설비투자 결정 발표를 매출증가로 보는 이유다.

설비투자는 곧 매출증가로 이어진다

설비투자는 큰돈이 들기에 확실한 수요증가가 전제다. 수요가 있기에 공급을 늘리겠다는 결정이다. 설비투자가 끝나면 매출증가가 기대되는 이유다. '설비투자 결정=매출증가(실적개선)'로 봐도 무방하다. 매출증가는 영업이익, 당기순이익 증가로 이어진다. 일반적으로 설비투자는 영업활동을 위한 공장증설이 많다. 해운업종의 경우 배를 구입하는 것도 설비투자다. 설비투자 공시는 호재다. 발표와 동시에 단기 상승 모멘텀이 된다. 다만 공장이 다 지어지기까지는 1~2년 시간이 필요하다. 이는 오히려 저점매수할 좋은 기회다. 아직 실적개선 효과가 주가에 반영되지 않아서다. 설비투자 규모가 클수록 매출 증가폭도 클 수 있다. 미리 매수하고 실적개선을 기다리면 된다.

설비투자는 대규모 자금이 필요하다. 잉여현금흐름(FCF)이 충분하다면 자체 자금조달을 하겠지만 돈이 부족하면 유상증자로 충당한다. 유상증자는 악재지만 설비투자 목적이면 호재일 수 있다. 주가희석보다 매출증가 효과가 더 크기 때문이다. 유상증자 공시에는 그 목적을 기재한다. 설비투자 목적인지 확인해 보자.

설비투자가 끝나면 감가상각비 비용이 증가한다

공장이 완공되면 유형자산이 늘어난다. 유형자산은 시간이 지날수록 가치 감소분을 비용처리한다. 이를 감가상각비라고 한다. 감가상각비가 클수록 영업이익이 줄어든다. 설비투자 완료 후 영업이익이 급격하게 줄었다면 감가상각비 증가를 체크하자. 일반적으로는 매출액 증가폭이 감가상각비를 상쇄하고도 남는다. 다만 뜻하지 않게 경기불황이 오면 감가상각비 증가만 부각될 수도 있다.

감가상각 종료기간이 다가올수록 이익 증가폭이 커질 수 있다. 매출액도 커지지만 영업이익도 커질 수 있다.

≫ 유형자산은 사용할 수 있는 기한인 내용연수(Useful Life)가 있다. 삼성전자의 경우 건물은 15~30년, 기계장치는 5년으로 되어 있다. 그 기간 동안 감가상각이 진행된다. 유형자산 감가상각 상세내용은 재무제표 주석(설명사항)의 유형자산 감가상각 정보를 활용하면 된다.

감가상각비를 제외한 EV/EBITDA로 투자판단해 보자

설비투자가 많은 기업의 경우 PER 대신 EV/EBITDA로 투자판단해 볼 수 있다. EV(Enterprise Value, 기업가치)는 회사에 대한 시장가치다. 회사를 온전히 소유하기 위해 필요한 돈의 가치다. 시가총액과 순부채를 합한 것이 EV다. 순부채는 이자가 발생하는 부채에서 현금화 가능한 유동자산을 뺀 수치다.

EV = 시가총액 + 순부채(이자발생 부채 – 현금화 가능한 유동자산)

EBIDTA는 'Earnings(이익), Before Interest(이자), Taxes(세금), Depreciation and Amortization(유무형자산 감가상각)'의 약자다. 해석하자면 이자, 세금, 감가상각비용을 제외하기 전 이익이란 뜻이다. 영업활동과 무관한 이자 등을 제외한다. 순수하게 영업활동 이익만 본다. 설비투자가 많은 회사는 감가상각비 비중이 높기에 이를 제외하는 EV/EBITDA 수치를 보면 좋다.

EV보다 EBITDA가 크다면(EV〈EBITDA)회사가치가 영업활동 이익보다 작은 경우로 저평가다. EV/EBITDA는 수치가 작을수록 저평가되었다는 뜻이다. EV/EBITDA가 2배라면 회사가치가 영업활동 이익 대비 2배다. EV(시장가치)로 매수했을 때 2년간 영업활동 이익(EBITDA)이면 투자원금을 회수할 수 있다. EV/EBITDA는 공모가 기준주가 산정을 위한 기준으로도 활용된다.

대기업 설비투자에 소재부품장비 납품회사 주가가 좌우된다

설비투자 기업에 납품하는 회사들은 낙수효과를 누릴 수 있다. 회사규모가 상대적으로 작기에 매출증가폭이 설비투자 기업보다 클 수 있다. 설비투자 발표나 공시에 납품회사를 더 주목해서 봐야 하는 이유다.

반면 설비투자 지연은 단기 악재 이슈다. 기대했던 매출증가가 늦어질 수 있어서다. 주가는 이미 설비투자를 반영해 오른 상태다. 설비투자 재개 가능성 여부를 뉴스, 증권사 리포트 등으로 체크해 보자. 설비투자가 지연될 뿐이지 취소가 아니라면 역발상이다. 향후 실적전망이 나쁘지 않다면 저점매수 관점에서 접근해 볼 수도 있다. 기다림만 있을 뿐 설비투자는 이루어질 거다. 기다리면 설비투자 재개에 주가는 상승전환한다.

케이스 스터디 033 **설비투자**

설비투자에 따른 실적개선 기대감

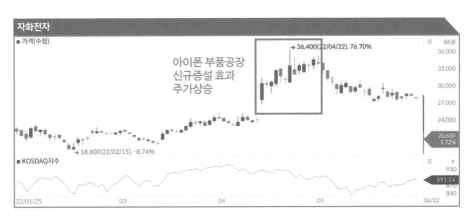

≫ 카메라 모듈 부품 생산업체인 자화전자가 애플 전용 부품공장을 짓는다는 소식에 주가가 상승세를 보였다. 자화전자가 카메라 모듈 부품사업 신규설비에 1,910억 원을 투자하기로 결정

했다. 설비가 완공될 경우 실적이 개선될 것이라는 기대감이 있다.

다음은 설비투자 이후에 대한 대신증권 리포트 내용이다(2022.5.17.). "2022년 연간 매출액과 영업이익은 2021년 같은 기간보다 14%, 15% 줄어들 것으로 추정된다. 글로벌 스마트폰 시장 성장침체와 OIS(광학식 손떨림방지)분야 경쟁심화가 예상되기 때문이다. 다만 2023년 신규 고객사 확보와 하반기 OIS 공급이 진행될 때 연간 매출액은 2022년 대비 75.5%, 영업이익은 215% 증가할 것으로 추정된다."

투자전략 | 설비투자 증설은 호재다. 설비투자가 완공될 경우 실적개선을 부른다. 설비투자 완공 시기가 가까워질수록 실적개선 기대감은 올라간다. 다만 설비투자 완공까지는 시간이 필요하다. 실적이 개선되기 전까지 주가는 조정을 보일 수도 있다.

케이스 스터디 034 **설비투자**

설비투자가 부른 주가상승

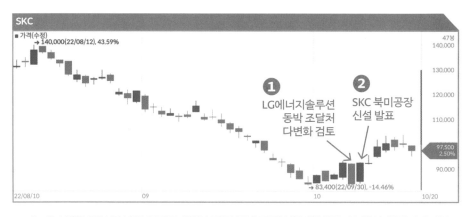

≫ ① LG에너지솔루션이 음극재 핵심소재인 동박 조달처를 SK넥실리스에서 일진머티리얼즈 등으로 다변화할 수 있다는 소식에 SKC 주가가 하락했다. 그동안 LG에너지솔루션은 SKC 자회사인 SK넥실리스에서 동박의 70%를 공급받았다. SK넥실리스의 전신이 범LG그룹인 LS엠트론

동박사업 부문이다. LS엠트론 동박사업부문을 2020년 SKC가 인수했다. ② 다음날 SKC는 북미 지역에 5만 톤 규모의 동박공장 두 곳을 신설한다는 발표를 했다. 2025년까지 25만 톤 이상 생산체계를 구축하겠다는 계획도 밝혔다. 하락한 주가는 설비투자 기대감에 반등했다. SNE리서치는 2018년 1조 5,000억 원 규모였던 글로벌 동박시장이 2025년 10조 원 규모로 성장할 것으로 예상했다.

투자전략 | SKC는 호재와 악재가 혼재된 상황이다. 납품처 조달계획 변경은 실적악화를 부르는 악재다. 실적악화 이슈가 있기에 보수적 관점이다. 반면 설비투자는 실적개선을 부르는 호재 이슈다. SKC 설비투자 이후 매출액 증가가 이루어질 수 있다.

≫ 반사이익이 예상되는 경쟁사 일진머티리얼즈의 실적개선 여부를 체크해 볼 필요가 있다.

삼성전자의 로봇산업 관심에 주가상승

≫ 에브리봇은 국내 로봇청소기 시장점유율 1위 업체다. 로봇스핀 기술을 적용한 제품을 ODM(제조업자 개발생산) 방식으로 삼성전자에 공급하고 있다. ① 삼성전자가 로봇사업화 TF를 로봇사업팀으로 격상시켰다. 로봇시장의 성장성에 대응하겠다는 취지다. 삼성전자의 로봇산업

진출 수혜도 기대된다. 삼성전자가 M&A대상 로봇기업을 찾고 있다는 소식에 급등했다. 모르도르 인텔리전스(시장조사업체)에 따르면 전 세계 로봇시장 규모는 2020년 277억 달러에서 2026년 741억 달러로 연평균 17.5% 성장해 3배 가까이 규모가 커질 것으로 전망했다. ② 삼성전자 주주총회에서 로봇산업을 육성하겠다고 발표하자 이것이 주가상승으로 이어졌다. 다만 주가 상승을 위해선 폭발적인 실적개선이 뒤따라야 한다. 삼성전자 주주총회 이후 이렇다 할 로봇 사업 관련 발표가 없자 주가는 조정을 보였다.

투자전략 | 삼성전자의 로봇사업 진출은 호재다. 삼성전자의 투자결과 낙수효과를 얻을 수 있다. 산업이 커지면 매출규모도 늘어날 수 있다. 로봇산업은 정부의 정책 수혜도 받을 수 있다. 다만 로봇시장 태동기이기에 산업 성장에 시간이 필요하다.

≫ OEM(Original Equipment Manufacture, 주문자 상표부착)의 경우 주문자의 상품을 단순 위탁생산한다. 반면 ODM(Original Design Manufacture, 제조자 설계생산)은 위탁생산자가 제품을 개발하고 생산까지 담당한다.

케이스 스터디 036 **주가 동조화**

삼성전자와 소부장주 주가 추이

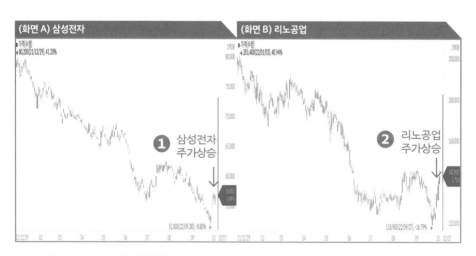

≫ **(화면 A)** ① 반도체 업황회복 기대감에 삼성전자, SK하이닉스 등 대장주들의 주가가 움직였

다. (화면 B) ② 반도체 검사장비업체인 리노공업도 삼성전자 주가상승에 편승한다. 대장주의 반등에 덩달아 소부장(소재·부품·장비)주 주가들도 오른다.

(화면 A) LG에너지솔루션

가격(수정)
444,000(22/05/31), -8.17%

❶
LG에너지솔루션
미국 공장 건설
재검토

352,000(22/07/04), -27.20%

22/05/30   06/15   07/01   07/15   07/19

(화면 B) 엘앤에프

가격(수정)
264,000(22/06/03), 34.56%

❷
LG에너지솔루션
미국 공장 건설
재검토 여파

194,200(22/07/04), -1.12%

22/05/30   06/15   07/01   07/15   07/19

≫ (화면 A) ① LG에너지솔루션이 건축비용 증가로 미국의 공장 증설을 재검토하기로 함에 따라 단기급락을 보였다. (화면 B) ② LG에너지솔루션 주가하락이 고스란히 엘앤에프에도 반영된다. LG에너지솔루션이 2차전지 완성품을 생산하는데, 엘앤에프는 2차전지 중 양극재 부품을 납품한다.

투자전략 | 대장주와 그곳에 납품을 하는 소부장주들 주가의 움직임이 비슷하다. 소부장주에 투자한다면 대장주 실적예측과 업황전망 등을 함께 봐야 한다. 산업 밸류체인이 먹이사슬처럼 연결되어 있기에 실적과 주가가 함께 움직인다.

부품공급 대상회사 실적개선 낙수효과

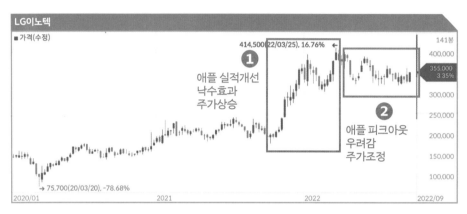

≫ ① LG이노텍은 아이폰에 들어가는 카메라모듈 주요 공급사다. 애플 실적에 핵심부품 기업 주가도 같이 움직인다. 애플의 실적개선, 주가상승 효과를 LG이노텍도 누렸다. ② 반면 글로벌 경기침체 우려감에 애플 피크아웃 우려감이 발생했다. LG이노텍 주가도 조정 흐름을 보여준다.

≫ **영업이익 추이**(단위: 억 원) 2020년(6,810), 2021년(12,642), 2022년 예측치(16,539), 2023년 예측치(17,653), 2024년 예측치(19,263)

투자전략 | 핵심부품 기업 주가는 큰 그림에서 생각해야 한다. 부품을 납품하는 완성품기업(대기업) 실적개선이 중요하다. 대기업과 부품기업의 주가와 실적이 서로 같이 움직여서다. 스마트폰은 신제품 출시 성공이 실적개선으로 이어진다. 핵심 부품기업도 함께 실적개선과 주가상승을 얻는다.

29

잉여현금흐름이 많은 기업이 좋은 이유

현금흐름표 기본개념을 이해하자

현금흐름표는 현금흐름을 3가지 기업활동 기준으로 분류하고 있다. ① 영업활동 ② 투자활동 ③ 재무활동별 현금흐름이다. 현금흐름표는 재무상태표, 손익계산서와 연결되어 있다. ① 영업활동 현금흐름은 제품판매(용역제공)에 따른 이익활동과 관련이 있다. 손익계산서의 당기순이익과 연결되어 있다. ② 투자활동 현금흐름은 영업을 위해 자산을 매입하거나 수익금을 투자하는 활동과 관련이 있다. 재무상태표의 자산과 연결되어 있다. ③ 재무활동 현금흐름은 자금을 끌어오는 활동과 관련이 있다. 재무상태표의 부채 및 자본과 연결되어 있다. 영업활동 현금흐름은 플러스(+)인 편이 좋다. 영업이익이 늘어 회사가 건실하다는 증거다. 반면 투자활동과 재무활동 현금흐름은 마이너스(-)인 편이 좋다. 영업이익으로 벌어들인 현금을 투자와 주주친화적 활동(배당지급, 자기주식 매입) 등에 쓰기 때문이다.

≫ 현금흐름표는 재무제표의 일부다. 재무제표는 금감원 공시사이트 DART 정기공시 자료인 사업보고서(분기, 반기보고서)에 들어 있다. 네이버 증권에서도 확인이 가능하다.

현금흐름은 거짓말을 하지 않는다

재무제표 중 현금흐름표는 유일하게 현금주의를 택하고 있다. 현금이 들어와야만 현금흐름표에 기재되기에 조작이 불가능하다. 외상매출을 할 경우 발생주의를 택한 손익계산서에는 매출로 잡힌다. 발생주의에서는 현금 유출입 여부는 중요하지 않다. 판매가 일어난 발생시점만을 보기 때문이다. 현금을 바로 받든 외상값으로 남겨두든 매출이다. 반면 현금흐름표에는 현금이 들어와야만 비로소 기록된다. 현금유출이 없는 감가상각비용 등 착한 부채는 더해준다. 손익계산서상 실적과 별도로 실제로 현금이 오간 흔적을 알 수 있다.

영업이익과 영업활동 현금흐름을 함께 보라

발생주의 원칙을 따르는 손익계산서의 영업이익은 외상값을 포함하고 있다. 현금 유출입은 포함하지 않는다. 분식회계(회계장부 조작) 위험에 노출되어 있다. 외상매출은 매출채권으로 잡는다. 전반적인 현금이 오간 흔적을 확인할 필요가 있다. 그 답은 현금흐름표의 영업활동 현금흐름이다. 분식회계 방지를 위해 손익계산서 영업이익과 현금흐름표 영업활동 현금흐름을 같이 체크하자. 설비투자가 많은 회사도 영업활동 현금흐름을 봐야 한다. 감가상각비 증가로 영업이익은 줄었지만 영업활동 현금흐름이 늘었다면 괜찮다. 감가상각비용은 현금유출이 없는 착한 부채다. 감가상각비 증가로 인한 영업이익 축소 착시효과를 영업활동 현금흐름으로 알 수 있다.

>> (예시) 2014년 부도가 난 모뉴엘은 해외에 허위 매출을 발생시켰다. 매출채권을 담보로 수조 원 대의 금융대출을 받았다. 손익계산서상 영업이익은 1,104억 원이었다. 반면 현금흐름표의 영업활동현금흐름은 -15억 원이었다.

설비투자 관련 CAPEX와 FCF를 체크하라

설비투자 관련해서 CAPEX 수치를 확인해 보자. CAPEX는 'Capital Expenditures(자본적 지출)'의 약자다. 설비투자 등을 위해 유무형자산을 취득하는 것을 말한다. 네이버 증권에서 개별기업의 CAPEX 수치를 쉽게 확인해 볼 수 있다.

FCF(Free Cash Flow, 잉여현금흐름)는 영업활동현금흐름에서 CAPEX를 뺀 금액이다. 영업이익으로 설비투자하고 남은 돈이다. FCF가 많아야 좋다. 채무상환, 배당지급, 자기주식 매입·소각 등 주가에 긍정적인 활동을 많이 할 수 있다. FCF가 부족하면 설비투자를 위해 유상증자를 하게 된다. 대규모 설비투자가 커질수록 FCF는 감소한다. FCF가 증가하려면 ① 대규모 설비투자를 줄이거나 ② 영업이익이 늘어나 영업활동현금흐름이 좋아지면 된다. 영업활동 현금흐름과 함께 잉여현금흐름(FCF)도 확인하면 좋다.

FCF = 영업활동현금흐름 - CAPEX

>> (예시) 삼성전자는 3년간(2021~2023년)의 FCF 중 50%를 주주에게 환원하기로 발표했다. 정기배당 외 FCF를 재원으로 추가배당을 할 수 있는 셈이다.
>> (예시) 2022년 에코프로비엠은 설비투자 규모가 늘어남에 따라 FCF가 마이너스였다. 설비투자를 위한 자금이 부족하기에 유상증자를 선택했다. 엘앤에프도 FCF가 마이너스임에 따라 설비투자 자금마련을 위해 자기주식을 매도했다.

신사업 진출이 불러온 주가상승

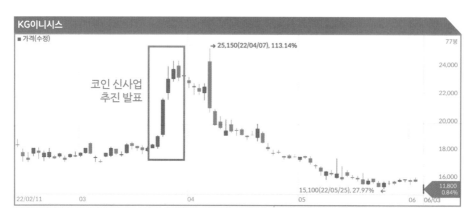

KG이니시스

■ 가격(수정)

코인 신사업
추진 발표

→ 25,150(22/04/07), 113.14%

77봉

24,000

22,000

20,000

18,000

16,000
11,800
0.84%

15,100(22/05/25), 27.97%

22/02/11   03   04   05   06   06/03

≫ KG이니시스는 전자 지불결제 대행업을 주된 사업으로 한다. 쇼핑몰 등 인터넷상 지불결제가 필요한 업체에게 지불결제 시스템을 구축해 주고 지불승인, 매입, 대금정산 등 업무를 지원한다. NHN한국사이버결제, 토스페이먼츠 등이 경쟁사다. KG이니시스가 가장자산 사업에 진출한다는 소식에 주가가 급등했다. 신사업 출범이 화제가 되고 관심을 모은다. 관건은 신사업이 불러올 실적개선 폭발력이다. 실적개선 정도가 크지 않다면 급등한 주가는 도로 원위치된다.

투자전략 | 신사업 진출은 호재지만 관건은 실적개선 정도다. 강력한 실적개선이 아니라면 신사업 진출은 테마성 이벤트다. 급등한 뒤 주가는 원래대로 돌아간다. 실적개선 정도를 파악해 장기투자 여부를 결정하자.

신규사업 진출 기대감에 주가상승

≫ 롯데렌탈은 차량과 생활가전 등 렌탈사업을 하고 있다. ① 상장 이후 6개월간 묶여있는 최대주주 물량(60.64%)이 시장에 나올 거라는 우려감에 주가가 단기 하락했다. 그러나 최대주주 물량이 나올 가능성이 적어지면서 주가는 하락을 멈췄다. ② 대기업에 중고차 시장을 허용한다는 규제완화 이슈에 주가가 상승을 보였다.

투자전략 | 신규사업 진출은 시장의 관심을 받는다. 매출액 증가와 실적개선 기대감이다. 다만 기대감이 실제로 실현되어야 한다. 실적개선 이슈가 구체화될수록 주가는 하락하지 않는다. 강한 실적개선만이 주가를 지속적으로 이끈다.

30

실적개선 기업은 끝까지
놓지 마라

좋은 기업, 손절매하지 마라

　내 투자원칙의 핵심은 좋은 기업을 사서 손절매하지 않는 거다. 좋은 기업을 사는 게 첫째고, 손해 보지 않고 파는 게 둘째다. 첫 단추가 잘못되면(좋은 기업이 아니면) 손해 보고 팔아야 한다. 좋은 기업은 결국 실적개선 기업이다. 실적개선 기업이 좋은 이유는 오래 보유할 수 있어서다. 유상증자 등 주가희석을 가져오는 여러 악재들 없이 기다릴 수 있다. 혹여 손해를 보고 있더라도 실적개선이라는 호재가 주가를 밀어올린다. 손절매는 곧 투자실패 확정을 의미한다. 손절매 이후에는 원금손실을 회복하기 위해 보다 공격적으로 투자하게 된다. 급등주만을 쫓다 보면 손실폭이 더 늘어난다. 마음만 조급하고 손실은 커지고 자포자기다. 주식투자는 손절매하지 않는 진득함에 있다. 마음 편하게 좋은 기업을 골라 기다리자. 손해가 나도 기다리고 수익이 나도 원하는 목표까지 기다린다. 기다림이 가능한 투자를 해야 평생 수익 내면서 마음 편하게 주식투자를 할 수 있다. 좋은 기업인 실적개선주를 사고 손절매 없이 기다려 차익실현해 보자.

실적개선과 연관 없는 테마는 반짝 급등락이다. 적자기업이 많기에 매매시기를 놓치면 테마가 소멸하면서 주가급락이 발생한다. 차트분석도 실적과는 무관하다. 적자 부실기업도 차트만으론 좋을 수 있다. 다만 개미투자자가 접근하기엔 어렵다. 차트 공식대로만 움직이지 않는 경우도 많다. 조바심과 불안감 때문에 차트투자법으로는 장기투자가 불가능하다.

몰빵금지, 추가매수 전략으로 접근하라

손절매 없는 투자와 함께 분할매수·분할매도도 핵심 투자원칙이다. 신이 아닌 이상 누구나 실수할 수 있다. 내가 사거나 파는 가격이 최선이라 생각하지만 주가는 럭비공과 같다. 기대치보다 더 튀어오르거나 예상치보다 더 내려간 뒤 오른다. 적정 현금을 보유하는 것도 좋은 투자습관이다. 혹여 모를 실수에 대비해 여분의 현금은 필수다. 약세장일수록 현금은 더욱 빛을 발한다.

실적개선주라도 한번에 전부 매수하지는 말자. 분할매수 전략이 필요하다. 적어도 1~2번은 추가매수할 수 있다고 생각하고 투자하자. 최초 매수 전 미리 추가매수 계획도 세워두자. 아빠는 최초 매수가 대비 -20%, -40%, -60% 시점에 추가매수가 기본 원칙이다. 하지만 실적개선주 같은 좋은 기업이 아니라면 -60%에 추가매수하기 쉽지 않다. 믿는 구석이 강해야만 추가매수 전략이 성공하는 법이다. 적자 부실기업이라면 유상증자를 해대는 통에 추가매수 의미가 퇴색한다.

역발상, 실적개선주는 손해가 즐겁다

주식투자는 싸게 사서 비싸게 파는 것이다. 하지만 우리는 주식이 싸지면 사질 못한다. 오히려 비싸질수록 더 사는 경향이 있다. 역발상 마인드가 필요하다. "고맙다. 손해가 오히려 좋아!"라고 외쳐보자. 실적개선주 손해를 즐기는 거다. 백화점 바겐세일처럼 보다 싸게 매수할 절호의 찬스다. 전체 주식시장이 내리는 약세장일수록 좋다. 내 주식만 내리는 게 아니다. 시장 분위기만 좋아지면 주가는 오른다. 공포감을 내려놓자. 우리가 투자하려는 종목은 실적개선주, 좋은 주식이다.

일회성 악재 눌림목도 좋은 기회다. 한 번 발생하는 해프닝에 주가가 내렸다면 저점매수 기회다. 일회성 악재로는 최대주주 모럴 해저드, 공장화재, 반도체 공급망 부족, 중국 지역봉쇄 등이 있다. 일회성 악재는 시간이 지나면 잊힌다. 장기적인 실적에 영향을 주지 않는다.

케이스 스터디 040 **실적개선주**

실적개선주 단기 악재는 저가매수 기회

≫ ① 폭스바겐이 내재화(배터리 자체생산)를 발표했다. 장기적인 원칙을 밝혔지만 2차전지주인 에코프로비엠은 단기 급락했다. 다만 이는 장기적인 계획이고 지금 당장의 실적악화 요인은 아니다. 주가는 단기 조정을 보인 뒤 회복했다. ②~③ 공장 화재와 회사 내부자의 미공개 정보 이용 악재가 동시에 터졌다. 주가는 단기 급락했다. 공장 화재는 회복 시기가 관건이다. 다행히 2~3개월 정도면 회복한다는 기사가 나왔다. 내부자 미공개 정보 이용은 일회성 악재다. 실적과 무관하기에 급락은 매수기회다. ④ 공장은 화재 후 3개월 만에 재가동했다. ⑤ 1주당 3주를 배정하는 무상증자를 했다. 무상증자 주식 추가상장으로 잠시 주가가 조정을 받기도 했다. ⑥ 미국의 금리인상 우려감에 주식시장 하락장이 연출되었다. 실적과 무관한 투자심리 악화다. 이후 실적발표에 앞서 실적개선 기대감 뉴스가 나오며 주가는 반등세를 보였다.

투자전략 | 실적과 무관한 악재는 좋은 저점매수 기회다. 실적개선주라면 적극적인 공략 대상이다. 실적이 꺾이지 않는 한 일회성 악재들은 스쳐 지나갈 뿐이다. 뚝심 있게 기다리면 실적개선은 주가상승으로 보답한다.

케이스 스터디 041 **눌림목**

실적개선주 주가하락에 대처하는 자세

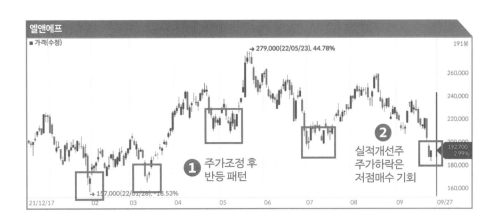

≫ ① 실적개선주는 주가조정 이후 눌림목 반등을 한다. 저가매수 투자기회를 기관과 외국인이 놓치지 않는다. 실적개선주는 하락 후 반등 탄력도가 높다. ② 금리인상과 경기침체 우려로 주식시장이 하락세를 보였다. 환율급등으로 외국인이 이탈하고 엘앤에프도 피해가진 못했다. 다만 주가가 내린 만큼 저점매수 기회로 볼 수도 있다.

대신증권 리포트 실적예측치(2022.8.17.)

영업실적 및 주요 투자지표 (단위: 십억원, 원, %)

	2020A	2021A	2022F	2023F	2024F
매출액	356	971	4,284	6,277	9,041
영업이익	1	44	313	486	722
세전순이익	−18	−126	297	466	703
총당기순이익	−15	−112	253	402	611
지배지분순이익	−15	−113	251	399	606
EPS	−550	−3,526	7,004	11,101	16,871
PER	NA	NA	26.6	16.8	11.0
BPS	7,028	19,668	31,478	42,558	59,465
PBR	9.8	11.3	7.7	5.7	4.1
ROE	−9.4	−27.4	28.5	30.0	33.1

주: EPS와 BPS, ROE는 지배지분 기준으로 산출
자료: 엘앤에프, 대신증권 Research Center

대신증권 리포트를 보면 2022년 대비 2년 만에 매출액이 2배 이상 증가할 것으로 예측한다. 2022년 26.6배인 PER도 2024년 실적 기준으로는 11배로 낮아진다.

투자전략 | 주식시장 전체가 하락하는 건 실적개선주에는 나쁘지 않다. 개별주식 악재가 아니어서다. 단지 시장상황이 좋지 않을 뿐이다. 실적개선은 지속될 것이고 주가는 저렴해졌다. 역발상 저점매수 기회로 삼아볼 필요가 있다. 매수했는데 더 하락하면 추가매수해서 매수단가를 더 낮추면 된다. 실적은 시간이 지나면 더 나아질 테니까 말이다.

손실에 추가매수 투자전략

≫ 도이치모터스는 BMW, MINI 등 수입차 판매, 수원 대형 중고차 매장 운영을 하고 있다. ①~
② 2019년 실적 피크아웃 주가정점에 매수했다고 가정하면 기존 저점 대비 고점매수로 손실을
보게 되는 셈이다. ③ 2020년에는 영업이익이 절반으로 줄어들었다. 주가가 정점 대비 50% 정
도 빠졌다. 영업이익의 절반만큼 주도 빠진 셈이다. ④ 실적이 개선되고 대기업 중고차 시장
진입규제 완화정책이 더해지며 주가가 과거(2019년) 정점 수준을 회복했다. ⑤ 경기침체 우려
등으로 주가지수가 빠지며 동반 하락세를 보였다.

구분(억 원)	2019년	2020년	2021년	2022년 예측
매출액	12,087	14,511	17,033	19,290
영업이익	829	449	564	677
당기순이익	563	152	367	446

투자전략 | 실적개선주를 골랐는데 실적이 하락하는 경우도 있다. 고점에 매수
하면 마음고생할 수 있다. 추가매수 판단을 해야 한다. ① 적자전환할 것인가 여부
를 봐야 한다. 적자전환이 예상된다면 추가매수는 보수적 관점이다. ② 실적하락이
얼마나 지속될 것인지 가늠해야 한다. 네이버 증권, 증권사 리포트 등을 참고해 실
적예측치를 확인해 보자. ③ 저점 추가매수 전략이 필요하다. 2~3년 실적예측치가

있다면, 사이클 산업이라면 저점매수 기회를 노려야 한다.

도이치모터스 사례를 보면 영업실적이 2019년 대비 2020년에 반토막이 났다. 주가도 고점 대비 반토막 수준이다. 그럼 2021년과 2022년 영업실적 예측이 중요하다. 2021년과 2022년 실적은 2020년 대비 늘었다. 영업실적 하락에 비례해 주가가 50% 떨어진 상황이다. 리스크가 많이 낮아진 상태이므로 추가매수 관점으로 접근해 보는 거다.

케이스 스터디 043 추가매수

-10% 빠질 때마다 10번 추가매수 전략

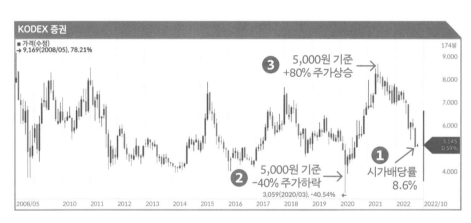

≫ ① KODEX 증권 ETF의 현재(2022년 10월 기준) 주가는 5,145원이다. 거래량 감소로 증권사 이익이 줄어들 것이라는 우려감에 주가가 하락했다. 증권사 실적은 거래량에 좌우된다. 증시가 활황이면 거래량이 늘고 증권사 실적이 개선된다. ETF 주가가 내려서 시가배당률이 8.6%다. 보유만 해도 1년 8.6% 배당을 받는다. ETF 시가총액도 337억 원이기에 상장폐지될 일도 없다. ETF는 순자산총액이 50억 원 미만이면 상장폐지된다. ② 코로나19로 주가는 급락했다. 코스피지수가 1500 하단을 잠시 이탈하기도 했다. 그때 ETF 주가가 현재주가 대비 -40%다. ③동학개미 이슈로 코스피지수가 3000을 넘을 당시 현재주가 대비 80%나 상승했다.

투자전략 | 현재주가 기준으로 매수하고 매수단가 기준 -10% 떨어질 때마다 추가매수한다. 공격적인 투자자라면 매수금액도 추가매수 때마다 늘려간다. 시가배당률은 현재 8.6%다. 증권사 실적악화로 배당이 줄어들 수 있지만 그래도 5% 이상 배당은 받을 것이다. 추가매수로 매수단가는 계속 낮아진다. 주가가 더 내려 총 9번 정도 추가매수할 수 있다고 생각해 보자. 시가배당률은 계속 올라간다. 고배당으로 버텨볼 수 있고 매수단가는 한없이 낮아진다. 좋은 주식이기에 가능한 투자법이다.

케이스 스터디 044 **일회성 악재**

실적과 무관한 직원 횡령, 역발상 투자

≫ 치과용 임플란트 제조업체인 오스템임플란트에서 실적과 무관한 횡령이 발생했다. 오스템임플란트는 횡령으로 인해 상장폐지 실질심사 대상이 되었다. 상장폐지될 수 있다는 공포감에 주가는 급락했다.

투자전략 | 횡령은 주가급락을 부르는 악재다. 다만 영업실적과 무관한 일회성 악재인지 판단이 중요하다. 오스템임플란트의 내부통제 소홀로 횡령이 발생했지만 계속기업이 어려운 경우가 아니기에 실제 상장폐지로 이어지진 않는다. 역발상 투자다. 긴 호흡으로 공포심 충격을 저점매수 기회로 삼아볼 수 있다.

31

아빠는 10년간 안 팔겠다 생각하고 투자한단다

최소 6개월 이상, 실적개선주 매도시점을 길게 보라

아빠는 매도 타이밍을 짧게 잡지 않는다. 주식을 최소 6개월 이상 보유하려 한다. 실적개선주는 단번에 대박 수익을 안겨주지 않는다. 실적개선 추이와 함께 지속적인 우상향을 보인다. 때로는 중간에 단기하락 눌림목을 주기도 한다. 그래도 길게 보면 우상향 그래프다. 실적발표는 3개월 단위로 하게 되어 있다. 실적발표마다 실적을 확인하면서 우상향 방향성을 유지한다. 최적의 실적개선주는 지난 3~4년간 실적개선이 꾸준했으며, 적어도 올해와 앞으로 2년간 실적이 추가로 개선되는 기업이다. 총 6~7년(과거 3~4년, 올해, 향후 2년)간 실적개선을 한 해도 쉬지 않고 하는 주식이다. 차익실현을 긴 호흡으로 바라봐야 한다. 6~7년간 과실을 꾸준하게 누리기에 웬만하면 최소 1~2년은 보유하고 있어야 한다.

아빠는 보통 매도시점을 투자수익률 40% 선으로 본다. 40%가 넘어서면 절반은 매도하려고 한다. 실적개선주이기에 수익을 더 낼 수도 있는데 매도하는 이유는 더 좋은 종목이 생겨서다. 현재 보유종목보다 더 큰 수익률을 낼 종목이라면 과감히 기존 종목을 절반 정리한다. 그 돈으로 더 매력적인 종목에 투자하는 거다. 만약 기존 종목보다 매력도가 높은 종목이 없다면 기존 종목을 계속 유지한다.

워런 버핏의 장기투자 전략을 기억하라

워런 버핏은 장기투자자로 유명하다. 그가 최대주주로 있는 버크셔해서웨이 Class A의 주가도 꾸준히 우상향해 왔다. 그가 2달러 즈음에 매수한 코카콜라는 배당만 2달러에 육박한다(2022년 말 기준). 중국 전기차도 진입 초기부터 매수해서 장기보유했다. 미국 빅테크주의 리더인 애플 주식도 많이 보유하고 있다. 코로나19로 인한 인플레이션 이슈에 미리 발빠르게 정유주를 매수하기도 했다. 이 모든 기업은 그가 말하는 '경제적 해자'를 가지고 있다. 남들이 진입하기 어려운 경제적 우위가 있는 기업이다.

워런 버핏이 강조한 경제적 해자를 아빠는 실적개선주라고 칭하고 싶다. 실적이 꾸준히 상승하는 건 어려운 일이다. 소수 중에 소수의 회사만이 경제적 해자를 가질 수 있다. 워런 버핏처럼 실적개선주를 오랜 기간 보유하면 그 수익을 맛볼 수 있다. 단기투자 관점에서 보면 지루한 기다림이다. 허나 실적은 거짓말하지 않는다. 실적발표와 함께 관심이 집중되고 주가는 계속 오른다. 기관과 외국인들은 장기투자자다. 그들이 제일 선호하는 종목도 실적개선주다. 이왕이면 최소 2년 이상 실적개선이 기대되는 기업에 집중해 보자. 성장주라면 10년 후 꾸준히 커나갈 기업, 국가가 정책적으로 밀어주는 업종 등을 눈여겨보자.

꾸준한 실적개선이 발생하지 않으면 차익실현하라

실적개선을 믿었어도 가끔 뜻하지 않는 돌발변수가 생기는 경우도 많다. 돌발변수까지 예측하며 투자하기란 어렵다. 실적악화를 가져오거나 기업가치를 낮추는 요인이라면 과감하게 차익실현할 필요가 있다. 실적개선주이기에 이미 투자차익이 났을 가능성이 높다. 더 매력적인 종목으로 갈아타자는 이야기다. 바뀌지 않는 핵심 원칙은 하나다. 실적개선주만을 사서 장기간 투자하는 거다. 실적개선주라도 그 가치가 훼손되면 과감히 차익실현하자. 아쉬워 말고 더 좋은 실적개선주를 찾으면 된다.

성장주 중 단연 으뜸은 전기차 관련주다

지구 온난화 문제가 심각하다. 자동차, 공장 등에서 배출하는 탄소가스가 지구 온도를 올리고 있다. 미국, 영국 등 선진국 중심으로 탄소 제로화를 선언하고 있다. 여러 국가가 탄소배출권 거래, 탄소국경세 신설 등 탄소를 낮추기 위한 노력을 하고 있다. 유가상승에 따라 신재생에너지에 대한 관심도 올라간다. 전기차에 대한 정책적 관심도가 더 올라갈 수밖에 없다. 전기차의 신차 시장침투율이 2021년 4%에서 2030년 50%까지 올라간다. 10년 사이 10배 이상 시장이 커지는 셈이다. 주요 선진국들은 2035년이면 가솔린 신차를 팔지 않겠다고 선언하고 있다. 그만큼 전기차의 성장속도는 빠를 것으로 예상된다.

≫ 유가가 상승할수록 원자력, 태양광 등 신재생에너지, 2차전지 등 전기차가 반사이익을 얻는다. 원자력은 상대적인 가성비 측면이 좋고 태양광, 풍력 등은 생산단가가 높은데 높은 유가 덕에 경쟁력이 유지된다. 2차전지도 상대적인 가성비가 부각된다.

전기차 배터리 2차전지 구조도

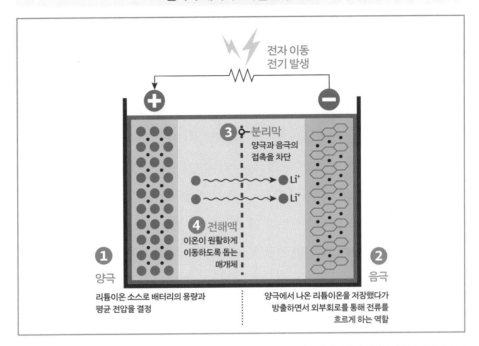

≫ 전기차 배터리인 2차전지는 ① 양극재 ② 음극재 ③ 전해액 ④ 분리막으로 구성된다. 전기차 관련주로는 전기차 생산업체, 배터리셀 업체, 배터리셀에 들어가는 부품(양극재, 음극재, 분리막, 전해액) 생산업체 등이다.

2차전지 관련 주요기업

구분	기업명	구분	기업명
배터리셀	LG에너지솔루션 삼성SDI SK이노베이션	양극재	에코프로비엠 엘앤에프 코스모신소재 포스코퓨처엠 LG화학
음극재	포스코퓨처엠 대주전자재료	전해질	후성 천보
전해액	솔브레인	분리막	SK아이이테크놀로지
동박(일렉포일)	일진머티리얼즈 솔루스첨단소재 SKC	부품	상아프론테크 신흥에스이씨 상신이디피

*배터리셀: 4대 핵심소재(양극재, 음극재, 분리막, 전해액)로 구성된 배터리 기본단위

아빠는 2차전지 양극재 기업에 10년간 장기투자한다

아빠는 장기 성장하는 업종으로 양극재 기업을 들고 싶다. 그 이유로는 첫째, 2022년 인플레이션으로 니켈 가격이 폭등했다. 그 가운데 양극재 기업들은 니켈 가격 인상분을 제품가격에 모두 전가시켰다. 수요는 많은데 소수의 공급자가 시장을 점유하고 있다 보니 가능했다. 둘째, 배터리 성능은 양극재에 달려 있다. 에너지를 만드는 양극재 성능이 올라갈수록 더 멀리 갈 수 있어서다. 셋째, 2030년으로 예측되고 있는 전고체 배터리가 완성될 경우 분리막과 전해액은 수요가 줄어든다. 액체로 되어있는 전해액을 고체로 만드는 게 전고체다. 넷째, 2차전지 배터리 성능이 좋아질수록 응용 범위가 넓어진다. 전고체 배터리 체제에서는 부피가 줄어 스마트폰 등에 다양하게 활용할 수 있다.

아빠는 양극재 강자기업들에 10년간 장기투자할 생각이다. 은퇴자금으로 쓰기 위해 묻어두고 실적개선과 동행하려 한다. 투자전략은 장기투자이기에 간단하다. 특별한 악재가 없다면 매수하고 -20%마다 추가매수한다. 주식시장 전체가 약세장일 경우 추가매수 전략은 더 효과적이다. 내 주식만의 문제가 아니어서다. 2022년 현재 양극재 공장 현지화가 진행 중이다. 글로벌 완성차 업체 등이 전기차사업에 뛰어드니 현지공장 부근에 납품공장을 지어야 하기 때문이다. 설비투자에 돈이 필요하니 유상증자를 할 수도 있다. 허나 설비투자를 위한 유상증자 결과는 매출증가로 이어질 수 있다.

≫ 기존 완성차 업체들이 전기차에 뛰어들며 경쟁이 치열해지고 있다. 배터리셀 업체는 완성차 업체들의 내재화(자체생산) 이슈가 고려사항이다.

사례로 보는 실적개선주 종목분석 프로세스

① 실적개선 뉴스 확인 → ② 미래 실적예측치 확인 → ③ 종목분석/투자전략

① 뉴스기사 에코프로비엠을 예시로 들어 실적개선주에 대한 종목분석 방법을 소개하겠다. 뉴스에 따르면 에코프로비엠은 2021년 말 글로벌 공급망 구축계획을 발표했다. 2021년 6만 톤 규모였던 것을 2026년에는 48만 톤 규모까지 늘려 양극재 생산규모를 확대시킬 계획이다. 5년 만에 생산량이 8배 증가하는 셈이다. 물류비 절감을 위한 글로벌 완성차 업체의 요구에 따라 완성차 기업이 있는 유럽과 미국으로 진출도 한다.

에코프로비엠 지역별 생산능력 전망(출처: NH투자증권)

구분(만 톤)	2021년	2022년	2023년	2024년	2025년	2026년
국내	6	10	18	23	23	23
유럽	-	-	-	3	11	14
미국	-	-	-	-	4	11
합계	6	10	18	26	38	48

≫ 2022년 말 10만 톤이던 생산량이 2026년에는 48만 톤으로 5배 증가한다. 특히 유럽과 미국에서의 생산량 증가가 눈에 띈다.

② **실적 예측치**   네이버 증권과 증권사 리포트를 통해 미래 실적예측치를 확인해 본다. 2~3년 후 실적 예측치를 볼 수 있다. 뉴스기사 예측대로 매출증가 가능성을 확인할 수 있다.

네이버 증권의 에코프로비엠 실적예측치 화면

에코프로비엠 247540 코스닥 2022.10.21 기준(장마감) 실시간 기업개요▼

| 종합정보 | 시세 | 차트 | 투자자별 매매동향 | 뉴스·공시 | 종목분석 | 종목토론실 | 전자공시 | 공매도현황 |

| 기업현황 | 기업개요 | 재무분석 | 투자지표 | 컨센서스 | 업종분석 | 섹터분석 | 지분현황 | 🖨 인쇄 |

재무연월	매출액 (억원)	YoY (%)	영업이익 (억원)	당기순이익 (억원)	EPS (원)	BPS (원)	PER (배)	PBR (배)	ROE (%)	EV/EBITDA (배)	주재무제표
2018.12(A)	5,891.9	103.26	502.8	368.6	578	2,434			26.73		IFRS별도
2019.12(A)	6,160.9	4.57	370.8	344.8	430	4,441	30.46	2.95	12.99	19.27	IFRS별도
2020.12(A)	8,547.5		547.7	469.1	554	5,200	75.92	8.08		40.54	IFRS연결
2021.12(A)	14,856.3	73.81	1,150.3	1,008.4	1,145	5,935	108.06	20.85	20.26	72.12	IFRS연결
2022.12(E)	51,232.1	244.85	4,171.4	2,958.6	3,098	12,304	32.92	8.29	33.73	21.79	IFRS연결
2023.12(E)	77,172.5	50.63	6,337.2	4,318.6	4,416	16,806	23.10	6.07	30.35	14.24	IFRS연결
2024.12(E)	101,712.4	31.80	8,410.2	5,865.6	5,997	23,098	17.01	4.42	30.08	10.78	IFRS연결

≫ 네이버 증권에서 향후 2년간 예측치 확인이 가능하다. '에코프로비엠'을 검색해 종목 화면으로 들어가 ① 종목분석 탭의 ② 컨센서스를 클릭하면 ③ 총 7년간(과거 4년, 현재 그리고 향후 2년) 실적 등이 나온다. ④ 특히 향후 2년 실적예측치는 미래 실적 확인을 위한 중요자료다. 자료를 보면 2022년 대비 2024년 매출이 2배 증가할 것으로 예측된다. 2021년 대비해선 7배 이상 증가하는 것이다. 2024년 실적예측치가 있으니 PER 계산도 가능하다. 2022년 실적 기준 PER은 32배지만 2024년 실적에 대입하니 17배 수준이다.

한경컨센서스 증권사 리포트 검색 화면

| 한경컨센서스 | 2022-03-24 | 2022-09-24 | 전체 ▼ | 분류선택 ▼ | 에코프로비엠 | 검색 Q 종목 |

| 전체 | 기업 | 산업 | 시장 | 파생 | 경제 | 상향 | 하향 | 기업정보 |

LIST **20** 50 80

작성일 ▼	분류 ▼	제목 ▼	작성자 ▼	제공출처 ▼	첨부파일
2022-09-14	기업	에코프로비엠(247540) 3분기 실적과 밸류에이션 매력 모두 양...	전창현	대신증권	📄
2022-08-04	기업	에코프로비엠(247540) 양극재 기업들의 P 상승 Rally 유효	노우호, 이지호	메리츠증권	📄
2022-07-18	기업	에코프로비엠(247540) 2분기에도 압도적인 성장 기록	한병화	유진투자증권	📄
2022-07-12	기업	에코프로비엠(247540) 2분기 기대치 상회, 하반기 견조한 수요	전창현	대신증권	📄
2022-06-15	기업	에코프로비엠(247540) 2 분기 매출액 초고속 성장은 순항 중	윤혁진	SK증권	📄

≫ 한경컨센서스에서 '에코프로비엠'을 검색하면 증권사 리포트를 확인할 수 있다.

대신증권 리포트 실적예측(2022.9.14. 기준)

영업실적 및 주요 투자지표
(단위: 십억원, 원, %)

	2020A	2021A	2022F	2023F	2024F
매출액	855	1,486	5,026	6,739	10,254
영업이익	55	115	420	586	913
세전순이익	48	114	407	573	893
총당기순이익	47	98	348	489	763
지배지분순이익	47	101	330	429	655
EPS	554	1,145	3,451	4,382	6,697
PER	75.9	108.1	34.5	27.1	17.8
BPS	5,235	6,265	15,574	19,362	25,832
PBR	8.0	19.7	7.0	5.6	4.2
ROE	11.5	20.3	32.3	25.4	29.6

주: EPS와 BPS, ROE는 지배지분 기준으로 산출
자료: 에코프로비엠, 대신증권 Research Center

≫ 네이버 증권과 비교해 보면 수치가 조금 차이가 있다. 최신 리서치 자료가 있다면 이를 네이버 증권과 함께 참고할 필요가 있다.

③ 투자전략 2022년 대비 2026년 생산량 5배 증가는 매력적인 뉴스다. 5년 후 매출액을 어림잡을 수 있다. 현재의 실적도 꾸준한 실적 성장세 모습이다. 2차전지 산업은 지속적인 성장세를 보여줄 것으로 기대한다. 대다수 나라에서 2035년이면 더 이상 가솔린 자동차는 판매되지 않을 것이라고 한다. 이때의 투자전략은 장기간 투자해 두고 실적성장을 기다려보는 거다. 혹여 주가가 급락하면 추가매수 관점에서 접근해 본다. 실적은 지속적으로 늘어날 것이기 때문이다.

≫ ① 에코프로비엠은 실적개선세가 뚜렷해진 2020년부터 주가가 지속적으로 우상향하기 시작했다. ② 오창공장 화재, 경영진(내부자)의 회사 내부정보 활용 주식거래 등 악재로 인해 주가가 급락했다. 허나 일회성 악재일 뿐 장기적인 실적성장과는 무관하다. 눌림목을 적극적인 저가매수 기회로 삼을 필요가 있다.

32

가격인상이 좋은 이유

원자재 가격인상에 원자재 1차 가공업체를 주목하라

유가, 철광석, 비철금속(구리 등), 농산물은 원자재다. 원자재 1차 가공업자는 원자재 가격인상 수혜주다. 가격 전가력이 높아서다. 2차 가공업자 입장에서는 1차 가공물을 안 쓸 수 없다. 원자재 가격 인상분은 고스란히 2차 가공업자에게 전가된다. 원자재 가격급등 고통은 2차 가공업자의 몫이다. 1차 가공업자는 경기와 업황이 나쁘지 않다면 '수요×원자재 가격(물가)' 공식이 통한다. 원자재 가격이 오를수록 실적이 개선된다. 미리 저렴하게 사둔 원자재 시세차익도 누린다. 덕분에 주가는 오른다. 인플레이션(물가상승)도 원자재 가격을 올리는 요인이다. 돈을 많이 찍어내는 양적완화 조치는 인플레이션(물가상승)을 유발한다. 돈이 넘쳐나니 돈의 가치가 떨어지는 셈이다. 인플레이션 최대 수혜주는 원자재다. 원자재 가격인상에 1차 가공업자 주가가 오른다. 반면 2차 가공업자는 전가된 가격 때문에 실적이 악화된다. 함부로 가격을 올리기엔 소비감소 폭이 커서다.

≫ (예시) 유가가 오르면 정유업체인 에스오일이 석유 가격을 올린다. 에스오일은 1차 가공업자로 원유를 수입해 이를 정제해 공급한다. 유가가 오를수록 에스오일 실적개선이 나타난다. 다만 에스오일은 2차 가공업자 역할도 한다. 주유소 판매가격이 너무 오르면 소비가 줄어든다. 소비축소는 실적에 좋지 않다. 화학기업인 금호석유화학은 유가상승이 악재다. 1차 가공업자가 만든 나프타를 구입해 이를 화학제품으로 만든다.

≫ (예시) 철광석 가격이 오르면 철강업체인 포스코는 제품 가격을 올린다. 포스코는 원자재인 철광석을 가공해 철강을 만드는 1차 가공업자다. 철광석 가격이 오르면 포스코 주가는 오른다. 반면 철강을 매입해 자동차를 만드는 현대자동차 입장에선 철광석 가격인상이 악재다. 포스코에서 전가한 철강 가격만큼 자동차 판매가격을 올려야 하는데, 자동차 가격이 오르면 판매가 줄어든다.

≫ (예시) 구리 가격이 오르면 구리 1차 가공업자인 풍산에겐 호재다. 구리 가격만큼 제품 가격을 올린다. 반면 구리 가공품을 매입해 2차 제품을 만드는 반도체 기업 등에게는 원가부담으로 다가온다.

≫ (예시) 농산물인 옥수수 가격이 오르면 1차 가공업자인 사료회사에겐 호재다. 동물을 키우는 입장에서 사료를 먹이지 않을 수는 없다. 옥수수 가격 인상분을 그대로 사료값에 전가시킬 수 있다. 반면 육가공업자 입장에선 사료값 인상으로 실적이 나빠진다. 비싸진 고기값 때문에 소비가 줄어서다. 소비감소 우려로 함부로 가격을 올리기도 어렵다. 밀 가격인상에 1차 가공업자인 제분업자는 수혜, 2차 가공업자인 라면, 제빵회사 실적과 주가에는 악재다.

제품 가격인상 후 원자재 가격인하를 주목하자

원자재 가격이 급등했다가 안정화되면 정반대 상황이 된다. 원자재 1차 가공업자 입장에서는 제품 판매가격이 내려가니 매출이 줄어든다. 여기에 더해 미리 가지고 있던 재고를 비싸게 사둔 셈이 된다. 원자재 1차 가공업자 주가는 내려간다. 반면 이미 가격을 올린 2차 가공업자 입장에서는 운신의 폭이 넓다. 올려진 가격대로 팔되, 원재료 가격이 낮아지니 좋다.

≫ (예시) 옥수수 가격이 내려가면 사료회사 주가는 내려간다. 반면 육가공업자나 음식료업자는 원재료 가격이 저렴해져서 실적이 개선된다.

가격인상 발표 후 주가급등은 단기 이벤트다

밀 원자재를 가공해 밀가루를 만드는 회사가 1차 가공업자다. 생필품(필수소비재)인 라면, 제빵회사는 2차 가공업자다. 생필품 가격을 밀가루 가격 인상분만큼 올려야 하지만 함부로 올리기 어렵다. 라면 등은 물가지수에 포함되기에 가격인상 시 정부 눈치도 봐야 한다. 가격상승에 따른 소비감소도 고려해야 한다. 참고 견디다 적자 상황을 면하기 어려울 때 가격인상으로 돌파구를 찾는다. 다만 생필품(라면, 우유, 제빵 등) 기업은 가격인상으로 실적이 대폭 개선되지는 않는다. 인상폭은 안전마진을 회복하는 선에서 끝난다.

생필품 가격인상은 단기 호재다. 반짝 주가상승 이벤트가 된다. 다만 뒷북 투자를 조심해야 한다. 거래량이 크게 터지며 주가는 급등 후 내려간다. 가격인상 발표 전 이미 주가가 오른 경우도 많다. 정보에 발빠른 이들의 선점이 있어서다. '뉴스에 팔아라'라는 증시 격언이 들어맞는다. 더 나올 호재가 없으면 뉴스가 주가 정점이다.

가격인상의 지속력을 파악하라

아빠는 실적개선주에 투자하는 가치투자자다. 가격인상에 따른 단기급등 매매 패턴보다는 장기적인 실적개선을 노린다. 그렇다면 가격인상 지속력 파악이 중요하다. 가격인상 효과는 분기 실적에 나타난다. 가격인상 후 다음 분기실적 변화를 주목하자. 증권사 리포트 최신 버전 체크도 필수다. 가격인상을 고려한 실적예측치가 나와서다.

가격인상 지속력은 가격 전가력에 있다. 가격인상을 자유롭게 한다는 건 그만큼 경쟁력이 높은 상태라는 뜻이다. 가격을 올려도 소비가 줄지 않는다. 비싸진 만큼 소비가 줄지 않으니 실적개선이 이루어진다. 경제적 해자가 있기에 오랜 기간 실적개선을 누린다.

제품 가격변동을 파악하라

반도체, 태양광, 해운운임 등은 가격이 매일 변동한다. 제품 가격변동에 대한 파악이 필요하다. 경기가 호황이면 가격이 오른다. 가격이 오르면 당연히 실적도 좋아진다. 경기의 영향을 받기에 사이클 산업이기도 하다. 호황에 제품 가격상승, 불황에 수요감소와 가격하락이 이어진다. 투자 포인트는 실적개선 여부다. 역발상으로 불황에 실적개선을 기대하며 투자해 보는 거다. 저점매수 후 기다리면 경기 사이클은 다시 돌아온다.

유가상승에 주가상승

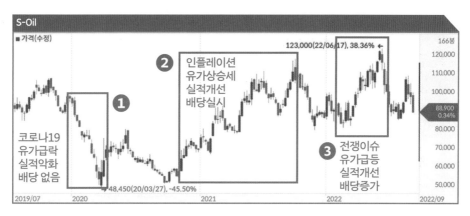

≫ ① 2020년 코로나19로 인해 유가가 급락했다. 유가급락에 정유사인 S-에은 적자로 전환했

고, 배당도 주지 못했다. ② 반면 유가가 상승하면서 실적이 개선되었다. 배당도 주면서 주가는

꾸준히 우상향했다. ③ 우크라이나-러시아 전쟁은 인플레이션 우려감을 유발했다. 원자재 가

격급등에 유가가 배럴당 100달러를 넘어섰다. 덕분에 정유주 주가도 급등했다. 다만 미국의 금

리인상 정책 등은 불황을 부른다. 경기침체 우려감에 유가와 정유주 주가는 하락한다.

구분	2020년	2021년	2022년 예측
매출액(백억 원)	1,683	2,746	4,256
영업이익(백억 원)	-110	214	476
주당배당금(원)	-	3,800	8,186
배당성향(%)	-	32.1	

투자전략 | S-에은 정제사업을 한다. 원유를 증류해 LPG와 휘발유 등을 만든다.

정제마진이 이익을 좌우한다. 정제마진은 휘발유 등 제품에서 원유 가격, 각종 비용

을 뺀 금액이다. 유가가 오르면 미리 사둔 원유 덕에 정제마진이 좋아진다. 유가상

승은 정유주에는 호재다. 유가는 경기민감형 산업이다. 유가급락에 저점매수하고

기다리면 유가는 좋아진 경기 덕에 다시 오른다.

≫ OPEC +의 증산(감산)정책도 유가에 영향을 준다. OPEC+는 석유수출국기구(OPEC) 13개 회원

국과 러시아 등 비(非)OPEC 주요 산유국 11개국 간 협의체다. 증산은 공급증가로 유가하락, 감

산은 공급감소로 유가상승 요인이다. S-에 주가도 유가흐름과 비슷하게 움직인다.

유가상승에 주가하락

대한유화

≫ ① 코로나19로 인한 유가급락 이후 빠르게 경기가 회복되며 화학회사인 대한유화의 실적개

선과 주가상승이 이루어졌다. 배럴당 50달러 이하의 안정적 유가가 실적개선에 도움이 된다.

② 유가가 지속적으로 상승하면서 실적감소와 주가하락이 나타났다. 경기침체까지 더해지면

서 화학제품 수요감소가 이어졌다.

≫ **영업이익 추이(단위: 억 원)** 2020년(1,702), 2021년(1,794), 2022년 예측치(-603)

투자전략 | 순수 화학업종인 NCC(나프타분해설비) 기업은 대한유화, 롯데케미칼

등이 대표적이다. 나프타를 넣어 에틸렌을 만든다. 나프타는 원유 정제과정에서 나

온다. 유가변동에 실적이 민감하게 반응한다. 중장기 유가변동을 체크할 필요가 있

다. 유가는 경기 사이클에 따라 변동한다. 유가가 급등하면 원가부담으로 다가온다.

저유가에 매수하고 유가급등에 앞서 실적 피크아웃 정점에 매도하는 센스가 필요

하다.

≫ 에틸렌 스프레드는 에틸렌 가격에서 나프타 가격을 뺀 가격을 말한다. NCC를 통해 생산되는 제품 중 에틸렌이 평균 30~40%로 가장 많다. 에틸렌 스프레드는 화학 업계의 핵심 수익지표라고 평가받는다. 에틸렌은 화학산업의 쌀로 불리는데 플라스틱, 비닐, 건축자재, 접착체 등 용도로 쓰인다.

케이스 스터디 047 **가격인상**

라면 가격인상에 따른 주가상승

≫ ①~② 농심의 주가는 라면의 원재료인 소맥(밀가루) 가격변동에 민감하다. 곡물 가격이 급등하면 원가상승 우려에 주가가 하락한다. 원가급등은 실적악화로 이어진다. ③ 급등하던 소맥의 가격이 하향 안정화 추세를 보이자 농심 주가는 반등을 시작한다. ④ 곡물 가격의 급등은 결국 농심의 지난 분기적자 발표를 낳는다. ⑤ 적자발표는 라면의 가격인상으로 이어진다. 라면 가격인상 발표일에 단기 주가상승을 보였다. 다만 획기적인 실적개선 요인이 아니기에 단기 테마성 이슈다. 급등한 주가는 제자리를 찾아간다.

투자전략 | 판매가격 인상이 주가상승 이슈다. 다만 필수소비재인 음식료 산업은 가격인상이 단기 이벤트다. 획기적인 실적개선이 아닌 영업적자를 면하기 위한

적정마진 추구라서다. 경쟁기업과 차이 나게 가격을 올리면 제품이 안 팔린다. 음식료 산업은 원재료인 곡물 가격변동에 민감하다. 곡물 가격이 급등하면 판매가격을 인상한다. 이후 곡물 가격이 안정을 찾으면 이익이 늘어날 수 있다. '곡물 가격상승 → 판매가격 인상 → 곡물 가격하락 → 이윤 확대'라는 사이클이 완성된다.

케이스 스터디 048 **가격인상**

가격인상 여부에 따른 주가추이

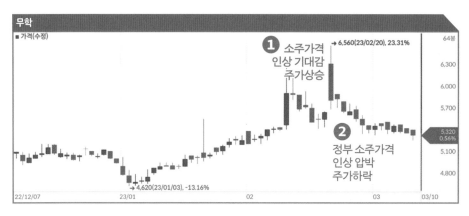

≫ ① 부울경 지역 소주회사인 무학은 소주가격 인상 기대감에 주가가 상승했다. ② 서민술인 소주가격 인상은 물가상승 요인이다. 정부가 부정적 기류를 보이자 가격인상은 보류되었다. 기대감에 올랐다만 도로 원위치다.

투자전략 | 필수소비재인 음식료 산업은 정부 규제도 변수다. 정부 규제가 강한 산업의 경우 보수적 관점에서 투자할 필요가 있다.

시멘트 가격인상 호재 & 건설주 악재

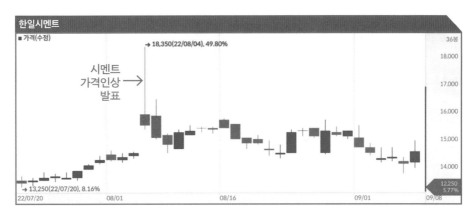

한일시멘트
- 가격(수정)
→ 18,350(22/08/04), 49.80%
36봉

18,000
17,000
16,000
15,000
14,000

시멘트
가격인상 →
발표

→ 13,250(22/07/20), 8.16%
12,250
5.77%
22/07/20   08/01   08/16   09/01   09/08

≫ 한일시멘트는 시멘트 가격 15% 인상을 발표했다. 시멘트 가격을 올린 지 7개월 만에 또 인상을 한 것이다. 그만큼 유연탄 가격이 급격하게 올라서다. 유연탄은 시멘트 원가의 30~40%를 차지하는 핵심 원료다. 러시아-우크라이나 전쟁, 유럽의 석탄발전량 확대 등으로 급등했다. 시멘트 가격을 올렸지만 전반적인 부동산 경기침체로 인해 시멘트주 가격상승 효과가 오래가진 못했다. 미국발 금리인상은 부동산 침체를 가져왔다. 건설사와 레미콘 업계에게 시멘트 가격인상은 원료비 부담을 가져온다. 건설경기가 좋다면 그나마 다행이겠지만 건설경기 침체 상황에서 함부로 아파트 분양가에 원료비 인상을 전가하기도 쉽지 않다.

투자전략 | 가격인상은 단기 주가상승 호재다. 가격인상 후 실적개선폭이 커야 주가 우상향 효과도 오래간다. 그렇지 않을 경우 단기 급등락 후 주가는 제자리를 찾아간다. 경기침체 상황에서 적자를 면하기 위한 가격인상은 실적개선 효과가 크지 못하다. 평소의 영업실적을 유지하는 정도다. 주가도 가격인상 효과를 지속적으로 누리기 어렵다. 시멘트를 쓰는 건설, 레미콘은 사정이 더 딱하다. 원료비 인상으로 실적축소가 불가피하다. 경기침체에 분양시장도 얼어붙으면 시멘트 가격인상을 대폭 반영하기도 어렵다. 원자재 가격인상에 관련 1차 가공업자(시멘트)보다 2차 가공업자(건설, 레미콘)가 더 힘든 시기를 보낸다.

33

PBR보다 PER을
봐야 하는 이유

PER이 PBR보다 실적변동에 민감하다

PER = 시가총액/당기순이익

PBR = 시가총액/자기자본

≫ 자기자본 = 자본총계 = 순자산 = 자산 - 부채

　PER은 시가총액을 당기순이익으로 나눈다. 매출에서 비용과 세금을 제하고 남은 게 당기순이익이다. 실적발표에 따라 PER이 민감하게 바뀐다. PER이 10이라면 10년간 당기순이익으로 투자금(시가총액)을 만들 수 있다. 보통은 PER이 10 이하일 때 저평가라고 한다. 동일업종 내 다른 종목과 비교하기도 한다. 가령 A기업의 PER이 30이라고 할 때 바이오(헬스케어)업종 평균 PER이 50이라고 하면 A기업의 PER은 상대적으로 저평가 상태라고 말한다.

반면 PBR은 시가총액을 내 재산인 자기자본(순자산, 자본총계)으로 나눈다. PBR은 1 이하가 저평가다. 가령 PBR이 0.5라면 시가총액이 자기자본 대비 50% 정도로 저평가된 상태다. PER이나 PBR 모두 낮을수록 좋다. PBR은 '시가총액 = 내 재산'이기에 청산(법인파산 등에 따른 재산정리)가치라고도 불린다.

자기자본은 자본총계의 또다른 이름이다. 자본총계는 자본금, 자본잉여금, 이익잉여금 등으로 구성한다. 이익잉여금은 당기순이익의 매년 누적치다. 결산기 손익계산서의 당기순이익이 재무상태표 이익잉여금으로 바뀐다. PBR이 PER보다 올해 실적 반영 비중이 낮은 이유는 올해 당기순이익이 이익잉여금 일부에 누적 포함되기 때문이다. 또한 이익잉여금은 자본총계의 일부다 보니 실적개선이 다 반영되지 못한다. PER은 시가총액을 당기순이익으로 나눈 것이다. 당기순이익 개선치가 100% PER에 반영된다. 실적개선에 집중한다면 PER 저평가를 보다 주목해야 한다.

설비투자가 적은 게임, 바이오업종은 부동산 등이 적어 PBR이 높을 수 있다. PER은 낮은 데 비해 PBR이 높을 수도 있다. 저PER, 고PBR의 경우 PER에 집중하기에 고PBR은 괜찮다.

네이버 증권에는 ① 현재 PER, ② 추정 PER, ③ PBR이 계산되어 있다. ① 현재 PER은 최근 4분기 실적 기준 PER이다. ② 추정 PER은 올해 실적예측치를 기준으로 하며 ③ PBR은 최근 분기 기준으로 작성되어 있다.

저PBR 주식은 무거울 수 있다

저PER 주식보다 저PBR 주식 움직임이 둔하다. 재산은 많으나 벌이가 신통치 않은 경우 저PBR이 많다. 중후장대 설비투자 기업의 경우 보유 부동산이 많다. 보유 재산은 많다만 성장산업에 비해 미래 기대수익 증가치가 낮다. 그럴 경우 저PBR주가 된다. 저PBR주의 주가는 변동폭이 상대적으로 작아 강세장에선 소외되기 쉽다.

반면 약세장에선 저PBR주 주가가 선방한다. 강세장에서 오른 게 적으니 약세장에서 내리는 것도 없다. 안정적인 주가 움직임을 원할 경우 저PBR 주식을 눈여겨볼 필요가 있다.

대표적 저PBR 회사 중 하나인 지주회사 주가는 지루하다. 지주회사 디스카운트로 보유 자회사 지분을 다 주가에 반영하지 못한다. 보통은 보유지분 가치의 50~60% 수준 정도다. 강세장에서 소외되기도 한다. 반면 약세장에선 강한 면모를 보인다. 자회사가 주는 배당 매력도 부각된다.

≫ 지주회사(Holding Company)는 다른 회사 주식을 소유해 지배하는 회사다. 지배회사 또는 모회사이기도 한다. 자회사의 주식을 지배가능한 한도(상장사인 자회사의 경우 지분 30% 이상)까지 보유해야 한다. 지주회사는 순수지주회사와 사업지주회사로 나뉜다. 지주회사만의 별도 사업이 없으면 순수지주회사, 별도 사업이 있는 경우가 사업지주회사다.

미래 실적 기준 PER을 보라

아빠는 실적개선이 지속적으로 이루어질 기업만 쫓아다닌다. 순이익이 올해 100억 원, 내년 200억 원, 2년 후 400억 원으로 늘어나야 한다. 그러지 않으면 투자 매력이 없다. PER도 당연히 미래 실적 기준으로 판단한다. 과거 실적 기준 PER은 이미 주가에 반영되어 있다. 주가는 최소 6개월을 선행하기 때문이다. 네이버에 있는 추정 PER로는 부족하다. 좀 더 먼 미래의 실적추정치를 찾아 나서야 한다. 증권사 리포트, 뉴스를 매일 체크해야 하는 이유다.

머릿속을 심플하게 만들자. 수많은 투자지표 중에서 미래 실적 기준 PER과 영업활동 현금흐름 두 가지를 꼭 확인하자. 영업활동 현금흐름은 실적이 실제로 현금화되어 들어오는지 확인하기 위해서다. 메인은 미래 실적 기준 PER이다. PBR 등 다른 지표들은 그저 참고자료일 뿐이다. 일반적으로 미래 실적이 좋아지는 기업은 다른 재무지표도 다 좋다. 혹여 지금 일부 지표가 좋지 않더라도 앞으로 좋아질 일만 남았다.

매출액, 영업이익 증가도 함께 확인하라

실적개선 기업은 특히 매출액 증가를 주목하자. 매출액이 늘어난다는 건 그만큼 제품이 잘 팔리고 있다는 증거다. 매출액 증가폭에 맞춰 영업이익과 당기순이익이 늘어나야 진정한 실적개선 기업이다. 순이익만 늘어선 안 된다. 매출액과 영업이익이 함께 증가해야 한다. 발생주의 회계에서는 회계처리 방식에 따라 순이익 조정이 가능하다. 가령 바이오(헬스케어) 기업의 경우 연구비와 개발비 비용처리 여부에 따라 순이익이 달라진다. 설비투자 기업의 경우 감가상각비 비용처리 방식에 따라서도 순이익이 달라진다.

≫ 회계처리 방식에 대한 보다 상세한 설명은 2권 재무제표편에서 공부해 보자.

매수·매도 기준을 미래 실적 기준 PER로 보라

시가총액 1,000억 원, 올해 순이익 100억 원이라면 PER은 10배다. 순이익 예측치가 내년 200억 원, 2년 후 400억 원이라 치자. 이럴 경우 2년 후 순이익 400억 원을 대입한다면 2년 후 PER은 2.5배(1,000억 원 / 400억 원)이다. 2년 후 실적 기준 PER이 2.5배라면 최소 5배까지는 기다려 볼 수 있지 않을까. 주가가 2배 올라야 PER이 5배(2,000억 원 / 400억 원)가 된다. 매수는 2년 후 실적 기준 PER 2.5배, 매도 목표는 PER 5배다. 미래 실적 PER만으로 매수와 매도 기준이 명확해진다. PER 투자법은 합리적이다. 미래 실적과 그에 따른 PER만 생각하니 논리도 간결하다. 복잡할 필요가 없다. 나를 설득하고 남을 설득할 수 있을 때 투자는 성공한다.

34

시장급락에도 실적 좋은 기업은 살아남는다

주가하락에 실적개선은 더 돋보인다

약세장을 개별종목 장세라고 한다. 대다수 종목이 오르는 강세장과 다르다. 오르는 소수의 종목과 다수의 정체된 주식들이다. 돋보이는 건 실적개선주가 약세장에서 최고의 주식이란 점이다. 실적개선은 주식시장 절대불변의 진리다. 시장 하락세와 상관없이 실적이 받쳐주기에 주가가 선방한다. 실적시즌 실적발표로 인해 거래량과 주가 쏠림현상도 발생할 수 있다. 관심은 거래량을, 거래량은 주가를 밀어올려 버블을 만든다.

실적개선은 뚜렷한데 관심 저하로 주가가 내려가 있다면 '오히려 좋아'를 외치자. 실적개선주라면 약세장에서 과감한 공격대상이다. 실적이 받쳐주니 안정적 배당도 있고, 약세장에서도 잘 버틴다. 경기 사이클처럼 주식시장도 강세장과 약세장을 오간다. 그 주기가 길어야 2~3년이다. 실적개선주를 사고 강세장을 기다리자.

≫ (예시) 2022년 상반기 주가지수 하락에도 불구, 실적개선을 보인 2차전지 양극재 기업(에코프로비엠, 엘앤에프)은 선방했다.

실적이라는 믿는 구석이 있기에 버틴다

실적개선주를 고르면 약세장 마음이 편하다. 실적개선이란 확실한 믿는 구석이 있어서다. 부실 적자기업이 아니기에 두려울 일도 없다. 역발상 투자전략이 필요하다. 저렴하게 더 많이 살 수 있는 기회다. 공포감을 느낄 이유가 전혀 없다. 급락장일수록 실적개선주가 더욱 돋보이는 이유다.

투자 핵심원칙은 첫째, 실적개선이 기대되는 좋은 기업을 고른다. 둘째, 한 번에 모든 투자금액을 '몰빵'하지 않는다. 셋째, 실적개선이 나오기까지 기다린다. 여기에 추가매수 전략이 더해진다. 혹여 주가가 내리면 더욱 싸게 살 수 있다고 마음먹자.

역발상 투자, 주가급락에는 주가지수를 뒤집어 보라

남들과 다르게 주식투자해야 돈을 벌 수 있다. 역발상 투자를 강조하는 이유다. 주가버블에 주식 매수를 활발히 한다. 여기에 신용융자·미수 등 빚까지 더한다. 갑자기 시장이 꺾이면 반대매매로 재산을 크게 잃곤 한다. 주식투자는 싸게 사서 비싸게 파는 건데 말이다. 약세장이면 오히려 매력적인 투자기회. 약세장에서 크게 사두고 강세장에 과감히 정리함이 필요하다. 주가지수를 뒤집어 볼 필요가 있다. 주가지수를 뒤집어 놓고 보면 약세장이 오히려 매력적인 매수기회임을 알 수 있다. 거래량도 줄어들고 무관심인 시기를 노려보자. 실적개선주를 저가에 살 수 있으니 최고의 매수 타이밍이다.

≫ (예시) 약세 하락장에선 거래량이 급격히 감소한다. 거래 수수료가 주 수입원인 증권주의 경우 거래량 감소는 실적감소로 이어진다. 하지만 오히려 약세장이 좋은 투자기회. 주가버블은 걷혔고 단지 거래량이 줄었을 뿐이다.

아빠는 실적개선주를 미래 PER 기준으로 매수한다. 기다림은 문제가 되지 않는다. 실적개선주는 기다림 기한이 정해진 투자다. 미래 PER 계산 시 사용했던 그 실적예측치 발표 즈음이 매도 시기다.

인생역전은 서킷브레이커에 온다

서킷브레이커는 주가급락이 과할 경우 시장을 일시 정지시키는 제도다. 서킷브레이커에 대비해 매수할 종목을 미리 선정해두는 센스가 필요하다. 인생역전은 우연이 아니라 필연이다. 미리 준비하고 목표대로 하나씩 만들어가면 파이어족이 가까이 온다. 모든 주식이 크게 내리는 건 기회다. 내 주식만 내린다면 투자를 잘못한 거다. 반면 모든 주식이 내리는 건 시장이 좋지 않은 것뿐이다. 시장이 살아나면 수익률은 다시 좋아진다. 모든 주식이 내리는 상황인 서킷브레이커는 좋은 투자기회다. 공포심을 가질 필요가 전혀 없다. 역발상으로 좋은 투매 매물을 매수할 절호의 찬스로 삼아보자.

서킷브레이커에 주목할 주식은 다섯 가지다. ① 실적개선주 ② 고배당주 ③ 내가 현재 보유한 주식 ④ 낙폭과대주 ⑤ 경기방어주다. ① 실적개선주는 실적 대비 PER이 낮아진 상태다. 실적이 받쳐주니 손해볼 일이 적다. 실적개선을 믿고 공격적인 투자를 해보자. 서킷브레이커가 지나고 나면 실적 덕분에 주가는 상승할 거다. 서킷브레이커에 실적개선주가 가장 믿음이 가는 투자 맛집이다. ② 고배당주는 시가배당률이 내려간다. 시가배당률이 최소 10% 이상인 종목을 고르면 된다. 연 10% 이자를 받는 셈이니 저축은행 2~3배 이자다. 혹여 시가배당률이 15% 이상인 종목이 있다면 평생 함께할 동지다. 함부로 매도하지 말고 15% 고배당을 장기간 누려보자.

③ 내가 현재 보유한 주식은 추가매수 관점이다. 실적개선주를 골랐으나 시장급락으로 주가가 저렴해졌다면 추가매수로 매수단가를 최대한 낮춘다. ④ 낙폭 과대주도 있다. 공포감이 줄어들면 되돌림 현상으로 주가는 원위치된다. 서킷브레이커에는 반대매매가 지수를 짓누른다. 반대매매가 많은 종목들이 낙폭과대주다. 2~3일 여진이 지속되는데 신용융자나 미수 물량이 많았던 종목들이다. 주로 바이오 등 고PER 버블이 많은 경우다. ⑤ 경기방어주(필수소비재)는 약세장 효자다. 강세장에선 오름폭이 약하지만 약세장에선 낙폭이 적다. 경기방어주는 경기와 무관한 종목이다. 필수소비재라고도 하는데 우리가 살아가는 데 필요한 생필품들(화장지, 식품, 의약품 등)이다. 서킷브레이커 이후 약세장이 오래 갈 것이라고 예상되면 경기방어주를 주목하는 거다. 약세장에선 경기방어주 주가가 선방해서다.

서킷브레이커에 3년간 묻어둔다고 생각하고 투자하라

단기간 급락은 급등을 부른다. 빠른 시간 동안 급락은 거래량이 적다. 매수물량이 적어 급등 시 매물대 부담이 적다. 충격받은 시장은 2~3일이 지나면 서서히 충격에서 벗어난다. 반면 장기간 지루한 하락은 거래량이 많다. 거래물량이 많아 그 물량을 소화하고 오르는 데 시간이 걸린다.

서킷브레이커에 매수했다면 3년간 묻어둔다 생각하자. 역사적 저점에 매수했는데 작은 수익에 연연해선 안된다. 아예 3년간 수익률 확인을 하지 않겠다 생각하고 매수하자. 심리가 흔들릴 수 있다면 별도의 장기투자용 계좌를 만들어 매수해두는 것도 방법이다. 저점매수한 종목은 기다림을 즐기자. 인생역전은 좋은 종목을 아주 저렴하게 사두고 기다리면 나온다.

VIX 공포감을 투자기회로 삼아라

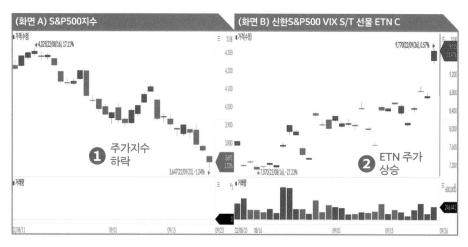

(화면 A) S&P500지수	(화면 B) 신한S&P500 VIX S/T 선물 ETN C
❶ 주가지수 하락	❷ ETN 주가 상승

≫ ① 금리인상과 경기침체 우려로 S&P500지수가 하락했음에도 ② VIX지수(Volatility Index, 변동성 지수)를 추종하는 ETN 주가는 상승했다. 주가가 하락할수록 VIX지수는 올라간다.

투자전략 | VIX는 S&P500 선물옵션 상품의 30일간 변동성 지수다. 미국 증시와 반대로 움직인다고 해서 공포지수로도 불린다. VIX가 30이 넘어서면 불안감에 매도가 강하다는 의미다. VIX가 높아질수록 역발상 투자가 필요하다. 공포감은 투자기회일 수 있다. 지수가 내린다는 건 주식시장의 약세를 의미한다. 내 것만 내리는 것이 아니기에 시장급락을 뒤집어 생각해 보자. 주식을 저렴하게 매수할 기회다.

VIX에 투자하는 ETN 등은 선물 관련 상품에 투자하기에 롤오버(선물 재매수)가 필수다. 롤오버 비용으로 인해 손실이 발생할 수도 있다. 장기적인 하락추세에 대한 확신이 들지 않는다면 단기투자 관점에서 접근할 필요가 있다.

≫ 미래에셋증권에 따르면 2017년 VIX지수가 14.1% 하락하는 동안 VIX ETN은 평균 70.6% 하락했다(VIX ETN은 VIX지수가 올라야 수익이 난다).

서킷브레이커 급락은 인생역전 기회

≫ ① 2020년 코로나19 발병으로 주가가 급락했다. 공포감이 투매를 불러온다. 신용융자 등 빚투자 반대매매 물량도 쏟아져 급락을 더 부른다. 결국 서킷브레이커가 두 차례 발동했다. 코스피지수가 1,439포인트까지 급락했다. ② 서킷브레이커 후 공포감이 가시고 미국 정부의 금리인하, 양적완화 정책 등이 더해졌다. 1년 3개월 만에 지수는 3,316포인트까지 상승했다.

투자전략 | 서킷브레이커는 인생역전 기회다. 주가가 급락할 경우를 놓치지 말자. 저점매수 관점에서 매수해두고 3년간 팔지 않겠다 마음먹고 버텨보자. 주식시장 급락은 급등을 부른다.

긴호흡 투자, 역사적 저점에 3년간 묻어둬라

» ① 원유 등 에너지 관련 사업을 하는 엑손모빌은 2013년까지 글로벌 시가총액 1위 기업이었다. 애플에 1위 자리를 내주기 전까지 말이다. 셰일가스 개발에 집중했지만 코로나19가 직격탄이 되었다. 국제유가 하락으로 2020년 연간 순이익이 40년 만에 적자로 돌아섰다. 허나 역발상 투자기회였다. 석유산업은 사이클 산업이기에 호황은 돌아온다. 엑손모빌은 고배당주이기에 배당 측면에서도 매력적인 기회였다. 분기배당주로 배당금도 꾸준하게 늘려가고 있다. 2020년 말에 실시한 '2021년 이후 급등 예상 종목'에 대한 월가 전문가 설문에서 엑손모빌이 1위를 차지했다. 월가 전문가들은 역발상 투자전략을 추구한 셈이다. ② 우크라이나-러시아 전쟁으로 인해 국제유가가 배럴당 120달러까지 급등하자 엑손모빌 주가는 급등세를 보였다. 여기에 인플레이션 우려로 안정적 고배당주가 주목받은 점도 호재였다.

투자전략 | 코로나19로 인해 국제유가가 역사적 저점을 형성했다. 석유는 대표적인 경기 사이클 산업이다. 호황과 불황을 반복해왔다. 투기적 수요가 있어 과한 급등락도 있다. 공포감에 과한 급락이 왔다면 매력적인 매수기회다. 3년간 묻어두겠다 생각하고 긴 호흡으로 투자해 보자. 3년 내 매력적인 차익실현 기회가 올 것이다.

코로나19 봉쇄는 풀린다

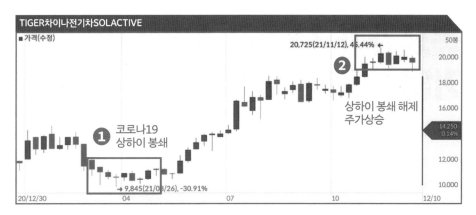

≫ TIGER차이나전기차SOLACTIVE는 중국 전기차 관련 산업을 담은 ETF다. ① 코로나19로 인해 중국의 상하이가 봉쇄를 전격 단행했다. 인구 2,500만 명인 도시의 봉쇄로 자동차 부품공장 등도 가동을 중단했다. 공포심에 주가는 급락했다. ② 상하이 봉쇄가 해제되면서 주가는 급등세를 보였다.

투자전략 | 공포심이 기회인 역발상 투자가 필요하다. 인구 2,500만의 도시를 장기간 봉쇄한다는 건 현실적으로 어렵다. '봉쇄는 언젠가 풀린다'에 방점을 둔다면 저점매수 기회다. 기다림은 있겠지만 정상화되면 주가는 도로 원위치된다. 일시적 악재냐 아니면 장기적 악재냐 여부에 대한 판단이 필요하다. 일시적인 악재를 역발상 투자의 기회로 삼자.

35

목표가가 꾸준히 상향되는 기업이 좋은 이유

증권사 리포트 목표가 상향, 그 이유를 보라

증권사 리포트에는 목표가가 제시된다. 실적개선 기업은 목표가를 지속적으로 올린다. 목표가가 자주 올라가는 종목은 매력적이다. 목표가 상향의 이유를 체크해 보자. 실적개선에 따른 목표가 상향이라면 적극적인 분석대상이다. 다수의 증권사가 목표가를 올리는 경우 또는 목표가 상향 속도가 빠른 경우 등도 좋다. 다만 증권사 목표가를 맹신하진 말자. '1년 내 반드시 된다(Must)'보단 '될 수 있다(Maybe)' 정도로 해석해 둬야 한다.

≫ 증권사는 매도 리포트를 잘 내지 않는다. 고객사인 상장사와 관계가 껄끄러워지면 손해다. 투자자들도 매도만 권하는 증권사를 기분 나빠한다. 증권사는 매도 대신 목표가를 낮춘다. 목표가가 낮아졌다는 건 그만큼 매력도가 떨어진 셈이다. 매도 의미로 해석할 수도 있다.

목표가 대비 괴리율이 큰 실적개선주를 찾아라

실적개선주를 발굴하기에는 발품이 많이 든다. 막상 실적개선주로 분석할 종목이 마땅하지 않을 때에는 목표가 대비 괴리율이 큰 종목들을 눈여겨보자. 약세장에서는 증권사 목표가 대비 괴리율이 큰 종목들이 많다. 네이버 뉴스에서 '괴리율'이라고 검색하면 괴리율이 큰 종목에 대한 기사들이 나온다. 괴리율이 큰 종목 중 실적개선주만 엄선해 보자. 증권사가 나름 합리적인 이유로 목표가를 정했는데 그 편차가 커졌다는 건 저평가일 수 있다. 증권사 1차 검증, 내가 2차 검증을 거치기에 손실을 볼 가능성도 낮아진다.

기관, 외국인이 선점한 실적개선주를 노려라

실적개선주라도 거래량이 붙지 않으면 본격적인 주가상승이 더디다. 실적개선주 거래량을 같이 체크해 봐야 한다. 주가저점 거래량 증가는 세력 입성으로 기관과 외국인 순매수를 말한다. 그들은 테마주와 같은 단타족이 아닌 장기투자자다. 실적개선을 알기에 선점하고 기다린다. 실적개선 뉴스, 증권사 리포트, 증권사 매수추천 등이 이어지면 본격적인 거래량 증가, 주가상승으로 이어진다. 매주 증권사들은 추천주를 소개하는데 이 역시 실전 개선주를 찾는 좋은 기회다. 관심 증가가 거래량을 불러오고 주가상승으로 이어진다. 때론 주가가 일정구간 상승한 뒤 눌림목이 오기도 한다. 눌림목 구간은 거래량이 크게 실리지 않고 주가만 하락한 경우다. 주도 세력인 기관과 외국인은 빠져나가지 않았다. 단지 주가가 조정을 보일 뿐이다. 눌림목 횡보구간은 2차 상승을 위한 좋은 기회다. 주식은 계속 오르기만 할 수 없다. 실적개선주는 조정을 보이며 꾸준하게 조금씩 우상향한다. 미래 실적 기준 PER을 알기에 눌림목 저점매수 기회를 놓치지 말자.

증권사 리포트가 있는 기업에 집중하라

증권사 리포트가 없다는 건 관심받지 못한다는 뜻이다. 테마 이슈가 아니고선 시장에서 관심받기 어렵다. 실적개선주라면 증권사 리포트가 나오는 게 당연하다. 리포트에는 실적개선을 가늠할 수 있는 2년치 예상 실적이 나온다. 최근 들어서는 해외주식에 대해서도 실적예측을 하고 있다.

증권사 리포트가 없다면 미래 실적을 알 수 없으니 투자가 난감하다. 미래 PER을 계산하기 위한 척도가 없다. 물론 뉴스를 통해 업황전망, 원자재 가격변동, 환율 변화 등을 간접적으로 예상해 볼 수도 있다. 다만 그러기엔 해당 기업만 콕 집어 실적을 알 길이 없으니 답답하다. 최근 6개월~1년 내 증권사 리포트가 있는 기업을 중심으로 투자대상을 압축해서 보자. 상장사 홈페이지에는 IR자료(기업이 투자자에게 소개하는 자료)를 올려놓는 경우도 있다. 미래 실적예측치를 올려놓기도 하는데 이를 참고할 수도 있다.

매일 증권사 리포트를 열어보라

증권사 리포트를 매일 열어보는 건 좋은 습관이다. 증권사 리포트를 일일이 읽는 수고를 하면 좋지만, 시간적 여유가 없다면 실적예측치만 찾아보자. 현재를 포함한 3~4년간 실적을 보여주기에 그 추이와 실적개선 여부를 확인해 볼 수 있다. 수많은 리포트 중 실적개선 정도가 큰 종목만 고르면 되는 쉬운 방법이다. 2년 후 실적에 대입해 미래 PER만 확인하는 영리한 투자법이다. 실적개선주 투자는 핵심 중에 핵심을 간단하게 고르는 방법이다. 증권사 리포트를 열어 종목별 실적예측치를 노트에 적어두자. 하루 30분이면 충분한, 가성비 높은 방법이다. 증권사 리서치 자료는 아침 주식시장 시작 전까지 많이 기사화된다. 아침 6~9시 사이 뉴스 리뷰를 해보면 좋다. 뉴스가 증권사 리포트의 핵심만 요약해서 알려준다.

실적개선 + 증권사 목표가 상향이 기관/외국인 순매수로

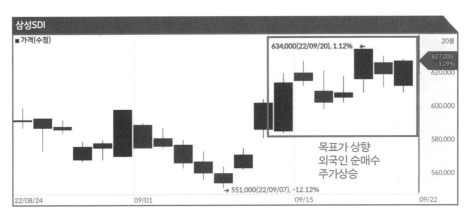

≫ 삼성SDI는 2차전지 배터리 제조업체다. 미국 금리인상 우려에 외국인들 매도세가 이어졌다. 외국인 매도세에 지수는 하락국면이다. 반면 미국 IRA 수혜주로 2차전지주가 부각되었고 삼성SDI에 대한 외국인 순매수가 이어졌다. 연기금 역시 순매수를 이어갔다. 증권사의 영업전망치 눈높이도 올라갔다. 덕분에 지수 움직임과 반대로 주가는 상승세를 이어갔다.

투자전략 | 기관과 외국인 순매수 종목은 매력적 투자종목이다. 순매수 이유는 대부분 실적개선이다. 실적개선이 있다면 지수하락에도 버틸 수 있다. 기관과 외국인이 이를 놔둘 리 없다. 장기간 투자하기에 주가는 지속적 우상향 형태를 띤다. 증권사도 실적개선주 목표가를 꾸준하게 올린다. 실적개선으로 증권사 목표가 상향, 기관과 외국인 순매수 등 좋은 일만 이어진다.

증권사 리포트 실적예측치

포스코퓨처엠

(단위: 십억 원, 원, %, 배)

재무정보	2021	2022E	2023E	2024E
매출액	1,990	3,128	5,219	8,089
영업이익	122	180	371	674
EBITDA	203	282	585	935
지배주주순이익	134	156	309	530
EPS	1,732	2,018	3,987	6,848
순차입금	1,005	983	1,255	1,597
PER	83.1	82.3	41.6	24.2
PBR	4.7	5.1	4.6	3.9
EV/EBITDA	59.9	49.1	24.1	15.5
배당수익률	0.2	0.2	0.2	0.2
ROE	7.9	6.4	11.6	17.3

❶ 실적 예측치

❷ PER EV/EBITDA 추정치

(출처: 한화증권, 2022.8.25. 포스코퓨처엠에 대한 리서치보고서)

≫ 증권사 리포트에는 실적예측치를 기재한다. 보통은 향후 2년 정도 예측치를 넣는다. ① 2차 전지 양극재, 음극재 생산업체인 포스코퓨처엠의 경우 2021년 대비 2024년 매출액이 4배 증가한다. 영업이익은 5배 이상 증가한다. ② 현재주가 기준 2024년 PER과 EV/EBITDA 등도 계산되어 있다. 2021년 83.1배이던 PER이 2024년 24.2배 수준으로 낮아진다.

투자전략 | 리서치 보고서를 통해 미래 실적 예측치를 아는 것이 중요하다. 현재에 비해 폭발적으로 실적개선이 있을 예정이라면 매력적인 투자처다. 혹여 매수하고 손해 볼지라도 미래 실적개선이란 든든한 믿는 구석이 있다. 추가매수 전략이 있기에 공격적인 투자를 고려해 볼 만하다. PER은 미래 실적 기준으로 점검해야 한다. 과거 실적이 좋았다면 이미 주가는 높아져 있다. 미래 실적이 꺾이면 주가는 내려가게 되어 있다.

실적개선주 눌림목은 저점매수 기회

≫ 포스코퓨처엠은 2차전지 양극재와 음극재를 생산한다. 포스코 계열사를 활용해 2차전지 원재료 수급도 원활히 받을 수 있다. 증권사 리포트에 따르면 2022년 대비 2024년 실적은 최소 2배 이상 상승한다고 한다. ① 실적개선 이슈가 있기에 주가는 꾸준히 상승해 왔다. 전형적인 실적개선주의 주가흐름인 장기우상향 패턴이다. ② 하지만 미국의 공격적 금리인상, 급격한 환율상승 여파로 전체 주식시장이 급락했다. 실적개선 이슈로 약세장에서도 선방했지만 공포심리에 같이 무너졌다. 실적과 무관한 급락 이슈다. 포스코퓨처엠만 내린 게 아니라 전체 시장이 내렸기에 느끼게 되는 공포감이다. 눌림목 저점매수 기회라는 발상의 전환이 필요하다. ③ 시장이 안정을 되찾고 실적이 시장 기대치를 상회했다는 발표에 주가는 한 단계 더 상승을 이어갔다.

투자전략 | 개별기업 실적과 무관한 시장급락에 대한 공포를 노리자. 모든 주식이 내리는 약세장이 눌림목 매수기회다. 실적 증가세는 변하지 않는다. 앞으로 실적이 좋아질 것이기에 싸게 매수할 기회다. 주가하락에 대해 실적악화 여부를 먼저 점검해 보자. 실적과 무관한 주가하락이라면 보다 공격적인 투자가 필요하다.

36

경기 사이클은 구리로
판단하라

불황의 척도를 주목하라

FOMC(Federal Open Market Committee, 연방공개시장위원회)는 미국 통화와 금리정책을 결정한다. 1년 8회 정기회의를 하는데 3, 6, 9, 12월 회의가 특히 중요하다. 회의 결과와 회의록 발표가 주목받는다. 매파적 강성 발언이 쏟아지면 주식시장이 조정을 받는다.

≫ 매파(Hawks)는 보수강경파로 금리인상, 물가안정을 추구하고 비둘기파(Doves)는 온건파로 금리인하, 경제성장을 추구한다.

인플레이션(물가상승)에는 금리인상과 통화량 축소정책을 펼친다. 경기를 위축시켜 물가상승을 제어한다. 반면 경기불황에는 금리인하와 통화량 확대정책을 취한다. 시중에 돈을 풀고 경기를 부양한다. 국채 매입을 통해 돈을 푸는 양적완화정책도 더한다.

미국의 주요 통계 발표들을 주목해 보자. 밤 사이 통계 발표에 주식시장이 영향을 받는다. 소비자물가지수(CPI), 생산자물가지수(PPI) 등이 오른다는 건 물가상승(인플레이션)을 의미한다. 인플레이션 해법은 물가하락이다. 물가하락은 경기침체를 의미한다. 금리를 올려 경기침체를 유도한다. 금리가 오를수록 대출이자 내기도 벅차 소비가 줄어든다. 불황을 아는 척도는 미국 고용지표에 있다. 실업률이 올라가면 구매력이 떨어진다. 경기침체에는 장단기 금리가 역전된다. 장기금리가 단기금리보다 높은 게 일반적인데 둘의 금리가 뒤바뀐다.

≫ 채권가격과 채권금리는 반대로 움직인다. 채권금리는 채권할인율, 채권수익률로도 표현한다. 즉, 채권가격이 떨어지면 채권할인율(금리)이 더 커진다. 할인을 많이 한 상황이니 채권가격은 싸지고 채권수익률은 올라간다.

장단기금리차는 장기채와 단기채 금리차이(장단기 스프레드)를 말한다. 장기채는 보통 10년물, 단기채는 2년물을 말한다. 10년물이 2년물보다 리스크가 크기에 할인율(금리)이 더 높다. 반면 단기 경기전망이 불확실하면 단기채를 사려는 수요가 감소한다. 단기채 가격은 떨어지고 할인율(금리)은 상승한다. 안전자산 선호로 장기채 가격은 오르고 장기채 할인율(금리)은 떨어진다. 그 결과 장단기금리가 역전된다.

필수소비재가 약세장에 강하다

필수소비재는 경기와 무관하게 살아가는 데 반드시 필요한 물품이다. 화장지, 식품, 의약품 등의 생필품을 말한다. 필수소비재는 경기방어주라고도 하는데 약세장에 진가를 발휘한다. 경기침체에도 먹고는 살아야 한다. 워런 버핏이 코카콜라 주식을 산 이유이기도 하다. 미국의 경우 의약품 소비는 이어지기에 의약·헬스케어 관련주도 약세장에 강하다. 미국 마트기업 코스트코홀세일은 저렴하게 파는 가격경쟁력 덕에 불황에 강하다. 강세장 끝물에는 필수소비재 관련주들에 관심을 가져

볼 필요가 있다.

인플레이션에도 필수소비재 주가는 견고하다. 물가상승은 소비감소로 이어지지만 필수소비재 수요는 일정하게 유지되기 때문이다. 인플레이션 시기에는 원자재 가격에 영향을 덜 받는 콘텐츠, 엔터, 헬스케어 등의 업종도 좋다. 반면 수출주는 경기에 민감하기에 불황에 실적과 주가하락 속도가 가파르다.

구리 수요는 경기에 선행한다

구리(Copper)는 경기 사이클에 민감하다. 경기가 살아나기 전 구리 수요가 먼저 움직인다. 구리는 반도체, 전기차 등 모든 제품에 들어가는 필수 원자재다. 이때 역발상 투자가 필요하다. 경기와 연동성이 높다면 구리 가격을 뒤집어보자. 구리 가격이 높을 때가 매도정점, 구리 가격이 낮을 때가 매수적기다. 싸게 사서 비싸게 팔아보자. 경기 사이클은 돌아온다. 구리는 원자재이기에 인플레이션(물가상승)이면 가격이 오른다.

구리 가격을 근거로 투자하는 방법은 안전한 투자법이다. 경기 사이클 하단에 사고 기다리면 되는 심플한 투자다. 경기 사이클은 2~3년마다 호황과 불황을 오갔다. 지금의 불황이 길어질 듯해 보이지만 시장은 늘 다시 회복하곤 했다. 구리 1차 가공업은 가격 전가력이 높다. 구리 가격상승분을 제품에 반영하기 쉽다. 불경기에 풍산 등 구리 관련주를 매수하고 기다리면 된다. 경기가 살아나면 구리 가격이 오르며 주가상승으로 이어진다. 구리를 포함한 원자재 가격추이는 네이버 증권에서 볼 수 있다. 인베스팅닷컴(kr.investing.com)도 원자재 현선물 가격추이를 확인하기에 좋다.

NAVER 증권	종목명·지수명 입력		Q	통합검색

금융 홈	국내증시	해외증시	시장지표	리서치	뉴스	MY

환전고시 환율　　　국제시장 환율　　　유가·금시세　　　　　원자재 ❷
　　　　　　　　　　　　❶

에너지 선물　　　　　　　　　　　　ICE (Intercontinental Exchange), NYMEX(뉴욕상업거래소)

상품명	월물	단위	현재가	전일비	등락율	기준일	거래소
가스오일	22-11	달러/톤	1,112.25	▲ 26.50	+2.44%	2022.10.17	ICE

≫ 네이버 증권 ① 시장지표 탭의 ② 원자재 항목에서 원자재 가격추이 확인이 가능하다.

역발상 투자, 강세장에 달러를 사두자

코스피 강세장에선 달러 환율이 안정을 보인다. 외국인들이 공격적으로 국내 주식투자에 나선다. 달러를 원화로 바꾸려는 수요가 많다. 반면 약세장에선 환율이 오른다. 환차손을 우려한 외국인들이 한국주식을 정리하고 빠져나가서다. 강세장일 때 약세장에 대비해 달러를 사두자. 주식시장은 내렸지만 환율은 오르기에 유용하게 쓸 수 있다. 미국 달러를 팔아 저렴해진 국내주식을 사두면 된다. 미국 금리인상은 환율상승의 촉매제다. 미국이 금리를 올릴수록 위험자산 회피현상이 크다. 주식, 그중에서도 우리나라를 포함한 신흥국 주식은 위험자산이다. 위험자산인 코스피 주식을 팔고 안전한 미국자산에 투자한다. 환차손을 피하기 위한 외국인 주식매도까지 이어지면 환율은 급격하게 오른다. 원화를 달러로 바꾸려는 교환수요가 증가하기 때문이다.

구리 가격과 비슷하게 움직이는 주가

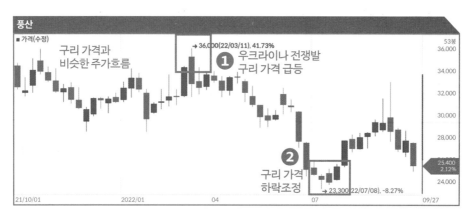

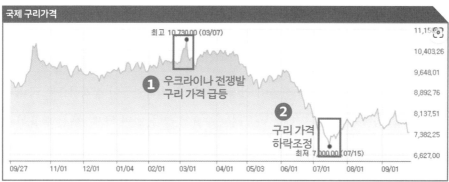

≫ 풍산은 대표적인 구리 관련주다. 구리 원자재를 수입해 이를 1차 가공하는 사업자다. 구리 가격의 변동을 제품가격에 반영할 수 있다. 구리 가격상승이 실적개선에 도움이 된다. 구리 가격과 주가 추이가 밀접하다. ① 전쟁으로 인해 구리 가격이 급등하자 풍산 주가도 상승세를 보였다. ② 반면 경기침체 우려감에 구리 가격이 하락하자 풍산 주가도 하락세를 보였다.

투자전략 | 구리 가격은 경기에 선행한다. 경기가 좋아지기 전 구리 가격이 먼저 상승한다. 구리를 찾는 수요가 늘어서다. 경기침체 말미에 구리를 선점하는 지혜가 필요하다. 경기는 사이클 산업이기에 경기정점 피크아웃에 차익실현하는 것도 기억해 두자.

구리 가격상승에 전선주 주가도 상승

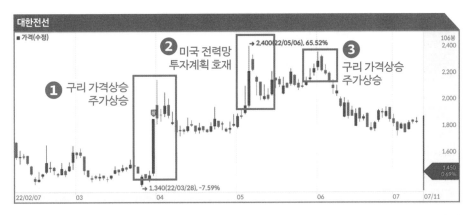

≫ 대한전선은 초고압케이블 등을 제조하는 전선업체다. 구리 가격상승, 미국 내 인프라 및 신재생에너지 투자증가는 주가에 긍정적이다. ①, ③ 구리 가격이 상승하자 전선 관련주들이 주목받았다. ② 미국 전력망에 대한 투자계획 등이 전해지며 주가가 상승추세를 보였다.

투자전략 | 구리 가격상승이 전선업체(1차 가공업자)에겐 호재다. '구리 가격상승 = 전선업체 주가상승'이다. 반면 전선을 구입해 사용하는 전력기기 업체들(2차 가공업자)에겐 원가상승 부담요인이 된다.

약세장에서는 경기방어주가 덜 내린다

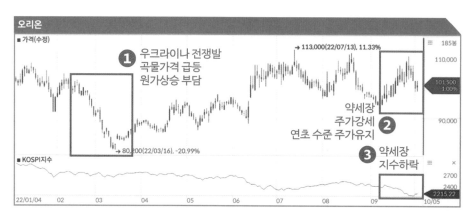

≫ 오리온은 초코파이, 포카칩 등을 만드는 과자 회사다. ① 우크라이나 전쟁으로 인해 곡물 가격이 급등했다. 곡물을 수입해야 하는 오리온 입장에선 원가상승 부담이 된다. ②~③ 곡물 가격이 안정되자 약세장에서 힘을 발휘한다. 주가지수가 연중 최저점으로 하락한 상황에도 나홀로 선방한다.

투자전략 | 식품주는 통신주와 함께 대표적인 경기방어주다. 먹고사는 문제이기에 경기와 상관없이 소비가 이루어진다. 약세장에서도 꾸준한 소비 덕에 주가가 선방한다. 2022년 연초 대비 9월 말까지 코스피지수는 -27.4% 하락했다. 반면 음식료 업종은 -2.5% 하락에 그쳤다. 내수 소비재 업종 중 유통 -23.7%, 의류 -25.4%, 화장품 -36.2% 하락에 비하면 선방했다.

연초 최대 곡창지대인 우크라이나 전쟁으로 인해 곡물가 상승 압박을 받았다. 다만 우크라이나 수출길이 열리고 미국, 남미 등 곡물 수확이 안정적으로 이뤄지면서 곡물 가격이 6월 이후 하락했다. 식품기업은 곡물 가격이 상승하면 판매가격을 인상 한다. 소비자에게 가격을 전가한 뒤 곡물가격이 하락하면 이익이 확대된다.

실적발표와 가격인상이 약세장의 주가강세로

≫ CJ제일제당은 식품사업을 하기에 필수소비재 겸 경기방어주로 불린다. 경기방어주는 주가 흐름이 무겁다. ① 허나 시장 예상치를 웃돈 분기 호실적 발표에 주가가 상승했다. 바이오 부문 호실적, 식품 판매가격 인상에 따른 원가부담 해소가 주된 실적개선 요인이었다. ② 김치 등 제품 가격인상을 발표하자 주가는 상승세를 보였다.

투자전략 | 약세장에선 식품주가 경기방어주 역할을 해낸다. 코스피지수 하락에도 불구하고 견고한 주가흐름세다. 식품주로는 CJ제일제당, 오리온, 농심, 롯데제과 등이 있다. 국제 곡물 가격상승, 환율상승은 원재료비 인상이기에 주가에 악재다. 다만 원자재 가격상승에 대응해 제품 가격인상을 한다. 제품 가격인상은 호재 이슈다. 제품 가격인상 후 곡물 가격이 안정화되면 원자재 구입비용이 줄어들어 실적개선에 도움이 된다.

PMI, CPI, PCE

① 경기전망은 PMI(구매관리자지수)와 고용지표·실업률, ② 인플레이션은 CPI(소비자물가지수), PCE(개인소비지출) 지표로 알 수 있다. PMI가 높아질수록, 고용이 많아질수록 경기는 좋아진다. CPI나 PCE가 올라갈수록 인플레이션이 심하다. 인플레이션이 높아지면 금리를 인상해 인플레이션을 낮추려 노력한다. 금리인상은 필연적으로 경기침체를 가져오고 PMI가 하락하며 고용이 줄어들게 된다. 실업자가 늘어나면 소비가 감소한다. 월급을 못 받으니 돈을 못 쓰는 거다. 고용지표가 꺾이면 불황이 더욱 심화된다.

PMI(Purchasing Manager's Index, 구매관리자지수)

PMI는 제조업 분야 경기전망 지수다. 제조업체 구매담당자를 대상으로 설문을 한다. 신규주문, 생산, 재고, 출하, 고용 등 제조업 전반을 조사한다. 미국 공급자관리협회(ISM)에서 발표한다고 해서 ISM제조업지수라고도 한다. 미국 PMI지수 외에도 중국 PMI지수 발표도 주목받는다. 우리나라는 경기실사지수(BSI)를 발표하고 있다. PMI지수는 경제를 이끄는 대표적인 선행지표다. PMI가 높아졌다면 신규주문이 늘고 생산량도 늘어났다고 유추할 수 있다. PMI가 50 미만이만 경기위축, 50 이상이면 경기확장을 의미한다. PMI가 경기위축 시그널을 주면 유가 등 원자재 가격도 내려간다. 원자재 소비감소 우려감 때문이다.

NMI(Non-Manufacturing Index, 서비스업지수)는 PMI지수를 서비스업에 한정해 산정한다. 비제조업에만 적용한 PMI지수다. 50을 기준으로 확장·축소를 판단한다. 전자상거래, 서비스업 확장에 따라 중요도가 올라가고 있다.

CPI(Consumer Price Index, 소비자물가지수)

CPI는 소비자 입장에서 바라본 물가지수다. 가정에서 소비하는 물건과 서비스 가격의 변동추이를 알 수 있다. 인플레이션지수라는 별칭도 있다. CPI에는 변동성이 큰 식품, 에너지 가격도 포함되어 있다. 식품과 에너지 가격을 뺀 핵심 CPI(Core CPI 또는 근원CPI)도 있다. CPI는 미국 노동통계국에서 매달 중순 발표한다. 인플레이션 여부와 이에 따른 금리 결정에 중요한 지표다.

≫ 근원물가는 주변 환경에 민감하지 않은 물품을 기준으로 산출한다. 계절요인을 받는 농산물, 일시적 외부충격에 따라 가격이 오르내리는 석유 등을 제외한 물가다.

PPI(Producer Price Index, 생산자물가지수)는 상품의 도매가격을 측정한 지수다. CPI가 소비자 물가지수라면 PPI는 생산자물가지수다. PPI는 CPI 선행지수다. PPI가 오르면 CPI도 뒤따라 오른다.

PCE(Personal Consumption Expenditure, 개인소비지출)

PCE는 일정 기간 개인의 물건 구입, 서비스 이용에 지출한 모든 비용을 합친 금액이다. 쉽게 말해 미국 내 모든 개인들이 쓴 돈의 합계액(토지와 건물 구입비는 제외)이다. 개인들의 소비지출 지표이기에 경기판단에 중요하다. 매월 미국 상무부에서 발표한다. PPI, CPI, GDP 등 여러 자료들을 이용해 산출한다. 인플레이션에 따른 미국 정부 금리정책 판단의 주요 지표이기도 하다. 미국 중앙은행인 Fed(연방준비제도)는 변동성이 큰 식품, 에너지 소비를 뺀 근원 PCE(Core PCE Price Index)를 참조 물가지수로 사용한다.

CPI는 가계의 직접 지출 품목 중심인 반면, PCE는 가계의 직·간접 품목을 모두 포함한다. 구성 품목(서비스) 조정주기가 CPI가 2년인 반면, PCE는 분기 단위다. 소비패턴을 보다 신속히 반영한다. CPI는 도시소비자 중심이지만, PCE는 미국 전역의 모든 가구를 다룬다.

주요 경제지표 발표 일정을 항목별로 알고 싶다면 네이버 등 포털에 '경제지표'를 검색하면 된다. 미국 등 특정 국가의 경제지표라면 '미국 경제지표'라고 검색한다.

네이버 미국 경제지표 검색화면

≫ 네이버에서 ① '미국 경제지표'를 검색하면 ② 주요 경제지표를 확인해 볼 수 있다. 전 세계 경제지표는 트레이딩이코노믹스(tradingeconomics.com) 사이트를 통해서도 확인할 수 있다.

37

정부가 밀어주는 정책에
집중하라

정부가 밀어주는 정책이 실적개선으로 이어진다

　　정부가 국정과제로 삼는 정책은 투자대상으로 삼기 좋다. 실적개선 효과가 나타 날 수 있어서다. 규제완화, 예산집행, 정책적 지원도 있다. 핵심 정책은 대통령의 입으로 전달된다. 대통령의 말은 뉴스 1면으로 대중의 관심이 쏠린다. 거래량 증가와 주가상승으로 이어진다. 정부 친화적 정책주에 투자하는 건 실적개선주가 될 것이라는 생각 때문이다. 정책은 지속적이어야 하고, 실적개선과 연결되어야 한다. 실적 개선이 아닌 보여주기식 이벤트라면 좋지 않다. 정권 말기에는 정책주 투자에 주의해야 한다. 정권이 바뀌면 기존 정권의 핵심 어젠다는 다 바뀐다. 말기에는 대통령 입에서 언급이 자연스레 줄어들며 정책주 생명은 소멸한다.

　　≫ (예시) 전 정부에서는 태양광, 풍력, 수소경제 등 언급이 있었다. 대통령이 언급할 때마다 관련주 주가는 급등했다. 관심이 거래량 증가, 주가상승으로 이어졌다. 대통령 입에서 수소경제

등에 대한 언급이 줄면 정책주의 인기도 소멸한다. 현 정부 초기 주된 어젠다는 반도체, 원자력 등이었다.

≫ (예시) 미국 트럼프 대통령은 기후변화 협약에 탈퇴하기도 했다. 석유 중심 정책에 적극적이기도 했다. 반면 바이든 대통령은 탈탄소 정책에 집중한다. 덕분에 전기차, 2차전지 등 관련주가 관심을 받는다. 미국 선거에 공화당, 민주당 승리에 따라 관련주 희비가 엇갈리기도 한다. 공화당은 화석연료, 방산주 등이, 민주당은 재생에너지, 병원, 의료보험기관 등이 수혜주로 언급된다.

정부가 규제하는 산업은 투자에 주의하자

모든 정권마다 친서민을 주장한다. 국민들에게 칭찬받는 친서민 정책들이 주주들에게는 악재다. 친서민 키워드에 방점이 있다. 국민의 생활과 밀접한 업종이 주된 친서민 규제대상이다. 물가 걱정 없이 살길 원하니 전기료와 통신료 인하하는 단골손님이다. 한국전력은 유가인상에도 전기료를 쉽게 올리기 어렵다. 통신주가 배당주 단골손님인 이유도 주가가 무거워서다. 전 정부 탈원전 정책으로 원전 관련주들은 힘든 시기를 보냈다. 정부 규제산업은 주가상승을 노리는 적극적 투자대상은 아니다. 정부가 실적개선을 막아서는데 군이 정부정책에 맞설 필요 없다.

≫ (예시) 2022년 기준금리 인상 최대 수혜주는 은행주였다. 하지만 은행의 과도한 예대마진(대출금리에서 예금금리를 뺀 차이)을 줄이라는 정부 요구로 은행주들 주가가 주춤했다. 예대마진이 줄어들면 실적도 쪼그라든다. 여기에 경기침체 우려감에 대손충당금(회수 불가능 외상값 미리 비용처리)을 더 쌓아야 하는 점도 실적악화에 영향을 미친다.

≫ (예시) 현 정부 초기 재건축, 재개발 등 규제 완화를 기대했다. 허나 집값 급등 우려감에 속도조절을 하자 건설주 주가도 주춤했다. 오히려 건자재 가격인상, 금리인상 등 시장악재가 실적악화를 유발했다.

경기둔화, 실적악화에 정책주와 배당주를 주목하라

경기둔화는 실적악화를 부른다. 실적개선주라도 실적악화 영향을 받을 수 있다. 경기둔화라면 더욱 정책주를 주목할 필요가 있다. 경기와 무관하게 정책 이슈로 주가가 상승할 수 있어서다. 정책주도 테마주다. 대통령이 자주 언급할수록 관련 정책들도 나오고 뉴스 1면에 실리며 관심도 올라간다. 경기둔화에 정책주가 소수의 실적개선주가 될 수도 있다. 경기둔화에는 배당주도 매력적이다. 주가버블이 꺼지다 보니 배당수익률도 올라가 있다.

반도체, 전기차는 모든 국가 정부가 밀어준다

전 세계 모든 정부가 사활을 걸고 싸우는 기술분야 정책이 핵심이다. 반도체, 전기차 부문이 대표적이다. 알리바바, 텐센트 등 IT산업에 대한 규제 일변도인 중국도 반도체, 전기차, 태양광 등에는 적극적이다. 미국도 반도체 공장 유치에 대통령이 나서고 있다. 미국 내 멈춰선 파운드리 공장 재건을 위해서도 힘쓴다. 친서민 관련 규제 키워드와도 거리가 있다. 오히려 기술적 우위가 필요한 산업에 대해서는 규제를 완화해 준다. 반도체, 전기차, 로봇 등 신기술 산업을 정책주 관점에서 바라보자. 특히 소재부품장비 관련주에 집중도를 더 높이자. 소재부품장비 기술력이 해당산업 기술우위의 핵심이다.

미국 IRA 발효에 따른 실적개선 효과

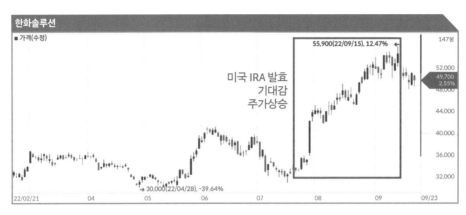

≫ 한화솔루션은 태양광 사업을 하고 있다. 미국 IRA 발효로 태양광 등 친환경 관련주들이 주목받았다. 글로벌 전력부족 사태가 태양광 실적개선으로 이어진다. ① 러시아 천연가스에 의존하던 유럽이 탈 러시아를 추구한다. 유럽행 천연가스 수출증가로 미국 내 태양광 수요가 증가한다. 유럽연합(EU)도 2030년까지 가스 소비량을 30% 줄이고 재생에너지 비중을 45%로 확대할 예정이다. ② 탄소중립 에너지 정책 등 태양광 수요증가로 실적개선세를 보인다. 미국은 전력난 부족을 해결하기 위해 IRA를 통해 자국 내 생산시설을 갖춘 기업에 세액공제를 지원한다. 한화솔루션은 미국에 태양광 모듈 공장을 운영하고 있어 법인세 절감효과도 기대된다. 태양광은 다른 에너지와 비교해 설치기간이나 과정이 짧다. ③ 중국 쓰촨성 태양광 업체들이 전력공급 부족으로 생산에 차질을 빚었던 것도 한화솔루션에겐 반사이익이었다.

구분(억 원)	2019년	2020년	2021년	2022년 예측
매출액	94,574	91,950	107,252	129,845
영업이익	4,592	5,942	7,383	9,129
당기순이익	-2,489	3,017	6,163	6,681

투자전략 | 정책주는 정책지원 효과를 판단해야 한다. 정책효과가 실적개선으로 바로 이어질 수 있다면 주가는 상승하게 된다. 글로벌 경제강국 미국이 추진하

는 정책은 특히 주목해야 한다. 경제와 주식시장에 미치는 파급효과가 크다. IRA처럼 규모가 큰 정책은 선점도 가능하다. 법안 발효 전 뉴스에 관련 내용이 미리 언급된다.

케이스 스터디 062 **규제완화**

일본정부의 자유여행 개방 기대감

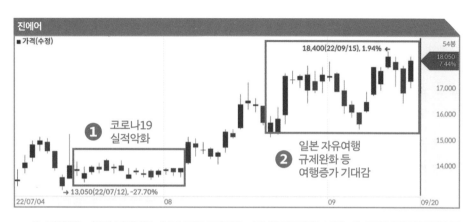

>> 진에어는 해외 단거리 노선을 주로 운항하는 저비용항공사(LCC)다. ① 코로나19 팬데믹으로 저비용항공사 실적악화를 겪었다. 코로나19가 심각할수록 주가도 조정을 보인다. ② 일본이 자유여행 규제완화를 검토한다는 소식에 주가는 급등세를 보였다.

투자전략 | 규제완화 훈풍이 주가상승을 이끈다. 규제완화 기대감이 있을 때 선점하고 기다리는 게 좋다. 규제완화는 실적개선으로 이어질 수 있다.

>> (예시) 미국 바이든 대통령이 코로나19 팬데믹 종식을 선언하자 모더나 등 백신 관련주는 급락하고 항공주는 급등했다. 대통령의 입은 정책주 투자에서 우선 지켜볼 1순위다.

미국 정부 규제 수혜주 & 피해주 주가 추이

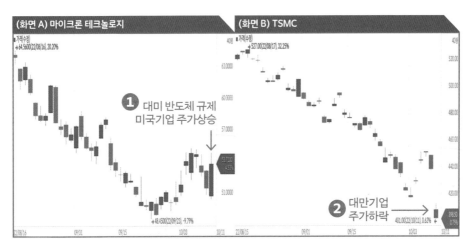

> 미국이 첨단 반도체 장비의 중국 수출길을 막았다. 미국의 필라델피아 반도체지수도 동반
하락세를 보였다. (화면 A) ① 반면 세계 3위 메모리 반도체 생산기업인 마이크론 주가가 나홀
로 상승세를 보였다. 미국기업이기에 반사이익을 얻을 거라는 기대감 때문이다. (화면 B) ② 대
만기업인 TSMC 주가는 미국정부 규제 영향으로 하락세를 보였다.

투자전략 | 정부 규제 발표에 수혜를 입으면 주가가 상승하고, 피해를 입으면 주
가가 하락한다. 규제 정책 관련 수혜주에 집중할 필요가 있다. 미국의 IRA는 미국 내
제조를 강조한다. 당장 미국 내 제조 기반시설을 갖춘 국내 2차전지, 태양광은 수혜
주로 관심을 받았다. 반면 아직 미국 내 제조 기반시설이 없는 국내 전기자동차와
바이오는 피해주로 인식되어 단기 주가조정을 보이기도 했다.

규제완화 기대감으로 주가상승

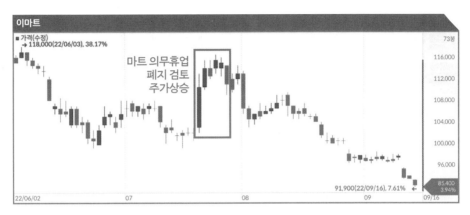

이마트

- 가격(수정)
  → 118,000(22/06/03), 38.17%

마트 의무휴업
폐지 검토
주가상승

73봉
116,000
112,000
108,000
104,000
100,000
96,000
91,900(22/09/16), 7.61% ←
85,400
3.94%

22/06/02   07   08   09   09/16

≫ 정부가 대형마트 영업규제 완화(의무휴업, 새벽배송)를 검토하면서 대형마트 주가가 단기 상승했다. 대형마트는 매달 이틀의 의무휴업일을 지정하고 있다. NH투자증권은 의무휴업 폐지로 이마트 연간 매출이 9,600억 원, 영업이익이 1,440억 원 증가할 것으로 예측했다. 다만 반발여론에 부딪혀 규제완화가 어려워졌다. 소비위축 우려로 주가는 상승을 멈추고 하락세를 이어갔다.

투자전략 | 정부 규제완화는 실적개선으로 이어지는 호재다. 규제완화 정도, 실적 개선 정도가 강할수록 주가상승 흐름도 크다. 정부정책 발표 후 더 나올 뉴스가 있는지 여부도 체크해 보자. 더 나올 호재가 남아 있다면 주가 강세는 지속될 수 있다.

38

실적에 투자하면 심리가
흔들리지 않는다

남을 설득할 합리적 이유를 찾아라

투자 전 합리적 이유가 있어야 한다. 나뿐만 아니라 남을 설득할 논리적인 이유여야 한다. 이성적인 근거가 있어야만 투자는 계속 성공할 수 있다. 합리적 이유를 찾는 노력이 매수에 앞서 이뤄져야 한다. 고배당주라서, 정책주라서 또는 인플레이션 수혜주라서, 금리인상 수혜주라서 등이 그 이유가 될 수 있다. 고배당주는 배당을 많이 받을 수 있어서 좋다. 정책주는 정부가 정책에 힘을 실어주니 실적개선 효과가 있다. 인플레이션 수혜주는 원자재 관련주 등으로 물가상승에도 나 홀로 상승한다. 금리인상 수혜주는 은행, 보험 같은 금융주나 채권추심 업체 등이다. 금리가 오르면 실적개선 효과가 나타난다.

≫ (예시) 고려신용정보는 채권 추심업체다. 빚을 못 갚는 연체자가 늘수록 채권 추심업체에겐 호황이다. 경기침체이거나 기준금리를 올릴수록 연체자가 늘어난다. 기준금리는 한 번에 다

올리지 못한다. 방향성을 정한 뒤 계단식으로 올린다. 지속적인 금리인상이 기대된다면 고려신용정보를 매수하고 기다리면 된다. 금리인상은 필연적으로 경기침체를 불러온다. 덕분에 고려신용정보에는 호황인 셈이다.

테마주에서도 합리적 이유인 학습효과를 찾아라

테마주라도 테마 이유가 있어야 한다. 테마주는 학습효과 경험치가 중요하다. 매번 동일한 이벤트에 동일한 모습을 보여줬어야 한다. 다음 이벤트에 대비해 미리 선점하고 기다리면 된다. 경험치가 많다면 기대하던 이벤트 발생일(D-Day)에 앞서 기대감만 누리고 매도한다. '뉴스에 팔아라'라는 증시 격언은 더 나올 뉴스가 있느냐를 판단하라는 거다. 더 나올 뉴스가 없다면 급등한 주가는 하락한다.

≫ (예시) 누리호 2차 발사에 앞서 우주항공 관련주를 선점하는 식이다. 1차 발사에서 우주항공주들의 주가가 발사 전까지 상승했던 점을 기억해 보자. 1차 발사 뒤 2차 발사 일정이 공지되었다. 1차 발사 후 당분간 관심권에서 멀어진다. 거래량도 줄고 주가도 제자리를 찾는다. 1차 발사 학습효과를 알기에 저점매수 기회로 삼는다. 2차 발사가 가까이 올수록 기대감에 주가는 오른다. 학습효과가 있기에 안전하게 2차 발사 전 차익실현을 한다.

실적투자는 조바심과 불안감이 없다

합리적 이유를 찾기 어렵다면 심플하게 실적투자에 집중하자. 실적투자만큼 최고의 투자처는 없다. 실적이란 든든한 지원군이 있기에 마음 편한 투자다. 앞서 최소 6~7년간의 실적치를 알고 투자하자고 했다. 과거 3~4년, 올해와 향후 2년 실적치다. 미래 실적치는 증권사 리포트, 네이버 증권 등을 활용하자고 했다. 6~7년간 실적이 꾸준하게 상승하는 기업으로 투자대상을 압축해서 보자.

조바심과 불안감은 주식투자의 적이다. 더 큰 수익을 누릴 수 있는데도 마이너스 손실률에 매도하게 만든다. 주식시장이 크게 흔들리면 매도하고 다신 주식에 투자하지 않겠다고 마음먹게 한다. 합리적인 투자 이유가 없다 보니 흔들리는 거다. 실적개선에 집중하면 그럴 일이 없다. 실적개선이 기대되는 시점까지 느긋하게 기다리면 된다.

참을 줄 알아야 좋은 투자다 (최소 -10% 이상 손실에서 움직이자)

실적개선주라면 잦은 추가매수를 지양하자. 최소 -10% 이상 손실에서 추가매수해야 한다. 시장은 생각보다 급락할 수도 있다. 잦은 추가매수로 인해 급락시점에 투자할 자금이 부족해진다. 추가매수로 투자금액이 커진다. 위험부담이 커지는 만큼 매수단가가 충분히 낮아져야 한다. -10% 이상 손실구간에서 추가매수해야 매수단가를 낮추는 효과도 본다. 시장급락에 흔들릴 이유도 없다. 정해진 손실시점 매수 루틴대로 접근하자. 매수단가가 낮아질수록 수익 날 가능성도 올라가서 좋다. 부실 적자기업이 아닌 실적개선주이기에 공격적인 투자전법이 가능한 거다.

차익실현 매도 후 후회하지 말자

잘못된 투자습관 중 하나는 후회하는 거다. 신이 아닌 이상 최적의 매매타이밍을 맞추기란 어렵다. '무릎에 사서 어깨에 팔라'는 증시 격언이 괜히 있는 게 아니다. 머리를 노려 매도하려 하지만 어깨까지 오른 뒤 무릎까지 내려갈 수 있다. 안전하게 어깨 정도에 반은 파는 지혜가 필요하다. 반을 안전하게 팔고 나머지 반을 공격적으로 좀 더 가져가 보는 거다.

매도하고 후회하면 재매수를 부른다. 이미 차익실현을 한 종목인데 다시 고점에서 매수하게 된다. 심지어 수익액까지 더해 재매수한다. 매수단가는 높아져 있어서 손해를 볼 경우 손실률은 커진다. 매도한 주식을 재매수하는 건 신중하자. 미련을 버리고 새로운 종목에서 수익 내면 된다. 기존 매도종목보다 더 나은 실적개선주를 찾아서 투자하자. 주식투자는 이성적인 비즈니스다. 냉정하게 끊어내지 못하면 안 된다.

케이스 스터디 065 금리인상

불황과 금리인상 수혜는 채권 추심업체

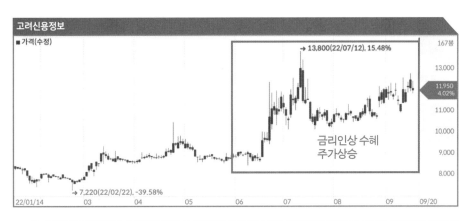

≫ 미국의 자이언트 스텝 금리인상 발표에 채권추심(채무이행 촉구)업체인 고려신용정보 주가가 상승세다. 금리인상으로 이자를 못 갚는 경우가 늘어서다. 덕분에 주가는 금리인상 후 우상향한다.

투자전략 | 인플레이션 대응책으로는 금리인상이 뒤따른다. 금리인상은 단계적으로 이루어진다. 금리인상 기대감이 상당기간 기대된다면 선점하고 기다리면 주가가 상승한다. 채권 추심대상이 늘어나면서 실적도 늘어난다.

불황 수혜주 리드코프

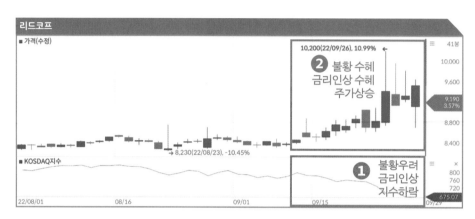

>> 대부업체인 리드코프는 불황 수혜주다. 불황이 깊어질수록 대부업체 이용률이 증가해서다. 금리인상도 대부업체에겐 호재다. 높아진 금리로 인해 1금융권과 대부업체 간 대출이자 간극이 줄어든다. 대부업체 대출이자 수익이 늘어날 수 있다. 리드코프는 종속회사로 채권추심회사 등도 보유하고 있다. ① 경기불황과 금리인상 우려감에 코스닥 지수는 하락했으나 ② 리드코프는 금리인상 수혜주로 주가가 상승추세를 보였다.

투자전략 | 불황이 우려된다면 불황에 강한 주식을 주목할 필요가 있다. 고려신용정보와 같은 채권 추심업체, 리드코프와 같은 대부업체가 대표적이다.

39

단타매매를 그만둬야 마음이 편하다

아빠의 주식투자 하루 일과

아빠는 최소 1분기 이상을 보유하는 중장기 가치투자자다. 매일 단타매매를 하는 단기투자자와 거리가 멀다. 한때는 단타매매가 일상이었다. 하루에 적어도 20~30차례 매매는 기본이었다. 허나 노력에 비해 수익률이 월등히 좋지 않았다. 다른 일을 하면서도 머릿속에는 주식 시세판이 맴돌았다. 불안감에 한동안 커피를 끊기도 했다. 일상생활에 영향을 주니 잦은 매매가 부질없는 짓이란 생각이 들었다. 그럴 바엔 마음 편한 투자를 하자. 그 최적의 대상은 실적개선주 장기투자였다.

단타매매를 끊고 나니 일에 집중할 수 있었다. 무엇보다 마음의 평화가 크다. 회사도 다니면서 글과 강연을 부업으로 할 수도 있다. 하루 종일 시세판을 보지 않는 날도 많다. 실적개선 발표까지는 적어도 1~2년이 남아 있기에 시장급변이 없다면 시세판을 자주 볼 이유가 적어서다. 그럼에도 늘상 일과는 바쁘다. 하루 2~3번 주식뉴스 리뷰는 필수다. 뉴스를 놓치면 투자흐름을 잃는다. 더욱 좋은 실적개선주를 붙잡을 기회도 없다. 매매는 매일 하지 않지만 트렌드에 뒤처지지 않는다.

실적개선주 투자에 차트분석이 불필요한 이유

개미투자자에게 차트분석은 어렵다. 핵심 차트기술은 잘 공개되지 않는다. 찰나의 기술이기에 많은 종목들을 봐야 한다. 일상생활은 물론 화장실 갈 시간도 없이 바쁘다. 차트투자는 행복하지 않은 투자법이다. 차트를 위해 포기해야 할 것이 너무 많다. 모니터만 계속 보다 보니 남는 건 신경쇠약과 망가진 일상이다. 정신적으로 이겨내기가 힘들다. 좋은 종목이 아니어도 차트는 아름다울 수 있다. 차트분석 투자는 기업가치를 보지 않기에 장기투자는 어렵고 손해가 나면 칼같은 손절매뿐이다. 손절매를 못하면 손해는 더 커진다. 평범한 주린이 투자자가 굳이 그럴 필요가 있을까.

실적개선주로 마음 편하게 살자. 점심시간에는 카페에서 수다도 떨자. 단기간 일확천금은 아니어도 실적개선주로 꾸준하게 수익이 나면 스노볼 효과(Snowball Effect, 작은 눈덩이가 구르다 보면 눈사람이 된다)를 볼 수 있다. 정신과 치료받는 것보다 이 방법이 백배 나은 선택이다.

매일 수익 날 자신이 있는가

사람의 뇌는 강렬한 쾌락을 기억한다. 단타매매로 하루에 낸 20~30% 이상의 수익률, 단기간 100% 이상 수익률만 기억한다. 반면 50% 이상 손해 등 실수는 기억하려 하지 않는다. 자신을 단타매매 승자로만 기억하는 사람도 그동안 손익을 합산해 보면 별로 번 게 없다. 확률적으로 100번 투자해 100번을 벌기란 어렵다. 그것도 차트만 보고 단타를 한다는 건 더 힘들다. 차트매매는 실패 시 손절매를 전제로 한다. 칼같은 손절매를 반복하면 손실만 커진다. 잃었다는 분함에 이성적 판단력도 떨어진다.

급등주 따라잡기도 위험한 투자법이다. 급등주는 변동폭이 크다. 순간적으로 수익 날 수 있다만 늪에 빠진다. 좀 더 오를 것 같아 매도를 망설이다가 갑자기 꺾인다. 칼같이 수익실현을 해놓고도 '한 번만 더!'를 외치며 같은 종목을 재매수한다. 잃을 때까지 빠져나오지 못한다. 주식투자를 카지노 갬블링처럼 하지 말자. 카지노에선 무료 칵테일을 무한정 마실 수 있다. 이성적 판단을 흐리고자 만든 달콤한 술책이다. 주식투자는 가슴이 아닌 머리로 하는 거다. 격렬한 심장박동을 유도하는 투자법은 그 시작부터 틀렸다. 100번 투자해 100번 전부 이기는 방법은 합리적 분석 외엔 없다. 손절매 없이 꾸준히 수익날 수 있는 최선의 선택은 그래서 실적개선주다.

우보천리, 지나고 보면 실적투자가 단타보다 수익률이 높다

실적개선주는 하루 변동폭이 테마주에 비해 낮다. 때론 지루하게 횡보한다. 실적개선주라고 해서 샀더니 주가는 빠지기도 한다. 하지만 우보천리(牛步千里, 소걸음으로 천리를 간다)다. 소걸음을 무시하지 말자. 슬금슬금 주가가 올라 1~2년 후면 높은 수익을 안겨준다. 무엇보다 실적개선주는 안정적 주가흐름이 좋다. 주가가 빠지면 기관과 외국인이 들어온다. 아빠가 24년간 주식시장에 있으며 터득한 최선의 핵심은 실적개선주다. 소걸음처럼 뚜벅뚜벅 가다보면 늘 수익이 난다. 더 좋은, 더 나은 실적개선주를 찾기 위한 노력만 하면 된다.

아빠의 목표수익률은 연 40%다. 분기마다 10%를 목표로 한다. 40%가 매년 쌓이다 보면 7년 후에 투자원금은 10배가 된다. 그렇게 꾸준하게 수익이 나면 20~30

년 후 은퇴가 행복하다. 투자원금이 1억 원이었다면 7년 후 10억 원, 또 7년이 지나면 100억 원이 된다. 목표치의 50%만 이뤄도 노후는 행복할 수 있다. 지금부터 14년간 차분히 노후를 준비하자. 굳이 바쁘게 주식투자할 필요없다. 분기 5~10% 수익률을 목표로 따박따박 우보천리 하면 된다.

케이스 스터디 067 **장기투자**

실적개선주 장기투자

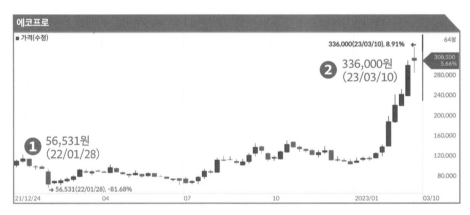

≫ 에코프로는 2차전지 양극재 생산회사인 에코프로비엠을 자회사로 보유한 지주회사다. 2차전지사업을 하는 자회사 실적개선 효과를 얻는다. 폭발적 실적개선에 맞춰 주가도 1년 만에 6배 이상 상승했다.

≫ **영업이익 추이(단위: 억 원)** 2021년(864), 2022년 예측(6,073), 2023년(9,484), 2024년(16,130)

투자전략 | 실적개선이 기대되는 회사를 선점하고 기다리는 투자전략이다. 단기적으로는 급등락이 있을 수 있으나 장기간 우상향을 보인다. 실적예측치대로 실적발표가 나오면 주가는 꾸준히 상승추세를 이어간다. 매수하고 긴 호흡으로 묻어두는 투자가 필요하다.

40

실적개선 기업 우선주가
더 좋은 이유

우선주는 배당을 더 받는다

배당 등 공시를 보면 보통주식, 종류주식으로 구분되어 있다. 보통주식이 보통주, 종류주식이 우선주다. 우선주는 종목명 뒤에 '우'를 신형우선주는 종목명 뒤에 '우B'를 붙인다. 현대차 우선주는 총 3종류다. 현대차우, 현대차2우B, 현대차3우B가 있다. 현대차3우B는 현대차에서 세 번째로 발행한 신형우선주란 의미다.

≫ 1995년 상법 개정을 기준으로 그 이전에 발행된 우선주는 구형우선주로 종목명 뒤에 '우'만 붙는다. 반면 1996년부터 발행된 경우는 신형우선주라고 하고 '우B'를 붙인다. 신형우선주는 최저배당률이 존재한다. 채권처럼 안정적 배당이 있다고 해서 채권(Bond)의 앞글자를 따서 이름에 B를 붙였다. 상환우선주는 우선주의 성격을 가지고 있다가 일정 기간이 만료되면 채권처럼 발행회사에서 이를 되사도록 한 주식이다. 전환우선주는 일정 기간이 지난 후 보통주로 전환할 수 있는 주식이다. 상환과 전환이 모두 가능한 상환전환우선주도 있다. 상환전환우선주

는 주식이지만 회사가 갚아야 할 상황이 올 수 있기에 자본이 아닌 부채로 처리한다.

현대차 신형우선주 이름 해석

현대차 3 우 B

(종목명) (발행순서) (우선주) (신형우선주)

일반적으로 우선주 주가는 보통주보다 낮다. 같은 금액으로 우선주를 더 많이 살 수 있다. 우선주는 주주총회 의결권이 없는 대신 배당을 더 받는다. 주가는 낮고 배당금은 더 받으니 우선주 시가배당률이 더 높다.

현대차 보통주, 우선주 시가배당률 사례

구분		배당금	시가배당률
보통주	현대차	4,000원	1.9%
우선주	현대차우	4,050원	4.0%
	현대차2우B	4,100원	4.0%
	현대차3우B	4,050원	4.2%

≫ 2022년 1월 현대차 보통주와 우선주 배당 공시를 보자. 배당금은 현대차 보통주 4,000원, 우선주 4,050~4,100원이다. 더욱 매력적인 건 시가배당률이다. 보통주 시가배당률은 1.9%이나 우선주는 4.0~4.2%로 더 높다. 배당 등을 고려한다면 우선주가 매력적이다.

전환우선주의 장점

전환우선주는 발행일 후 10년이 지나면 보통주로 전환된다. 주로 오너가 자녀들 상속용으로 발행한다. 우선주가 보통주 대비 주가가 낮아 상속세를 아낄 수 있다.

상장 초기 전환우선주 주가는 보통주와 우선주 중간에 있다. 보통주 전환 메리트 덕에 다른 우선주보다는 주가가 높다. 보통주로 전환될 수 있기에 보통주를 살 바에는 전환우선주가 나은 선택이다. 보통주 주가와 차이만큼이 차익실현 요소다. 배당수익률도 보통주보다 더 높으니 이왕이면 전환우선주를 주목하자.

>> (예시) CJ4우(전환), 아모레G3우(전환), 미이앤씨2우(전환)

아모레G 전환우선주 사례

구분	주가	배당금	시가배당률
아모레G	24,300원	450원	1.01%
아모레G우	11,200원	455원	2.69%
아모레G3우(전환)	20,400원	667원	1.99%

(주가 기준일: 2022.10.11. 배당금과 시가배당률 기준일: 2021년 말)

>> 우선주인 아모레G우보다 전환우선주인 아모레G3우(전환) 주가가 더 높다. 최초 발행 이후 10년이 지나면 보통주로 전환되기에 우선주보다 높은 주가를 형성한다. 보통주인 아모레G보다는 전환우선주인 아모레G3우(전환) 주가가 20% 정도 낮다. 대신 배당금은 보통주나 우선주보다 더 많이 받고 있다. 보통주를 살 바에는 전환우선주를 사는 게 주가와 배당 측면에서 더 나은 선택이다.

우선주 품절테마, 급등폭이 보통주와 다르다

품절테마는 유통주식수가 적어서 호재 이슈에 이상급등하는 경우다. 품절주는 최대주주 지분이 80~90% 이상으로 높다. 경제학의 '수요와 공급의 법칙'을 대입해 보면 수요는 많은데 공급이 적으니 가격은 오른다. 시가총액이 작을수록 주가상승폭도 더욱 크다. 시가총액이 작다 보니 소수의 작전세력이 선점하고 팔지 않아서다. 품절테마를 고려한다면 시가총액 규모도 확인해 보자.

우선주는 발행 주식수가 적다. 최대주주 지분까지 많다면 유통주식수는 더욱 줄어든다. 발행 주식수가 적다 보니 호재 이슈에 주가가 연일 급등한다. 시가총액이 작은 우선주라면 급등이 며칠 간다. 인생주식이 될 정도로 급등세가 강하다.

≫ 품절테마 이슈가 있으려면 시가총액이 작아야 한다. 소수의 세력이 적은 돈으로 미리 선점하고 물량을 내놓지 않는 품절 사태가 되어야 해서다. 삼성전자 우선주인 삼성전자우는 시가총액이 43조 원이 넘는다(주가 52,600원, 2022.10.28. 기준). 시가총액이 큰 경우에는 테마적 성격이 상대적으로 약하다. 단기테마성 주가상승 차익보단 배당 측면에서 좀 더 들여다봐야 한다.

우선주 유상증자 리스크를 주의하자

우선주 상장폐지 요건은 상장주식수 20만 주 미만 또는 시가총액 20억 원 미만이다. 상장폐지를 면하기 위해선 유상증자로 주식수를 늘리면 된다. 다만 주식수 증가로 우선주의 매력인 품절주 이슈는 약해진다. 상장주식수가 50만 주 미만인 우선주는 상시적으로 30분 단위 단일가매매(투자자 주문을 30분 단위로 모아 일시에 하나의 가격으로 체결)를 적용한다. 일반적으로 우선주가 보통주보다 주가가 낮다. 반면 테마 이슈가 있는 종목은 우선주 주가가 보통주보다 훨씬 높다. 테마 이슈가 있는 우선주라면 발행주식수 등을 체크해 보자.

우선주는 거래량이 부족할 경우에도 상장폐지될 수 있다. 반기(코스닥은 분기) 월평균 거래량이 유동 주식수 1%에 미달할 경우 관리종목(상장폐지 위험성이 높은 거래소 관리대상 종목)에 지정된다. 2반기 연속(코스닥은 2분기 연속)이면 상장폐지 대상이다. 보통주 대비 우선주 가격괴리율이 50%를 초과한 우선주는 단기과열종목으로 지정되어 3영업일간 단일가매매를 적용한다.

≫ 관리종목은 상장폐지 우려가 있는 경우 거래소가 지정한다. 관리종목 지정조건 등이 해소되지 않으면 상장폐지 대상이 될 수 있다.

호재가 없다면 우선주 거래량이 충분하지 않아 원하는 가격에 매매가 힘들다. 호가 간 간격도 많이 떨어져 있을 수 있다. 보통주 대비 가격변동폭이 크다. 급등 정점에 샀다면 하락폭이 보통주 대비 더 클 수 있다.

보통주와 우선주를 같이 사라

우선주가 있는 종목이라면 보통주와 함께 우선주를 사두자. 혹여 모를 호재 이슈에 품절테마로 급등할 수 있다. 보통주 대비 배당수익률도 더 높다. 일반적으로 우선주가 보통주보다 주당 가격이 더 낮다. 같은 금액으로 주식도 더 많이 살 수 있어 배당도 더 많이 받게 된다.

네이버 증권 현대차 검색 화면

종목명	현재가	전일대비	등락율	매도호가	매수호가	거래량	거래대금(백만)
현대차증권 코스피	9,730	▲ 80	+0.83%	9,730	9,700	15,718	152
현대차 코스피	168,000	▲ 1,000	+0.60%	168,000	167,500	1,228,580	206,913
현대차우 코스피	79,000	▲ 300	+0.38%	79,000	78,900	23,347	1,845
현대차2우B 코스피	79,000	▼ 200	-0.25%	79,100	79,000	54,580	4,325
현대차3우B 코스피	76,900	▲ 300	+0.39%	76,900	76,700	5,265	404
TIGER 현대차그룹+펀더멘털 코스피	20,325	▲ 310	+1.55%	20,325	20,305	13,240	267

금융검색

'현대차' 검색결과 (총6건) ①

국내종목 (6) ∨

② 우선주 확인

금융홈 > 금융검색

≫ 네이버 증권에서 ① '현대차'를 검색하면 ② 현대차 우선주를 확인할 수 있다.

테마 이벤트에 우선주 급등

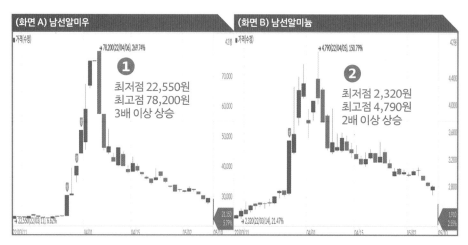

(화면 A) 남선알미우

① 최저점 22,550원
최고점 78,200원
3배 이상 상승

(화면 B) 남선알미늄

② 최저점 2,320원
최고점 4,790원
2배 이상 상승

≫ 쌍용차 인수전에 남선알미늄(알루미늄 사업)이 참여할 거란 기대감에 주가가 단기간 급등했다. M&A 이슈에 대상기업 뿐만 아니라 참여기업도 관심받는다. 관심이 거래량을 모으고 주가 상승을 이끈다. 다만 남선알미늄이 불참을 발표하면서 급등했던 주가는 도로 원위치했다. 테마주는 여러 이슈에 엮이는 경우가 많다. 남선알미늄도 정치테마주(이낙연 인맥주)로 급등을 보이기도 했다. 테마 급등에는 보통주보다 우선주 급등폭이 더 크다. (화면 A) ① 남선알미우가 3배 이상 급등한 반면 (화면 B) ② 보통주는 우선주보다 못한 급등을 보였다.

투자전략 | 우선주가 시가총액이 작아 테마나 호재 이슈에 급등한다. 보통주와 함께 우선주를 함께 매수해둘 필요가 있다.

≫ 남선알미늄은 테마 이슈가 있기에 우선주가 보통주보다 주가가 더 높다.

품절주 지분매집에 따른 주가급등락

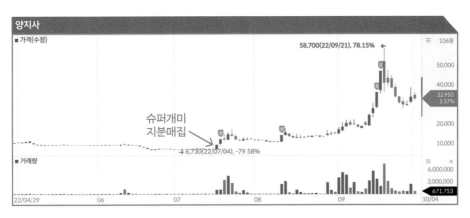

>> 다이어리, 수첩 등을 생산하는 양지사는 유통가능 주식수가 10.47%다. 최대주주 등(75.53%), 자기주식(14.04%)이 89.57%를 보유하고 있다. 슈퍼개미와 그의 친인척이 5.41%를 매입하면서 주가급등이 왔다. 슈퍼개미가 2022년 말까지 매도하지 않겠다 공시하면서 주가는 널뛰기를 했다.

투자전략 | 품절주는 유통가능 주식수가 현저히 적은 종목이다. 유통주식수가 적어 급등락이 심하다. 이미 급등한 이후라면 투자에 주의할 필요가 있다. 실적과 무관한 거래량이 주가를 좌우한다.

>> 한국정보통신은 최대주주 등이 85.72%, 자기주식이 3.91%로 유통가능 주식은 10.37%다. 제주은행 지분율은 신한금융지주(65.31%), 우리사주(4.55%)로 유통가능 주식은 20.14%다.

4장

케이스 스터디로
배우는 실전투자 레슨

41

관심은 주가상승 모멘텀이다

관심은 거래량 쏠림을 부른다

　단기투자 관점에서 관심은 중요 투자 포인트다. 관심을 받는 종목이 주된 주가 상승처다. 관심은 투자자를 모으고 거래량을 늘린다. 거래량 증가는 주가상승으로 이어진다. 뉴스 1면에 언급되는 주요 사항, 뉴스가 많은 이벤트도 관심 이슈다. 뉴스 리뷰만으로도 관심을 쉽게 확인할 수 있다. 최대 관심 대상은 국가원수(대통령)의 관심사다. 대통령의 관심이 집중된 정책은 정부의 전폭적 지원을 받아 실적개선 효과도 생긴다.

　≫ (예시) 국가원수 방한도 시장의 관심을 받는다. ① 빈살만 사우디 왕세자가 방한을 취소하자 현대건설 주가가 내렸다. 현대건설이 사우디 네옴시티(세계최대 건설사업) 관련 사업을 하고 있어서다. 방한의 낙수효과를 기대했지만 관심에서 멀어졌다. 다만 그 이후 왕세자가 방한을 해 현대건설 주가는 테마 성격의 급등락을 보였다. ② 미국 바이든 대통령 방문에 2차전지, 반

도체 관련주들이 강세를 보였다. 미국 대통령 역점사업에 대한 교류가 있을 것이라는 기대감이다. ③ 과거 시진핑 국가주석 방한 이슈에 중국사업 비중이 높은 화장품, 카지노, 면세점 등이 강세를 보였다.

관심이 실적개선과 연관되는지 파악하라

주가가 꾸준히 상승하기 위해선 지속적인 관심을 받아야 한다. 지속적인 관심을 받는 최적 요인은 실적개선이다. 실적개선주가 꾸준히 우상향하는 이유다. 반면 실적과 무관한 관심은 오래가지 못한다. 관심이 몰렸을 때 실적개선과 연관되는지 먼저 파악해 보자. 최고의 투자처는 실적개선 이슈에 관심이 더해지는 거다. 실적개선주도 관심을 못 받으면 소외된다. 이왕이면 뉴스 노출이 많은 실적개선주를 주목해 보자. 실적과 무관한 관심이라면 관심의 정점에 떠나야 한다. 거래량이 크게 터지면 세력들이 떠나간 징후다. 거래량이 크게 터지고 더 나올 뉴스가 없다면 주가정점이다. 더 나올 뉴스가 있어야만 주가상승은 지속된다.

관심과 투자 체크포인트

투자 이슈	체크 포인트
관심받는지 여부	뉴스 강도가 셀수록 주가상승도 크다
학습효과 여부	경험치가 누적될수록 동일패턴을 보인다
더 나올 뉴스 여부	더 나올 뉴스가 없으면 주가는 내린다 (더 나올 뉴스가 없는) 정점에 떠나라
실적 연관 여부	실적과 연관되어야 주가는 지속 상승한다

제품 관심이 부른 주가상승

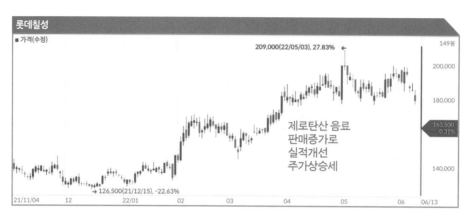

롯데칠성

■ 가격(수정)

209,000(22/05/03), 27.83%

149봉

200,000

180,000

163,500
0.31%

제로탄산 음료
판매증가로
실적개선
주가상승세

140,000

126,500(21/12/15), -22.63%

21/11/04   12   22/01   02   03   04   05   06   06/13

≫ 롯데칠성 주력은 음료와 주류(술)이다. 매출액에서 음료가 60%, 주류가 40% 수준을 차지한다. 재택근무가 끝나며 제로칼로리 음료 열풍이 불었다. 제로사이다 판매가 증가하고 실적개선으로 이어졌다. 코스피지수가 동일 기간 20% 하락하는 동안 롯데칠성 주가는 강세를 보였다.

투자전략 | 인기 흥행제품이 나오는 건 주가에 좋은 영향을 미친다. 인기가 관심을 모으고 판매증가로 이어진다.

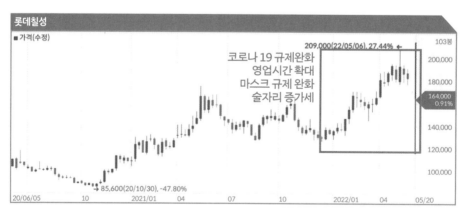

롯데칠성

■ 가격(수정)

103봉

209,000(22/05/06), 27.44%

200,000

코로나 19 규제완화
영업시간 확대
마스크 규제 완화
술자리 증가세

180,000

164,000
0.91%

140,000

120,000

100,000

85,600(20/10/30), -47.80%

20/06/05   10   2021/01   04   07   10   2022/01   04   05/20

≫ 거리두기 해제로 주류 소비가 늘어나면 실적개선이다. 주가도 우상향한다.

≫ **영업이익 추이**(단위: 억 원) 2019년(1,077), 2020년(972), 2021년(1,822), 2022년 예측치(2,423)

투자전략 | 술집 영업제한이 풀리면 주류 매출이 늘어난다. 영업제한 규제완화 움직임에 앞서 주류 관련주 선점을 해두면 된다. 실적개선 기대감에 주가는 우상향이다.

케이스 스터디 071 **소비쏠림**

일시적 소비쏠림 단기 가격상승

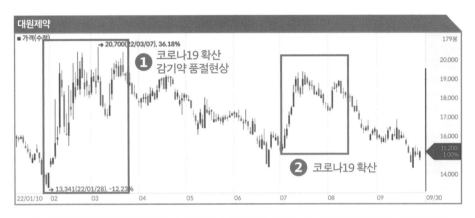

≫ 대원제약은 감기약인 콜대원 시리즈를 제조한다. 코로나19 확진자 급증으로 종합감기약 수요도 크게 증가했다. 단기간 판매량이 늘어 실적개선 효과도 있다. 다만 진단키트주들이 피크아웃을 겪었듯 코로나19가 잠잠해지면 감기약 실적이 줄어들 수 있다.

≫ **영업이익 추이(단위: 억 원)** 2022년 1분기(139), 2분기(102), 3분기 예측치(83)

투자전략 | 일시적인 수요증가는 차익실현 기회다. 지속적인 실적개선 이슈가 아니라면 피크아웃 기회를 매도 타이밍으로 잡아야 한다. 장기적인 실적개선 이슈만이 지속적인 우상향 그래프를 만든다.

띠부띠부씰 흥행 열풍이 주가상승 모멘텀

≫ ① 실적개선 발표는 주가상승의 모멘텀이다. 제빵 및 식품 판매기업인 SPC삼립의 실적발표와 함께 주가는 상승세를 보였다. ②~③ 단종된 포켓몬빵을 재출시하며 띠부띠부씰 열풍을 불러모았다. 열풍은 관심을 모으고 주가상승을 불렀다. 띠부띠부씰 관심이 이어지는 동안 주가도 상승 모멘텀을 가져왔다. ④ 이후 포켓몬빵 열풍이 주춤해지고 우크라이나 전쟁발 밀가루 가격이 상승하자 주가는 하락세를 보였다.

투자전략 | 인기 흥행 열풍이 관심을 모은다. 관심을 얻는 동안 관련주 주가도 강세를 띤다. 관심이 주가를 일으키는 동력이다. 제빵업종은 전기차와 같은 성장산업이 아니다. 띠부띠부씰 열풍도 영원할 것 같지만 사람들 관심은 빠르게 이동한다. 관심이 머무는 시간을 적절한 차익실현 기회로 삼아야 한다. 관심은 좋은 매도 타이밍이다.

광고 요금제가 부른 실적개선 기대감

>> ① 나스미디어는 KT그룹의 디지털 마케팅 플랫폼이다. 2분기 실적개선, 3분기 실적양호 예측에 주가가 상승추세를 이어갔다. 코스닥 지수가 약세를 보이는 가운데도 실적 덕에 선전했다. ② 넷플릭스가 광고요금제(광고를 보는 대신 구독료 반값) 도입을 결정하자 주가가 상승세를 보였다. OTT(온라인동영상서비스) 광고시장이 열리면 디지털 광고 판매전문 대행사 실적이 개선될 것이라는 기대감 때문이다. 증권사는 나스미디어가 넷플릭스 관련 광고만 2024년까지 연간 3,800억 원 가량 확보할 거란 전망치도 내놨다. 2022년 매출액(예측)이 1,500억 원대이니 실적개선 이슈다. 디즈니플러스 등 다른 OTT들도 연이어 광고요금제를 도입하면 실적개선폭은 더욱 커질 수 있다.

>> **매출액 추이(단위: 억 원)** 2021년(1,241), 2022년 예측치(1,505), 2023년 예측치(1,796), 2024년 예측치(2,224)

투자전략 | 실적개선 이슈가 담긴 뉴스는 주목해서 읽어야 한다. 향후 실적증가폭 등이 기재된 내용은 종목분석의 시발점이다.

팜유 수출중단에 관련주 가격상승

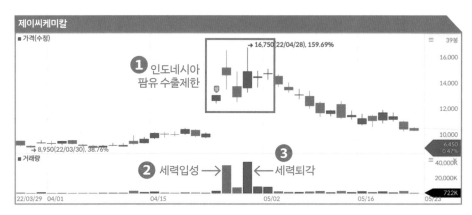

≫ ① 인도네시아가 팜유 수출중단을 선언하며 식품주 등 관련주들이 급등했다. 팜나무 열매에서 채취하는 팜유는 세계에서 가장 많이 소비하는 식물성 기름이다. 제이씨케미칼은 바이오디젤, 바이오 중유 등을 제조 판매한다. 바이오디젤 주원료인 팜유 생산 사업도 한다. 팜유 가격 오름세로 정제마진 상승 기대감이 커졌다. ② 거래량을 보면 세력의 출입을 확인할 수 있다. 호재 이슈에 세력이 입성하고 주가를 끌어올렸다. ③ 세력 진입만큼 거래량이 나왔다. 세력 퇴각 시그널이다. 세력이 나간 이후 거래량이 감소하고 주가는 힘을 잃는다.

투자전략 | 팜유 수출중단은 장기적인 실적개선 이슈는 아니다. 단기간 관심받는 테마가 된다. 주가급등을 차익실현 기회로 삼으면 된다.

≫ 인도가 밀, 사탕수수, 쌀 수출을 금지하면서 식품 관련주가 동반 상승하기도 했다.

중국 철강공장이 문을 닫자 철강주 반사이익

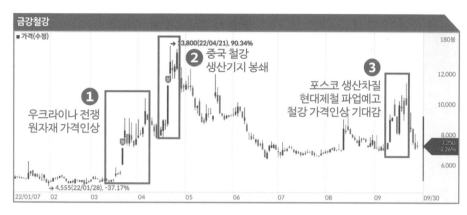

≫ ① 우크라이나러시아 전쟁으로 원자재 가격이 급등했다. 원자재 가격인상에 철강주인 금강철강 주가도 상승세다. ② 코로나19로 인해 중국 철강 생산기지가 봉쇄되었다. 덕분에 국내 철강주가 반사이익을 얻었다. ③ 태풍으로 인해 포스코 생산이 차질을 빚고 현대제철이 파업을 예고했다. 철강 공급량 감소에 따른 철강 가격인상 기대감에 금강철강 주가가 상승을 보였다.

투자전략 ┃ 철광석 가격이 오르면 철강 판매가격도 인상되고 철강기업 이익이 증가한다. 덕분에 철강주(1차 가공업자)주가도 강세를 보인다. 중국은 국내 철강기업에게 중요한 수출지역이다. 중국 경기에도 영향을 받는다. 중국 철강기업 악재로 국내 기업이 반사이익을 얻는다. 철강은 수출주이기에 미국 등의 관세정책, 환경규제 등도 영향을 받는다.

계열사 실적개선 지주회사 주가상승

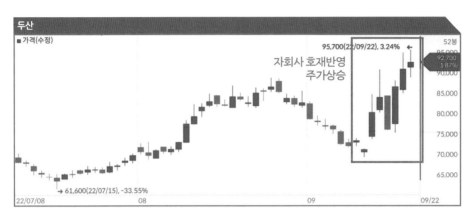

≫ 지주회사인 두산이 코스피지수 하락에도 자회사 훈풍 덕에 주가상승세를 보였다. 두산은 수소에너지(두산퓨얼셀), 원자력 발전(두산에너빌리티), 로봇(두산로보틱스) 등을 주력 계열사로 보유하고 있다. 2022년 우크라이나 전쟁으로 촉발된 에너지 이슈로 자회사 실적개선 효과가 나타났다. 덕분에 지주회사의 성장도 이어진다.

투자전략 | 지주회사는 자회사 실적개선과 주가상승 덕을 본다. 먼저 자회사가 오른 뒤 지주회사가 뒤따르는 경향이 있다. 두산도 자회사들이 관심을 받아 상승한 후 뒷심을 발휘했다. 지주회사는 주가상승세가 지루하지만 약세장에선 강한 흐름을 보인다.

자동차 판매증가 낙수효과

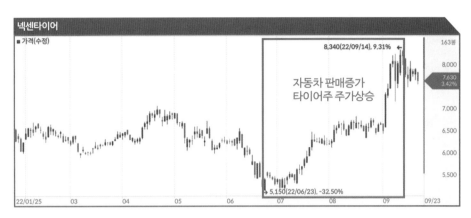

>> 넥센타이어는 타이어 관련 사업을 하고 있다. 차량용 반도체 공급부족이 완화되면서 차량 판매가 늘었다. 환율상승 효과도 자동차 수출에 도움이 된다. 자동차가 많이 팔리면 타이어주 주가도 오른다. 자동차 생산량과 판매대수 증가 낙수효과다. 현대차와 기아차 판매실적이 증가하자 타이어주 주가도 오름세다. 타이어 내부 섬유보강재인 타이어코드 생산기업(코오롱인더, 효성첨단소재) 주가도 같이 상승흐름이다.

타이어 핵심 원재료인 고무 가격하락도 좋은 영향을 미쳤다. 원자재 가격상승에 판가를 인상해 왔는데 고무 가격하락이 수익성을 더 높여준다. 해상 운임비용 하락도 운송비 부담이 완화되기에 좋다.

투자전략 | 완성품 판매증가에 납품 부품업체를 주목해서 봐야 하는 이유다. 삼성전자 반도체 슈퍼사이클 기대감이 있으면 소재부품장비(소부장)주식을, 애플 스마트폰이 잘 팔릴 것 같으면 LG이노텍 같은 핵심 부품기업을 주목하는 것처럼 말이다. 주식투자도 세상 살아가는 이치와 같다. 잘 벌 것 같은 회사에 집중하면 쉽게 수익을 얻는다.

환율상승에 따른 자동차 판매증가

> 환율이 1,300원을 넘어서자 현대차와 기아 자동차 판매량이 전년동월 대비 10% 이상 상승

했다. 실적개선 기대감에 기관과 외국인 순매수도 이어졌다. 코스피지수 하락에도 불구하고

현대차 주가가 상승곡선을 그린다.

투자전략 | 환율은 상대방 국가 화폐와 교환가치다. 환율이 오른다는 건 상대방

국가 화폐가치가 오르는 경우(우리나라 화폐가치가 떨어지는 경우)다. 환율상승은 1달러 =

1,100원이 1달러 = 1,400원으로 바뀌는 상황이다(미국 달러 가치가 강하니 우리 돈을 더 줘

야 한다). 달러가 강세면 달러화로 대금을 받는 기업은 원화 환산액이 커진다. 회계상

매출과 영업이익 증가로 이어진다. 환율이 오를수록(달러강세) 수출주인 자동차가 잘

팔린다. 예전보다 달러를 조금만 줘도 현대차를 살 수 있어서다. 달러강세가 예상될

경우 수출주인 자동차주를 눈여겨볼 필요가 있다.

> 항공주는 환율상승이 악재다. 여행 수요도 줄어들고 달러로 빌린 비행기 부채(달러표시 부채)

가 늘어나서다.

환율상승(달러강세, 원화약세): 달러당 1,100원 → 1,400원

환율하락(달러약세, 원화강세): 달러당 1,400원 → 1,100원

환율상승에 실적개선

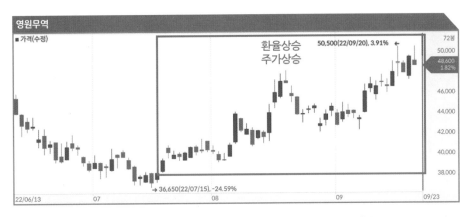

≫ 영원무역은 노스페이스, 콜롬비아 등 글로벌 40여개 회사의 제품을 OEM(주문자상표부착생산) 방식으로 제작한다. 주요 판매처가 유럽, 미국 등이므로 판매대금을 유로나 달러로 지급받는다. 환율이 상승할수록 원화환산 수익이 늘어나 좋다. 고환율이 지속될 경우 실적개선이다. 베트남, 방글라데시 등 동남아에 생산기지를 두고 있다. 동남아 현지 통화약세가 임금지급, 원재료 수급 등에서도 유리하다.

투자전략 | 금리인상 정책은 환율을 올리는 요인이다. 환율상승이 기대된다면 환율 수혜주를 노려볼 만하다. 대표적인 환율 수혜주는 자동차, 2차전지, 의류OEM 기업이다. 제품 판매대금을 달러로 받기에 원화환산 수익이 증가한다.

양극재 대규모 수주계약과 미국 IRA 정책 수혜 효과 : 실적개선

≫ 포스코퓨처엠은 음극재를 주로 생산했으나 양극재 생산까지 영역을 확대했다. ① GM과 14 조 원 규모의 수주계약을 체결하며 주가는 급등했다. ② 미국 현지에 공장을 가지고 있어 IRA 법안 통과 수혜주로 주가는 2차 급등을 보인다. 포스코의 자회사로, 안정적 광물 수급효과 덕 이기도 하다.

≫ **매출액 추이(단위: 백억 원)** 2021년(199), 2022년 예측치(353), 2023년 예측치(594), 2024년 예측 치(800)

투자전략 | 수주계약과 정책 수혜는 실적개선 효과를 얻는다. 미국정부의 IRA 정 책 발표 이후 증권사 목표가도 상향되었다. 증권사 리포트에도 향후 실적개선세가 뚜렷하다. 실적개선이 강한 성장주는 적극적인 매수대상으로 노려볼 만하다.

수주설 조회공시 + 신제품 출시 관심 집중

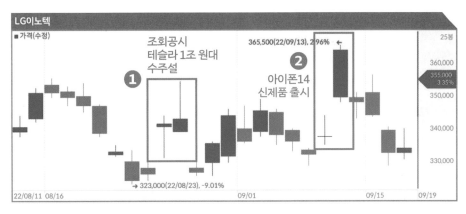

>> ① LG이노텍이 테슬라에 1조 원대 수주계약을 했다는 언론보도가 나왔다. 전기차에 들어가는 카메라 모듈 수주다. 거래소는 보도 내용에 대해 조회공시를 요구했다. 주가 급변동, 풍문 등이 있을 경우 거래소는 조회공시를 요구하고, 회사는 이에 답변해야 한다. 회사는 협의 중에 있으나 구체적인 내용은 미확정으로 발표했다. 수주계약설로 상승했던 주가는 미확정 뉴스에 조정을 보였다. ② 아이폰14 신제품 출시일에 맞춰 주가가 반짝 상승을 보였다. 신제품 성공 기대감에 상승했다. 다만 출시 이후 기존 대비 큰 반응이 아니어서 주가는 조정을 보였다.

투자전략 | 수주 뉴스는 호재지만 미확정 이슈다. 확정 전까지는 변동성이 클 수 있다. 회사 내부자가 아닌 이상 수주 여부 확정을 가늠하기 쉽진 않다. 다만 기술력을 가진 실적개선 기업이라면 수주에 대한 기대감을 가지고 일부 투자해 볼 순 있겠다. 혹여 수주가 아니더라도 실적개선주이기에 손실 시 추가매수 관점으로 접근할 수 있기 때문이다.

휴대폰 신제품 출시 즈음 핵심 부품주도 관심받는다. 다만 전작을 뛰어넘는 인기가 있어야 한다. 그렇지 않을 경우 출시일 즈음 급등한 주가는 도로 원위치될 수 있다. 실적개선과 연결되지 않는 테마성 이벤트가 될 뿐이다.

지속적인 수주가 나와야 주가 유지

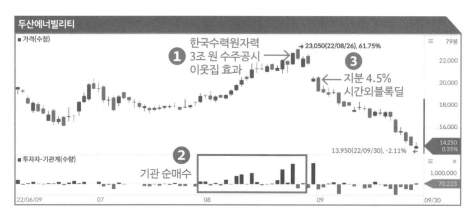

두산에너빌리티

■ 가격(수정)

① 한국수력원자력
3조 원 수주공시
이웃집 효과

→ 23,050(22/08/26), 61.75%

③ 지분 4.5%
시간외블록딜

13,950(22/09/30), -2.11%

■ 투자자-기관계(수량)

② 기관 순매수

22/06/09   07   08   09   09/30

79봉
22,000
20,000
18,000
16,000
14,250
0.35%
1,000,000
70,223

≫ 두산에너빌리티는 발전설비, 건설, 토목 등의 사업을 하고 있다. ① 한국수력원자력이 3조 원 규모 이집트 원전사업을 따내면서 두산에너빌리티 등이 일감을 확보했다. ② 수주에 앞서 기관 순매수도 이어졌다. 수주공시 이후 주가동력은 실적개선 여부다. 수주로 인해 파격적인 실적개선이 없다면 급등한 주가는 조정을 보일 수 있다. 스팸관여 과다종목 지정 공시도 2차례 발생했다. 스팸관여과다종목은 광고성 정보가 다수 발생하고 주가도 동반 급등할 경우 지정된다. 단타세력들의 주가 끌어올리기도 함께 있었음을 의미한다. ③ 최대주주인 두산이 주식시장 마감 후 시간외블록딜(시간외주식대량매매)로 지분 4.5%를 매각했다. 시간외블록딜은 단기악재다.

투자전략 | 수주공시는 주가상승을 부르는 호재다. 수주공시 지속력은 실적개선 정도에 따라 다르다. 실적개선 규모가 크면 급등 이후에도 주가가 안정적으로 유지된다. 반면 실적개선 정도가 크지 않다면 급등한 주가는 도로 원위치될 수 있다. 조선, 원자력, 건설 등 수주산업의 경우 수주 공시가 많다. 수주규모가 커도 장기간 나눠서 반영되는 금액이다 보니 파괴력이 크지 않은 경우도 많다. 수주공시가 단기 반짝 이벤트로 끝날 수도 있는 셈이다. 수주공시 규모와 수주기간이 실적개선과 지속적인 주가 우상향의 열쇠다.

42

테마주 학습효과를 기억하라

학습효과를 쌓아라

테마는 실적과 무관한 일회성 이벤트다. 꾸준히 주가가 우상향하는 대신 이벤트마다 급등락하는 패턴을 보인다. 테마주 차트는 마치 동굴속 종유석처럼 이벤트마다 불쑥 올라오곤 사라진다. 누적된 경험치가 많다면 좋은 테마가 된다. 반복된 경험치를 학습효과(Studying Effect)라고 한다. 북한이 미사일을 쏘면 방산주 빅텍이 급등하는 이유다. 실적과 무관하지만 북한 위협 공포감이 관심을 모은다. 거래량이 쏠리며 주가가 상승한다. 실적개선과 무관하지만 학습효과 경험치가 많다면 이를 기억할 필요가 있다.

테마는 스쳐 지나가는 바람이다

테마는 게릴라식 투자방식이다. 관심에 들어왔다가 바로 빠져나간다. 실적과 무관하기에 장기간 상승은 어렵다. 뉴스가 지속되는 동안만 오르고 내리는 하루살이 불나방과 같다. 스쳐 지나가는 바람에 뒤늦게 뛰어드는 건 무모할 수 있다. 더 오를 것 같지만 내가 사면서부터 꺾인다. 스쳐 지나가는 테마 바람에 인생을 걸지 말자. 특히 적자 부실기업이 테마가 많다. 이미 급등한 이후라면 아쉬워 말고 무리한 투자를 자제하자.

뉴스는 관심을 모으고, 관심은 거래량을, 거래량은 주가상승을 부른다. 테마주는 뉴스 관심 덕에 풍부해진 거래량이 만든 주가상승이다. 상승추세가 유지되려면 계속 관심받아야 한다. 관심받을 뉴스가 더 나오느냐가 관건이다. 더 나올 뉴스가 없다면 주가 정점은 꺾인다. 관심은 무관심으로 바뀌고 거래량은 줄어든다. 거래량이 줄어드니 주가도 힘을 잃는다. 뉴스에 팔라는 증시 격언처럼 더 나올 뉴스가 있는지 여부를 테마주 투자에 있어서는 항시 파악해야 한다.

테마 길목을 미리 선점하자

학습효과 경험치가 많이 쌓여 있다면 투자법은 간단하다. 첫째, 무관심 구간을 노린다. 무관심에 사서 관심에 판다. 무관심 구간은 거래량도 적고 주가도 주춤한다. 반면 관심 구간은 거래량 쏠림에 주가도 급등한다. 싸게 사서 비싸게 파는 방식이다. 둘째, 테마도 적자 부실기업은 투자대상에서 제외한다. 테마라도 때론 오랜 기다림을 견뎌야 한다. 뉴스를 기대했지만 뉴스가 나오지 않는 경우도 있다. 지루함을 참을 수 있어야 한다. 하지만 적자 부실기업은 운영비 부족으로 유상증자 등을 남발한다. 테마주는 학습효과가 많고 적자가 나지 않는 기업을 골라야 한다.

관심이 거래량을 만들고 주가상승까지 이어진다

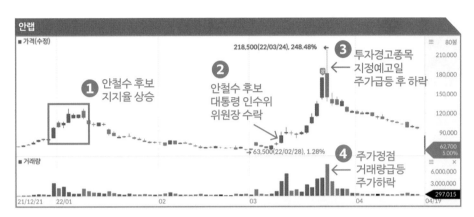

안랩

■ 가격(수정)

① 안철수 후보 지지율 상승

② 안철수 후보 대통령 인수위 위원장 수락

③ 투자경고종목 지정예고일 주가급등 후 하락

218,500(22/03/24), 248.48%

④ 주가정점 거래량급등 주가하락

63,500(22/02/28), 1.28%

■ 거래량

21/12/21 22/01 02 03 04 04/19

≫ 사이버보안 전문기업인 안랩은 안철수 국회의원이 최대주주로 있는 사이버보안 회사다. 영업이익도 꾸준히 증가하는 실적주지만 정치 테마주로 엮였다.

≫ **영업이익 추이(단위: 억 원)** 2019년 말(184), 2020년 말(200), 2021년 말(229)

안철수 인기도에 따라 주가는 움직인다. ① 대통령 선거전 지지율이 10% 이상대로 상승하자 주가도 상승 곡선을 그렸다. ② 대통령 인수위 위원장을 수락하면서 주가는 더 큰 상승폭을 그렸다. 국무총리설 등도 있었으나 이를 고사하면서 주가는 이후 조정을 보인다. ③ 투자경고종목 지정예고일을 기점으로 주가는 하락세를 보였다. ④ 주가급등 정점에 거래량이 터졌다. 주가고점에서 거래량 급등은 세력들이 이사한다는 시그널로 주가하락을 부른다.

투자전략ㅣ 정치테마는 관심을 받아야 주가가 상승한다. 관심을 받는 이슈는 정치인의 인기상승이다. 선거철 지지율 상승이 대표적 인기상승 이슈다. 관심이 있는 한 거래량은 유지되고 주가는 상당기간 상승폭을 그린다. 인기가 없는 무관심 구간에서 매수하고 관심구간 주가상승 시기에 차익실현하면 된다.

올림픽, 월드컵의 치맥 학습효과

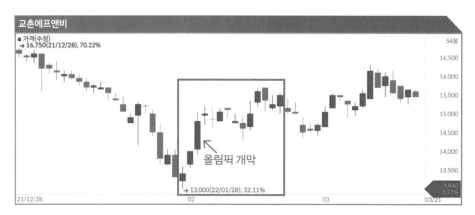

교촌에프앤비

■ 가격(수정)
→ 16,750(21/12/28), 70.22%

올림픽 개막

→ 13,000(22/01/28), 32.11%

>> 교촌에프앤비는 교촌치킨으로 알려진 치킨 프랜차이즈 기업이다. 올림픽이 개막하자 올림픽 수혜주로 '치맥(치킨과 맥주)' 관련주들이 단기 주가상승을 보였다. 국제 스포츠 행사마다 치맥 특수 덕이다. 언론에 따르면 도쿄올림픽 기간 교촌치킨 매출이 전년 동기 대비 21% 늘었다.

투자전략 | 치맥 학습효과는 스포츠 행사마다 나타날 가능성이 있다. 매번 반복해 온 이벤트에 비슷한 주가흐름을 보여서다. 학습효과가 누적된 기업의 이벤트 효과를 기억할 필요가 있다.

폭염은 일 년에 한 번 관심을 만든다

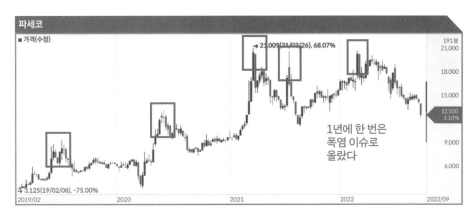

≫ 파세코는 창문형 에어컨을 만든다. 폭염 이슈가 만든 관심이 단기 주가급등으로 이어진다. 일 년에 한 번은 폭염으로 주가가 올랐다. 2019년부터 실적개선세로 인해 저점도 높아가고 있다.

≫ **영업이익 추이(단위: 억 원)** 2019년 말(108), 2020년 말(169), 2021년 말(229)

투자전략 | 무더운 여름보단 여름 이전 폭염 예보에 먼저 오르는 패턴이다. 여름이 지나면 일 년을 기다려야 한다. 관심은 멀어지고 주가는 하락한다. 무관심 구간에서 저점매수하고 무더위를 기다리면 주가는 올랐다. 다만 실적유지가 관건이다. 박스권 매매가 가능하려면 기존 실적을 유지해야만 동일한 박스권에서 움직인다. 실적이 악화되면 아무리 테마라도 주가는 지속적 우하향할 수 있다. 실적체크를 같이 하며 무더위를 기다려야 한다.

게임주 신작 출시 효과

≫ ① 최대주주(김정주)가 갑자기 사망했다. 상속세 마련을 위해 넥슨게임즈를 매각할 거란 기대감에 주가가 상승했다. 기업매각은 관심을 끄는 단기 이벤트다. ② 넷게임즈가 넥슨지티를 흡수합병한다. 넥슨지티가 피흡수합병에 앞서 매매정지된다는 공시에 관심이 몰려 주가가 상승했다. ③ 흡수합병에 따른 변경상장일이 다가오면서 관심이 쏠려 단기급등 후 하락했다. 과한 실적개선이 아니면 합병은 단기 이벤트다. 관심받아 급등했던 주가는 도로 원위치된다.

④~⑤ 코로나19 이후 공매도가 전면 금지되었다. 이후 코스피200, 코스닥150 지수편입 종목에 한정해 공매도를 허용했다. 지수편입은 패시브 자금(기초지수를 그대로 추종하는 자금)유입 호재지만, 한편으로는 공매도를 부르는 단기 악재가 되었다. 넥슨게임즈도 코스닥150 지수에 편입되자마자 공매도가 과하게 발생해 공매도 과열종목으로 지정되었다. 공매도가 과할 경우 공매도 과열종목으로 지정되는데, 공매도가 많은 종목이란 시그널을 준다. 공매도 과열종목 지정 이후에도 주가는 더욱 빠졌다. ⑥ 게임주나 엔터주의 신작 출시는 호재다. 다만 신작 게임이 성공하는 게 쉽지 않다. 대부분 신작 출시 기대감만 누리고 내린다. 넥슨게임즈 신작도 발매 후 성과가 신통치 않았다. 신작 출시와 함께 주가는 내렸다.

투자전략 | 기업매각, 합병은 단기 이벤트다. 실적변화가 크지 않다면 매각, 합병에 따른 급등에 차익실현하면 된다. 지수편입은 패시브 자금이 들어오는 호재인

반면 공매도가 증가하는 요인도 된다. 엔터주나 게임주 신작 출시 전 급등에 차익
실현 관점으로 접근하자.

케이스 스터디 087 **반일 이슈**

관심이 거래량과 주가상승을 부른다

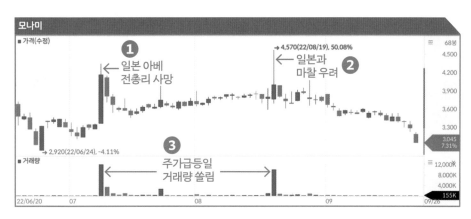

≫ 모나미는 모나미 볼펜 등 문구류 관련 사업을 한다. 반일 불매운동 이슈에 한국산 문구류 소
비가 늘어날 거란 이유로 반일 테마주로 불린다. ① 아베 전 총리가 총기 테러로 사망했다. 뉴
스가 관심을 만들었고 거래량이 커지며 주가는 상승했다. ② 미쓰비시중공업 강제노역 판결,
한국의 독도 조사에 대한 일본의 항의 등 뉴스가 관심을 만들었다. 관심은 테마주의 주가상승
동력이다. ③ 주가급등일만 거래량이 크게 터졌다. 테마에 있어 거래량도 주가상승 동력이다.

투자전략 | 학습효과는 과거 학습경험에 따라 주가가 움직인다는 논리다. 모나
미는 볼펜 등 문구 제조업체다. 과거 일본과 충돌 시점마다 주가가 급등했던 경험
치가 있다. 덕분에 반일 이슈만 생기면 주가는 묻지마 급등을 한다. 테마주가 그렇
듯 실적과 무관한 이벤트다. 뉴스가 사라지면 주가는 도로 원위치된다.

테마 뉴스 정점에 팔라

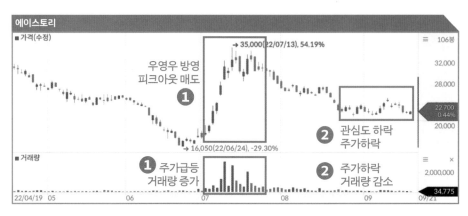

>> 「이상한 변호사 우영우」(방영 기간 2022.6.29.~8.18) 제작사 에이스토리의 차트다. ① 드라마의 인기에 관심도 증가, 거래량 증가와 주가상승이 이어졌다. 주가는 7월 13일 정점을 찍었다. ② 다만 드라마는 2개월 정도 방영한다. 종영이 가까워질수록 급등했던 주가는 빠진다. 관심도 하락, 거래량 감소, 주가하락이 지속된다. 우영우 급등 이후 다음 타자로 영화 「헌트」 관련주(버킷스튜디오)가 개봉에 맞춰 8월 초 급등을 보였다.

투자전략 | 전형적인 테마주의 모습이다. 드라마 인기도와 비례하게 주가급등을 보여준다. 관심도 증가가 유발한 거래량 증가와 주가상승 패턴이다. 다만, 더 나올 뉴스가 없으면(드라마가 종영하면) 관심은 줄어들고 주가는 제자리를 찾아간다. 테마 이슈로 급등한 주식을 뒷북 투자하거나 주가정점에 차익실현하지 못하는 실수를 범하지 말자.

더 나올 뉴스가 없으면 떠나라

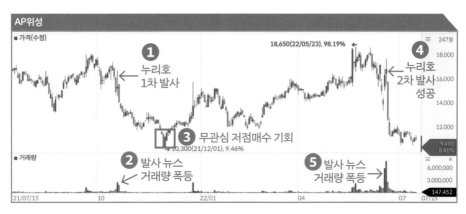

>> 누리호 발사가 2차례 있었다. 위성통신 관련기업인 AP위성은 우주항공테마주로 엮였다. ① 누리호 1차 발사에 앞서 주가가 정점을 이룬 뒤 하락을 시작했다. 발사 당일 반짝 단기 급등락을 보였다. ② 발사일 부근 거래량이 크게 터진 뒤 주가는 하락을 시작했다. ③ 이벤트가 끝나고 더 나올 뉴스가 없으니 급등한 주가는 계속 흘러내렸다. 다만 2차 발사가 있기에 적정 저점 매수 기회를 잡아둘 필요가 있다. 2차 발사가 가까이 올수록 주가는 오르기 때문이다. 저점 이후 누리호 발사가 가까이 오자 주가는 80% 정도 상승했다. ④ 누리호 2차 발사 때도 발사 전 주가가 정점을 이룬 뒤 발사일이 가까워질수록 하락세를 보였다. 과한 급등락도 막판에 있었다. 세력들이 자기 물량을 팔기위해 인위적으로 주가를 끌어올리기도 했다. ⑤ 세력 이탈이기에 거래량이 크게 터진다. 누리호 이벤트는 끝났고 더 나올 뉴스는 없다. 거래량도 이미 크게 터진 상황이다. 관심에서 멀어지니 주가는 계속 흘러내릴 수밖에 없다.

투자전략 | 경험치가 많다면 무관심 저점에 매수, 뜨거운 관심에 매도한다. 더 나올 뉴스가 있는가? 더 나올 뉴스가 있다면 세력은 이탈하지 않는다. 반면 관심받을 수 없다면 더 이상 주가가 오르기 어렵다. 뉴스 정점에 팔고 떠나는 지혜가 필요하다. 학습효과 경험치가 많다면 이벤트 전 정점에 빠져나가야 한다.

테마급등 바람이 지나면 도로 원위치

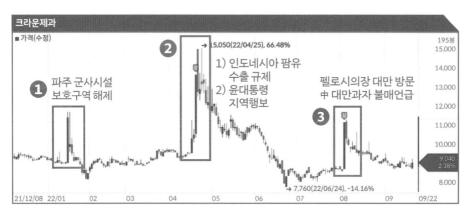

>> ① 파주 군사시설 보호구역 해제 소식에 크라운제과 주가가 급등했다. 자회사가 파주인근에 토지를 보유하고 있다는 이유에서다. ② 인도네시아가 팜유 수출을 규제한다는 소식에 급등했다. 팜유를 사용하는 과자의 가격인상 기대감에서다. 윤석열 대통령 지역 행보에 정치테마 이슈가 더해진다. 최대주주가 윤씨라는 이유로 정치테마주로도 엮였다. ③ 펠로시 미국 하원의장의 대만 방문에 급등했다. 중국이 대만 과자를 안먹겠다고 하면서 반사이익 기대감으로 올랐다.

투자전략 | 국민 간식 죠리퐁의 제조사인 크라운제과는 남북경협, 반일이슈, 정치 등 다양한 테마로 엮인다. 테마로 급등한 후 도로 원위치다. 실적과 무관한 이벤트이기에 고점 뒷북 투자에 주의하자. 테마주 투자자라면 이슈가 없는 무관심 저점 구간에 매수 후 테마 이슈가 발생하면 주가고점에 차익실현하자.

가상자산 가격변동에 따른 주가추이

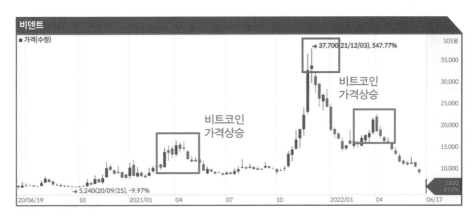

≫ 비덴트는 가상화폐 거래소 빗썸 운영사인 빗썸홀딩스의 최대주주다. 비트코인 가격변동과 주가 움직임이 비슷하다. 실적과 무관한 테마적 성격이 강한 주가흐름이다.

투자전략 | 가상화폐 가격과 연동한 학습효과가 있다. 테마적 성격이므로 학습효과 경험치대로 움직인다. 가상화폐가 급등할 가능성이 높다면 관련주 매수세가 이어진다.

≫ 한화투자증권은 가상화폐 거래소 업비트를 운영하는 두나무 지분 5.26%, 우리기술투자는 7.4%를 보유하고 있다. 언론에 따르면 두나무의 기업가치는 비트코인 가치가 55,000달러 선일 때 최대 20조 원으로 거론되기도 했다. 그럴 경우 한화투자증권과 우리기술투자 지분가치만 조 단위일 수 있다. 가상화폐 가격이 오를 경우 관련주에 쏠림현상이 몰리는 이유다.

유가상승발 자전거주 투자심리 개선

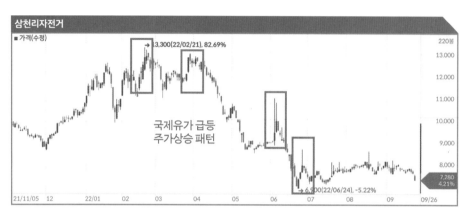

삼천리자전거

≫ 삼천리자전거는 자전거 생산기업이다. 국제유가 급등으로 자전거주가 반사이익을 얻었다. 유가가 상승할수록 자전거 수요가 늘 것이라는 심리다. 삼천리자전거 주가가 유가와 비슷하게 움직였다. 다만 실적개선과는 무관한 단기 이벤트다. 급등한 주가는 유가가 하락하면서 도로 원위치되었다.

동일 기간 WTI 국제유가 변동 추이

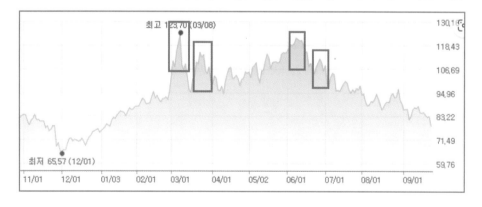

투자전략 | 실적과 무관한 심리요인은 급등 후 급락을 만든다. 기존 보유자라면 급등을 차익실현 기회로 삼으면 된다. 반면 단기급등을 노리고 들어오는 단타투자

라면 주의가 필요하다. 실적개선이 아니기에 급등한 주가는 도로 원위치된다.

케이스 스터디 093 **출산정책**

출산육아 정책 발표에 관련 정책주 급등

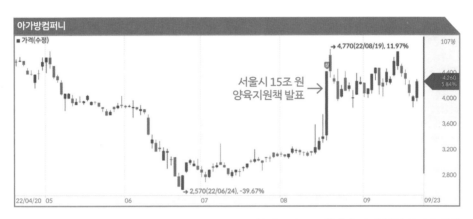

>> 서울시가 육아대책으로 5년간 15조 원을 투입한다는 발표를 했다. 0~9세 아이 양육을 위해 안심돌봄, 편한외출, 건강힐링, 일·생활 균형 등 사업을 추진한다고 밝혔다. 덕분에 유아 테마주인 아가방컴퍼니(유아 의류용품 사업)가 급등했다. 하지만 정부의 육아 대책으로 아가방컴퍼니의 실적이 폭발적으로 개선되지는 않는다. 선언적인 정책이기에 실적보단 테마 이슈가 강하다.

투자전략 | 출산장려 정책은 테마적 성격이 강하다. 출산육아 대책을 발표할 때마다 아가방컴퍼니 주가가 급등을 보여왔다. 정책 훈풍 지속력이 강할수록 주가도 강세를 보인다. 다만 정책 이슈가 지나면 주가는 실적대로 움직인다. 정책 발표에 일회성 테마인지 또는 대폭적인 실적개선 여부인지를 판단해 볼 필요가 있다. 매력적인 실적개선이 뒷받침 되어야만 주가는 꾸준히 상승한다.

중국 인프라 투자 계획으로 주가상승

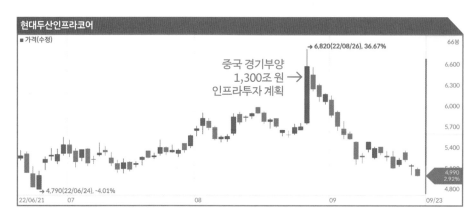

>> 중국이 경기부양을 위해 1,300조 원 규모 인프라 투자를 집행한다는 소식이 전해졌다. 고속철도, 수로, 재생에너지 등에 투자한다. 굴삭기 제조업체인 현대두산인프라코어 등 국내 건설기계 업체 주가도 상승했다. 인프라 건설에 건설기계 수요가 늘어날 것이란 기대감에서다. 증권업계는 건설기계 업체의 실질적 수혜가 익년 상반기부터 본격화될 것으로 예상했다. 정책발표 후 건설기계 판매에 상당한 시간이 소요된다. 계절적 요인도 있는데 동절기는 건설기계 수요가 적다. 중국 내 굴삭기 판매는 3~5월 3개월 동안의 판매가 전체의 절반에 육박한다. 경기침체가 지속되는 상황에서 인프라투자까지는 시간이 걸리다 보니 주가강세가 오래가진 못했다.

투자전략 | 경기가 불황이면 대규모 인프라투자가 뒤따른다. 건설기계주는 중국 인프라투자가 호재다. 건설기계 판매증가로 이어져서다. 인프라투자가 본격화되면 실적개선, 주가상승세를 기대해 볼 수 있다. 다만 당장의 실적개선이 이루어지느냐가 관건이다. 인프라투자는 장기간 이루어진다. 매출이 분산되면 안정적인 실적이긴 하나 당장의 폭발적인 실적개선이 나타나지는 않을 수 있다. 당장의 실적증가 여부를 네이버 증권, 증권사 리서치, 회사의 실적발표 등을 통해 추가적으로 체크해 보자.

정책 관심이 거래량과 주가상승 모멘텀으로

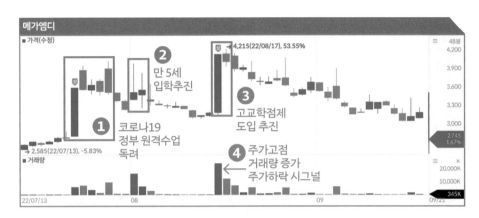

≫ 교육 콘텐츠 제공업체인 메가엠디는 정부 교육정책 발표에 영향을 받는다. ① 코로나19 확산으로 정부가 원격수업을 독려하면서 주가는 급등했다. ② 만 5세부터 초등학교 입학 추진, ③ 고교학점제 도입 등 교육정책 검토에 관심을 받았다. 정책 발표가 실적개선으로 이어지느냐가 관건이다. 만 5세 입학추진 등 발표된 정책들이 메가엠디의 지속적인 실적개선과는 거리감이 있다. 테마성 이벤트로 끝날 수 있다. 일부 정책들은 반발 여론도 컸다. 반짝 급등한 주가는 정책 발표 후 도로 원위치된다. ④ 정책 발표로 인해 관심이 증가했다. 관심 증가는 거래량 증가로 이어졌다. 더 나올 뉴스가 없다면 더 이상 상승동력은 없다. 주가고점에 거래량도 터져 주가하락 시그널을 보였다.

투자전략 | 정부정책 발표가 관심을 모은다. 국민적 관심이 높을수록 주가상승 폭도 크다. 실적과 연계되느냐가 관건이다. 실적개선과 무관한 이벤트이면 급등한 주가는 도로 원위치된다.

관심받을 때 떠나야 한다

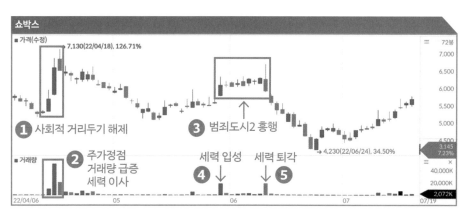

쇼박스

■ 가격(수정)   7,130(22/04/18), 126.71%

❶ 사회적 거리두기 해제

❸ 범죄도시2 흥행

■ 거래량   **❷** 주가정점
거래량 급증
세력 이사

세력 입성   세력 퇴각

❹   **❺**

4,230(22/06/24), 34.50%

22/04/06   05   06   07   07/19

≫ ① 정부가 사회적 거리두기를 해제하고 영화관에서의 음식물 섭취를 허용한다고 발표하자 영화배급사 쇼박스 주가가 급등했다. 다만 코로나19 이전으로 실적개선은 쉽지 않다. 주가와 거래량은 테마적 성격을 띠고 움직였다. ② 주가정점 거래량 터짐은 세력퇴각 시그널이다. 거래량이 크게 터진 후 거래량이 줄고 주가는 흘러내렸다. ③「범죄도시 2」가 흥행하며 배급사 쇼박스 주가가 올랐다. ④~⑤ 세력 입성과 세력 퇴각의 모습이 거래량에 나타나 있다. 영화 흥행이 시작되자 거래량을 일으키며 세력 입성, 영화 흥행이 마무리에 접어들자 거래량을 일으키며 세력 퇴각이다. 주가급등 이후 거래량이 크게 일어나면 세력 퇴각 시그널임을 기억하자.

투자전략 | 관심이 거래량을 크게 일으켜 주가상승을 부른다. 관심정점에 더 큰 거래량을 일으키고 세력은 퇴각한다. 세력이 빠져나갔다는 건 관심에서 멀어진다는 징조다. 관심이 없으니 거래량도 줄고, 거래량이 적으니 주가상승은 요원하다. 실적개선만이 꾸준하게 거래량과 주가유지가 가능한 이벤트다. 그 외의 이슈들은 관심의 정점에 차익실현하고 떠나야 한다.

POSCO홀딩스 태풍 침수에 반사이익

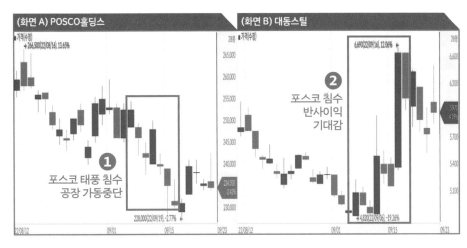

> **(화면 A)** ① POSCO홀딩스는 철강사업을 하는 포스코 등을 자회사로 둔 지주회사다. 태풍으로 인해 포항제철소가 가동을 멈췄다. 이로 인해 포스코 관련주들이 동반 하락세를 보였다. 증권사도 단기적으로 생산중단에 따른 실적악화가 불가피하단 의견과 함께 목표가를 내려 잡았다. 실적 감소에 따라 배당도 줄어들 걸로 예측했다. 다만 포스코는 3개월 내 생산재개를 목표로 발표했다. **(화면 B)** ② 철강주인 대동스틸은 포스코 침수에 따른 반사이익 기대감으로 주가가 상승했다. 가동중단이 3개월 정도이기에 장기적인 실적개선과는 거리감이 있다. 테마적 성격이 강해 급등한 주가는 다시 제자리를 찾아간다.

투자전략 | 단기적인 실적악화는 있겠지만 피해 복구 이후를 고려해 봐야 한다. 주가하락은 POSCO홀딩스의 단기 저점매수 기회일 수 있다. 사업이 정상화되면 실적은 원래대로 되돌아간다. 리튬 등 2차전지 소재사업 등 신사업 추진도 고려해 볼 필요가 있다.

공장 위치에 따른 주가변동 차이

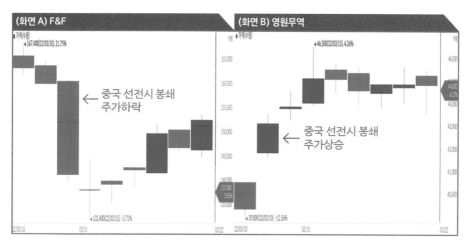

(화면 A) F&F

중국 선전시 봉쇄
주가하락

(화면 B) 영원무역

중국 선전시 봉쇄
주가상승

≫ (화면 A) 중국의 도시봉쇄(외출 금지령) 정책으로 중국 내 판매 비중이 높은 패션, 화장품업체 주가가 휘청였다. 중국 4대 도시 중 하나인 선전시가 코로나19로 봉쇄되자 패션기업인 F&F도 주가가 내렸다. (화면 B) 반면 동남아시아에 생산기지를 둔 의류 OEM(위탁생산업체) 업체인 영원무역은 반사이익을 얻었다. OEM 업체들은 미국, 유럽 등에 상품을 수출한다. 달러 강세, 서구권 경기개선, 탈중국 반사이익 등이 호재다.

투자전략 | 주식투자는 세상 사는 이치와 같다. 특정 이벤트가 호재 또는 악재로 작용한다. 중요한 건 호재와 악재를 구분해 내는 능력이다. 평소 훈련이 되어 있어야만 특정 이벤트에 반사적으로 움직인다. 중국에 사업을 하는 패션, 화장품주에 있어 중국 경기회복은 실적개선의 중요 열쇠다.

43

원자재 가격상승과 실적개선

원자재는 한 방향으로 흐른다

원자재는 장기간 한 방향 흐름을 보인다. 순간순간 급등락도 있다만 긴 호흡으로 움직인다. 원자재 시장 참여자들이 전문성을 가진 기관투자자라서 그렇다. 선물 등 파생상품 시장이 발달되어 있어 투기적 거래도 더한다. 버블 정점에 과한 한 방향 쏠림이 나온다. 원자재는 경기와 민감하다. 경기침체엔 수요감소로 원자재 가격이 내려간다. 반면 경기활황엔 수요가 많으니 원자재 가격이 올라간다. 미국의 통화·재정정책도 영향을 미친다. 미국 달러를 찍어내는 양적완화 정책, 금리인하로 돈이 풀리는 경우에는 돈의 가치가 떨어진다. 돈의 가치하락은 물가상승(인플레이션)을 부른다. 인플레이션 최대 수혜주는 원자재다.

≫ (예시) 우크라이나-러시아 간 전쟁으로 원자재 가격급등이 왔다. 두 나라는 곡물, 원유, 천연가스 등의 주요 수출국이다. 수출길이 막히니 공급부족 때문에 원자재 가격상승과 관련주

급등이 일어난다.

원자재 가격만 예측하면 되는 심플한 투자법

원자재 관련주는 원자재 가격이 오르면 주가가 오른다. 원자재 가격만 예측하면 되는 심플한 투자다. 장기간 오를 것이냐, 내릴 것이냐만 판단하면 된다. 원자재 가격이 오를 것 같다면 관련주를 매수하고 기다리면 된다. 원자재 가격이 비쌀 때 사는 건 늦은 투자다. 원자재 가격이 형편없을 때가 매수기회다. 저점에 매수하고 기다리는 투자다. 기다림을 참을 줄 알아야 한다. 경기는 사이클 산업이기에 경기침체는 시간이 지나면 해소된다.

원자재와 주가연동 학습효과를 기억하라

원자재 연동과 주가추이를 비교해 봐야 한다. 서로 비슷한 흐름을 보여야만 다음에도 같은 움직임을 보인다. 학습효과 경험치를 기억해 보자. 저점에 매수하면 원자재 가격급등은 돌아온다. ① 곡물에는 사료와 식품 ② 천연가스에는 가스, 가스관 (강관) ③ 원유에는 정유, 태양광, 신재생에너지 ④ 철광석에는 철강 ⑤ 구리에는 구리제련 관련주 등을 공식처럼 대입해 두자.

원자재 가격상승에 주가급등

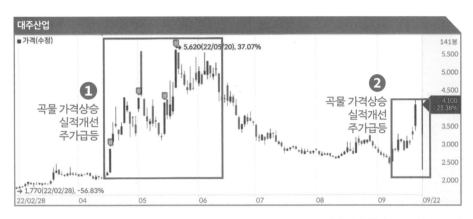

대주산업

곡물 가격상승
실적개선
주가급등 ①

곡물 가격상승
실적개선
주가급등 ②

▶ ① 배합사료 제조기업인 대주산업은 곡물 가격 급등으로 주가가 상승했다. 급등한 곡물 가격이 안정을 취하자 주가도 하락했다. ② 가뭄 등 이상기후로 곡물 수확량 감소가 우려되자 곡물 가격상승, 대주산업 주가상승으로 이어졌다.

투자전략 | 소맥, 옥수수 등 국제 곡물 가격급등은 사료기업에 호재다. 사료기업은 곡물을 수입해와 이를 가공해 되판다. 사료기업은 1차 가공업자로 곡물 가격 급등을 사료 가격에 전가하기 쉽다. 사료 가격이 올랐다고 동물들을 굶길 수는 없다. 곡물 주요공급원인 우크라이나-러시아 전쟁은 곡물 가격급등을 불렀다. 인플레이션(물가상승)도 곡물 가격을 부추기는 요인이다. 기후변화(가뭄, 홍수 등)도 곡물 수확량을 줄인다. 곡물 가격상승은 원료비 인상요인이기에 음식료주에겐 악재다.

▶ 우크라이나-러시아 전쟁으로 러시아 예비군 동원령 발령 소식에 사료주와 비료주가 상승했다. 사료주의 경우 전쟁이 심화될수록 곡물 가격이 오를 것이란 기대감에서다. 비료는 천연가스에서 원료인 암모니아를 뽑아낸다. 천연가스 가격상승에 비료 가격도 오르고 비료기업 주가도 상승한다.

원자재와 민감한 주가변동

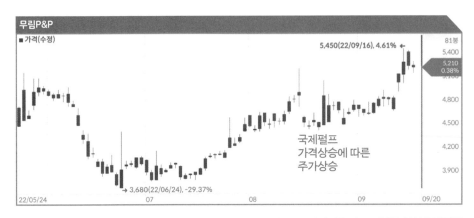

≫ 무림P&P는 종이의 원재료인 펄프 제조업체다. 국제펄프 가격변동과 주가 움직임이 밀접하다. 펄프 가격인상은 실적개선으로 이어진다. 실적개선에 따라 주가도 상승세다.

≫ **영업이익 추이(단위: 억 원)** 2020년(63), 2021년(294), 2022년 예측치(620)

투자전략 | 무림P&P는 국내 제지업종 중 펄프 가격변동폭과 민감도가 가장 높다. 펄프를 직접 제조하는 1차 가공업자이기 때문이다. 다른 제지업체보다 가격 전가력이 높다. 펄프 가격인상을 2차 가공업자인 다른 제지업체에 전가시킬 수 있다. 펄프 가격변동 추이를 선점해 볼 필요가 있다.

천연가스 가격상승에 강관주 주가상승

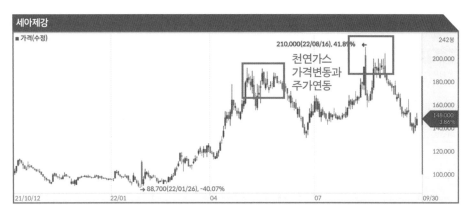

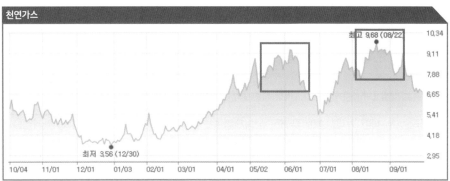

≫ 강관(파이프)을 제조하는 세아제강은 국제유가, 천연가스 가격상승 수혜를 입었다. 미국 내 원유, 셰일오일, 천연가스 개발이 활발해지며 파이프 수요가 늘 것이란 기대감이 생겼다. 세아제강 주가가 천연가스 가격변동과 유사하게 움직였다. 강관 수요증가에 강관 가격도 높아졌다. 미국의 최대 강관 수입처는 한국이다. 러시아산 천연가스 수입 비중을 줄이겠다는 EU 계획도 호재다. 미국으로부터 LNG 수입량을 늘릴 계획이기에 미국 내 LNG용 파이프라인 증설이 필요하다.

투자전략 | 천연가스 가격변동과 비슷한 주가흐름을 보여준 점은 테마적 성격이다. 실적과 무관하게 천연가스 가격 급등락에 주가가 움직인다. 이미 보여준 학습

효과가 있기에 천연가스 변동성에 의존할 가능성이 높다.

원자재(석탄) 가격연동 실적개선 + 주가상승

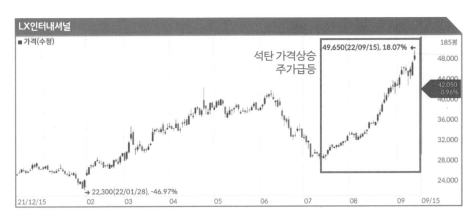

≫ LX인터내셔널은 인도네시아에 석탄 광산을 소유하고 있다. 석탄 가격과 연동되어 실적이 움직인다. 석탄 가격상승에 주가도 상승세를 보인다. 인플레이션에 따른 원자재 가격상승이 주가에 호재다.

투자전략 | 우크라이나-러시아 전쟁에 따른 에너지난 우려로 천연가스, 석탄 가격 등이 상승했다. EU가 러시아 제재에 나서자 러시아가 이에 대한 보복으로 천연가스 공급을 줄였다. 에너지 가격상승은 종합상사 주가에 호재다. 해외 가스전과 광산에 투자하고 있기 때문이다. LX인터내셔널은 인도네시아 광산에서 석탄을 생산하고 있다. 포스코인터내셔널은 미얀마 가스전 가스를 판매하고 호주 천연가스 생산기업 세넥스에너지 지분을 50.1% 소유하는 등 천연가스 관련주다. 고환율도 실적에 도움이 된다. 종합상사는 원재료를 수입해서 공급한다. 수수료를 달러로 받기에 환율상승이 수익성 개선으로 이어진다. 반면 글로벌 수요둔화에 따른 교역량 감소, 원자재 가격하락은 리스크 요인이다.

원유·천연가스 가격상승에 대응법 차이

> 한국가스공사는 국내 유일의 천연가스 도매업자다. 발전소나 지역 도시가스업자에게 천연
가스를 판매한다. ①~③ 수입물량 대부분이 장기계약이다. 천연가스, 국제유가 가격이 급등하
면 미리 저렴하게 구입한 원자재 덕에 수익이 크게 늘어난다. 공기업이기에 폭리는 어렵지만
원재료 가격이 올라도 적정이윤 추구가 가능하다. 원료비 인상분을 반영하지 못할 경우에는
미수금으로 잡아두고 추후 원료비 하락구간에 회수한다.

구분	2019년	2020년	2021년	2022년 예측
영업이익(억 원)	13,345	8,989	12,397	17,297
배당금(원)	380	-	2,728	2,545
시가배당률(%)	1.0	-	6.98	

> 국제유가가 급락한 2020년은 -1,607억 원 당기순손실을 기록해 배당을 하지 못했다. 반면
국제유가가 반등한 2021년은 9,645억 원 당기순이익을 기록해 배당이 크게 늘었다.

코로나19로 국제유가가 급락했던 2020년 실적이 4년 중 제일 낮다. 반면 국제유
가가 급등한 2022년 실적개선세가 눈에 띈다. 한국가스공사는 실적이 좋아지면 배
당금도 올라간다.

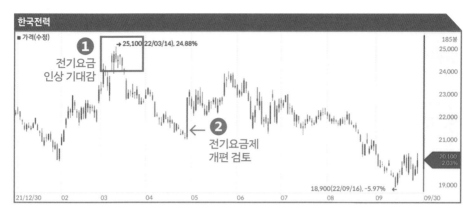

≫ 한국전력은 국제유가 가격변동을 전기료에 바로 반영하기가 쉽지 않다. 코로나19로 국제유가가 급락했던 2020년을 제외하곤 영업적자가 발생했다. 특히 우크라이나 전쟁으로 유가가 폭등한 2022년 적자폭이 크다. 적자가 심하기에 전력요금 개편 외엔 주가상승이 쉽지 않다. 전기료 인상, 전기료 요금제 개편이 주가상승 동력이다.

구분	2019년	2020년	2021년	2022년 예측
영업이익(억 원)	-12,765	40,863	-58,601	-288,423
배당금(원)	-	1,216	-	-
시가배당률(%)	-	4.4	-	-

투자전략 | 정부의 가스, 전기요금 정책에 따라 영업이익에 차이가 있다. 한국가스공사는 원자재 가격변동과 연동할 수 있으나 한국전력은 어렵다(2022년 말 기준). 한국가스공사는 원자재 가격상승이 호재지만 한국전력은 악재다. 정부 전력요금 정책이 바뀌지 않는 한 한국전력 투자가 쉽지 않다. 반면 천연가스 가격급등이 기대된다면 한국가스공사를 선점할 필요가 있다.

건설경기가 나쁜 상황에서 유연탄 가격급등

≫ 쌍용C&E는 시멘트 사업을 하고 있다. 유연탄은 천연가스 대체재로 겨울철 난방에너지 연료다. 석탄은 연기가 있으면 유연탄, 없으면 무연탄이다. 시멘트 제조원가의 30~40%를 유연탄이 차지한다. 유연탄은 전량 수입하는데 러시아산이 그동안 많이 쓰였다. 유연탄이 오를수록 매출원가는 올라간다. 매출원가는 원재료비, 임금, 전기료, 수도료 등 생산에 들어가는 비용이다. 쌍용C&E 매출원가율은 2021년 상반기 75%에서 2022년 상반기 88%로 올랐다.

① 우크라이나 전쟁으로 유연탄 가격이 급등했다. 시멘트 가격인상 기대감에 시멘트 제조사인 쌍용C&E 주가는 상승세를 보였다. 미리 저렴하게 사둔 유연탄이 수익을 가져오기도 한다. ② 다만 장기적인 유연탄 가격상승은 주가에 부담이 된다. 2022년 유연탄 가격은 2020년 대비 7배 이상 올랐다. 미국발 금리인상에 부동산 경기가 얼어붙은 상황에서 시멘트 가격을 한없이 올리기도 어렵다. 부동산 경기가 좋다면야 가격을 올려서 팔아도 된다만, 수요가 줄어든 상황에선 가격인상도 눈치를 봐야 한다. 시멘트 가격인상은 레미콘, 건설업체에겐 악재다. 여기에 화물연대 파업, 안전운임제로 인한 물류비 증가, 전력요금 인상, 환율상승 등이 겹치면서 부담을 줬다. ③ 시멘트 가격인상으로 주가가 반등했지만 폭발적인 실적개선 이슈가 아니기에 주가는 다시 하락반전했다.

투자전략 | 원재료 가격상승으로 인한 제품가격 인상은 단기 호재 이슈다. 다만

시멘트의 경우 폭발적인 실적개선을 위한 가격인상이 아니다. 안전마진 유지를 위한 제품가격 인상이다. 부동산 경기가 살아 있다면 공격적인 가격인상도 가능하다만 수요가 받쳐주질 못하니 가격인상폭도 높을 수 없다. 시멘트는 가격 전가력이 높지 않다. 가격인상 이슈가 있을 때 차익실현 기회로 삼는 게 좋다. 다만 가격인상 이후 원재료 가격이 하락하면 수익이 개선될 수 있다. 음식료주가 곡물가 인상에 가격인상을 한 뒤 곡물가가 하락하면 수익이 개선되는 것처럼 말이다.

≫ **영업이익 추이(단위: 억 원)** 2021년 3분기(686), 4분기(681), 2022년 1분기(4), 2분기(520)

2022년 1분기 우크라이나 전쟁으로 유연탄 가격이 급등했고 영업이익이 급락했다. 가격인상을 통해 2분기 영업이익이 다시 올라왔다.

케이스 스터디105 **반사이익**

원자재 가격폭등에서 비껴간 통신주

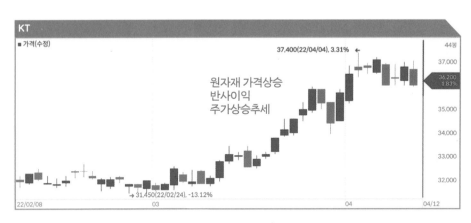

≫ 우크라이나 전쟁발 원자재 가격급등에 주식시장이 주춤했다. 반면 원자재 가격상승에서 자유로운 통신주는 주가상승추세였다. 3월 한 달 코스피지수가 1.53% 상승한 데 비해 통신주인 KT는 10.16% 상승했다. 지배구조 개편, MSCI(Morgan Stanley Capital International index) 지수편입 기대감 등도 주가상승에 동력을 더했다. 대통령 선거 전후 통신요금 인하 압박을 받아왔는데 현

정부에서는 규제 압박도 덜했다.

투자전략 | 특정 이벤트가 발생할 경우 수혜주를 생각하는 습관이 필요하다. 직접적 수혜도 있다만 반사이익 수혜도 있다. 가령 원자재 가격 급등에 자원부국 인도네시아 증시가 직접적인 수혜를 본다. 미국이 대중국 규제를 강화하자 인도가 대안으로 반사이익을 얻는다. 반사이익 수혜기간이 길수록 주가 강세도 오래 지속된다.

케이스 스터디 106 **인플레이션 수혜**

편의점은 인플레이션 수혜주

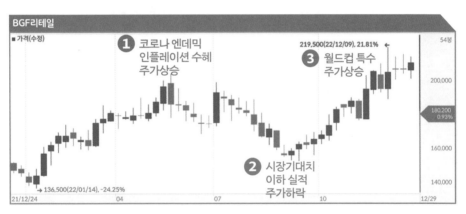

>> ① BGF리테일은 편의점 CU를 운영하고 있다. 편의점이 금리인상발 경기침체에 강하다. 1인 가구 증가, MZ세대 소비채널, 물가상승에 따른 도시락 소비 증가 등도 호재다. ② 다만 2분기 실적이 시장 기대치를 밑돌아 하락추세를 보였으나 ③ 월드컵 특수로 주가는 다시 상승세를 보였다. 편의점은 대표적인 월드컵 수혜주다.

투자전략 | 편의점은 가격 민감도가 낮은 것이 특징이다. 비싼 가격을 쉽게 받아들여 가격 저항력이 낮은 반면, 가격 전가력은 높아 인플레이션 수혜주로 꼽힌다. 물가상승과 경기불황에 편의점 주식이 상대적으로 선방한다.

5장

실적개선주
핵심만 분석하는
5단계 종목분석표

44

실적개선주 5단계
종목분석표란?

실적에 집중해 분석해 보자

실적개선주이기에 분석이 보다 심플하다. 실적개선에 맞춰서 분석을 하는 것이다. 총 5단계로 구성되어 있는데 1단계 실적, 2단계 배당, 3단계 주요비율 점검, 4단계 공시·뉴스 특이사항, 5단계 투자전략이다.

1단계 가장 중요한 건 실적예측치 확보다. 네이버 증권을 이용해 6~7년치 실적을 보자. 지난 3~4년과 현재, 그리고 향후 2년 실적 예측치를 한눈에 확인해 볼 수 있다. 최신 증권사 리서치 자료가 있다면 향후 예측치는 이를 활용해도 좋다.

2단계 실적개선주는 장기간 투자대상이다. 이왕이면 배당도 많이 주면 좋다. 배당수익률 등을 체크해 보자. 실적개선이 이루어지면 배당도 늘어날 수 있다.

3단계 실적개선주이기에 웬만한 비율들은 다 좋다. 네이버 증권을 이용해 주요 비율들을 리뷰해 보고 한 줄 코멘트 형식으로 적어두자.

4단계 공시와 뉴스 중 호재와 악재별 특이사항 위주로 짧게 적어두자. 긴 내용은 분석표 뒤에 프린트해서 첨부해 두면 된다. 가급적 과거 3년 정도의 기간을 확인해 보면 좋다. 네이버 증권을 활용하면 된다. 실적개선주이기에 우량기업이다. 리스크가 큰 기업들과 달리 ③~④단계는 가볍게 점검하고 약식으로 기재해도 된다.

5단계 마지막으로 투자전략을 짜두자. 매수하는 이유, 과거의 학습효과 등을 적는다. 주된 매수이유는 실적개선이다. 매매시점은 매수와 매도 타이밍을 적는다. 매수시점은 분석 당시가 될 가능성이 높다. 테마 이슈가 더해진다면 과거 무관심 저점 구간도 매수 타이밍이 될 수 있다. 특정 이슈에 주가상승 모멘텀 학습효과 경험치가 있다면 이를 적어두자. 매도 타이밍은 길게 잡아보자. 실적개선 효과를 보려면 적어도 2년 이상을 기다려야 한다. 긴 호흡 관점의 투자다. 실적개선주는 한 번에 승부 보지 말자. 추가매수 계획을 열어두고 주가하락을 적극 활용해 매수단가를 낮춰보자.

추가매수 투자기준 3가지 예시 (최초 매수시점 기준 하락률)
① -20%마다 추가매수 (-20%, -40%, -60%, 일반적인 경우)
② -10%마다 추가매수 (-10%, -20%, -30%, 공격적 투자인 경우 또는 배당주나 저평가
   된 주식 등)
③ 최초 -30% 시점 추가매수 등 변칙전략 (-30%, -50%, -60%, 주가버블이 있는 경우)

실적이 폭발적으로 늘어나는 기업이 분석대상이다

실적이 폭발적으로 늘어나는 기업들이 주된 분석대상이다. (3단계) 주요비율 점검, (4단계) 공시·뉴스를 가볍게 터치해 보자. 실적이 밀고 나가기에 3~4단계를 편히볼 수 있다. 반면 실적개선이 크지 않을 경우에는 분석이 복잡해진다. 3~4단계를

더욱 세밀하게 들여다봐야 한다. 리스크 요인은 없는지 촘촘하게 봐야 한다. 결론적으로 실적개선주가 분석하기도 편하고 투자하기도 편하다.

고배당주 투자법에도 활용이 가능하다

고배당주도 실적개선주와 분석방법이 다르지 않다. 고배당주 분석도 5단계 종목분석표를 활용해서 분석해 보면 좋다. 고배당주도 실적과 배당에 더욱 집중해서 보자. 실적 좋은 기업이 배당도 많이 한다. 돈을 많이 버니 넘쳐나는 돈을 주주에게 나눠준다. 고배당주는 실적이 좋은 우량기업이다. 악재보단 호재가 많고 체크할 리스크 사항도 상대적으로 적다. 시간적 여유가 없다면 1~2단계만이라도 분석해서 투자해 보자.

실적개선주 5단계 종목분석표

① 실적	매출액, 영업이익, 당기순이익, PER
② 배당	배당금, 시가배당률, 배당성향, 현주가기준 시가배당률
③ 주요비율	부채비율, 당좌비율, 유보율, 영업활동 현금흐름 등
④ 공시/뉴스	호재와 악재 이슈 체크
⑤ 투자전략	매수이유(학습효과), 매매시점, 추가매수전략

실적개선주 5단계 종목분석표 예시

구분		세부내용					
① 실적	단위(억 원)	3년 전	2년 전	1년 전	올해	1년 후	2년 후
	매출액						
	영업이익						
	당기순이익						
	PER						
② 배당	배당금						
	시가배당률						
	배당성향						
	현주가기준 시가배당률						
③ 주요비율 점검							
④ 공시/뉴스 특이사항		호재			악재		
		1 2 3			1 2 3		
⑤ 투자전략	매수이유 (학습효과)						
	매매시점						
	추가매수 전략						

≫ 주요비율 : 부채비율, 당좌비율, 이자보상배율, 자본유보율, 영업활동현금흐름, 잉여현금흐름(FCF), 이자보상배율, ROE, EV/EBITDA, 매출채권회전율, 재고자산회전율, 지분율 등

구분		용어 정의
① 실적	매출액	제품판매, 서비스 제공에 따른 수입액
	영업이익	매출액-영업비용(매출원가+판매관리비)
	당기순이익	영업손익 ± 영업외손익 – 법인세비용
	PER	시가총액 ÷ 당기순이익(지배주주 순이익) 실적 대비 저평가 여부 판단
② 배당	배당금	주주에게 배당하는 금액 배당가능이익 범위 내 배당
	시가배당률 (배당수익률)	배당금 ÷ 현재주가 고배당주 판단 기준
	배당성향	현금배당 총액/당기순이익 순이익 중 배당금으로 지불한 비중
③ 주요비율 점검	부채비율	부채총액 ÷ 자기자본(자본) 남의 돈을 빌린 비중
	당좌비율	당좌자산 ÷ 유동부채 단기 지급능력 판단
	이자보상 배율	영업이익 ÷ 이자비용 영업이익 대비 이자지불 비용 비중
	자본유보율	(자본·이익)잉여금 ÷ (납입)자본금 무상증자, 배당, 자기주식 매입 여력 판단
	영업활동 현금흐름	영업활동에 따른 현금 유출입 여부 판단 현금흐름표 항목
	잉여현금 흐름(FCF)	영업활동현금흐름-CAPEX(설비투자비용)
	ROE	자기자본이익률(당기순이익 ÷ 자기자본) 주주 돈으로 순이익을 얻는 비중
	EV/EBITDA	EV(기업가치) ÷ EBITDA(세전영업이익) 감가상각비가 많은 설비투자기업 저평가 여부 판단
	회전율	매출채권회전율 : 매출액 ÷ 매출채권 재고자산회전율 : 매출액 ÷ 재고자산
	지분율	회사 발행주식 중 보유주식 비율 최대주주, 5%, 10% 지분 등 점검

45

실적을 체크하라

실적 체크를 위한 당기순이익, PER 등 기초지식 이해

네이버 증권 종목 당기순이익 화면

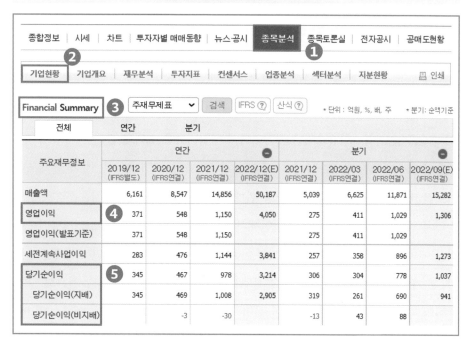

종합정보 | 시세 | 차트 | 투자자별 매매동향 | 뉴스·공시 | **종목분석** ① | 종목토론실 | 전자공시 | 공매도현황

② **기업현황** | 기업개요 | 재무분석 | 투자지표 | 컨센서스 | 업종분석 | 섹터분석 | 지분현황   🖨 인쇄

Financial Summary ③ 주재무제표 ▼ 검색 IFRS ⑦ 산식 ⑦   *단위 : 억원, %, 배, 주   *분기: 순액기준

| 전체 | 연간 | 분기 |

주요재무정보	연간			⊖	분기			⊖
	2019/12 (IFRS별도)	2020/12 (IFRS연결)	2021/12 (IFRS연결)	2022/12(E) (IFRS연결)	2021/12 (IFRS연결)	2022/03 (IFRS연결)	2022/06 (IFRS연결)	2022/09(E) (IFRS연결)
매출액	6,161	8,547	14,856	50,187	5,039	6,625	11,871	15,282
영업이익 ④	371	548	1,150	4,050	275	411	1,029	1,306
영업이익(발표기준)	371	548	1,150		275	411	1,029	
세전계속사업이익	283	476	1,144	3,841	257	358	896	1,273
당기순이익 ⑤	345	467	978	3,214	306	304	778	1,037
당기순이익(지배)	345	469	1,008	2,905	319	261	690	941
당기순이익(비지배)		-3	-30		-13	43	88	

≫ 네이버 증권에서 종목명(위 예시에서는 에코프로비엠)을 검색해 클릭하고 종목 화면으로 들어간다. ① 종목분석 탭의 ② 기업현황 탭을 클릭하면 ③ Financial Summary에서 ④ 영업이익과 ⑤ 당기순이익 등을 확인할 수 있다. 연결재무제표는 당기순이익을 지배주주지분과 비지배주주지분으로 구분한다.

영업손익 = 매출액 - 영업비용(매출원가 + 판매관리비)

당기순손익 = 영업손익 ± 영업외손익 - 법인세비용

당기순손익(연결재무제표) = 지배주주지분 + 비지배주주지분

포괄손익계산서 주요항목

매출액	이익 구분
- 매출원가	① 매출총손익 = 매출액 - 매출원가
- 판매관리비	② 영업손익 = 매출총손익 - 판매관리비
± 영업외손익	③ 법인세차감전순손익 = 영업손익±영업외손익
- 법인세비용	
당기순손익	④ 당기순손익 = 법인세차감전순손익-법인세비용
± 기타포괄손익	
총포괄손익	⑤ 총포괄손익 = 당기순손익+기타포괄손익

① **당기순이익** 영업손익은 매출액에서 영업비용을 제외한 값이다. 영업비용은 매출원가와 판매관리비로 나뉜다. 매출원가는 제조원가라고도 하는데 제품 제조에 들어간 비용이다. 판매관리비는 제품 판매 등에 쓰인 비용이다. 당기순손익은 영업손익에 영업외손익을 가감한 뒤 법인세비용을 제외한다. 연결재무제표는 당기순이익을 지배주주지분과 비지배주주지분으로 구분한다. 명확히 하자면 지배주주지분만 그 기업의 당기순이익이다. 연결재무제표라면 지배주주지분만 그 회사의 당기순이익으로 판단해 보자. 매력적인 실적개선주는 매출액, 영업이익, 당기순이익이

동시에 증가하는 기업이다. 매출액과 영업이익이 정체되면 실적개선이라고 할 수 없다. 실적개선주라면 매출액, 영업이익, 당기순이익을 함께 체크해서 판단해 보자.

≫ 연결재무제표는 지배기업과 종속기업을 함께 기록한다. 연결재무제표 대상인 종속기업은 지배회사가 지분을 50% 초과 보유하는 경우다. 지배회사가 종속회사를 지배한다는 의미다. 지배기업과 종속기업 재무제표를 한 몸처럼 묶는다. 재무상태표의 자산, 부채, 자본과 손익계산서의 수익, 비용, 이익을 하나로 작성한다. 다만 자본(재무상태표)과 당기순이익(손익계산서)만 지배주주와 비지배주주로 구분해 표시한다. 비지배주주 지분은 지배주주 몫과 무관하다. 지배기업 하나만 기록하면 별도재무제표다. 더욱 상세한 사항은 제2권 재무제표편에서 확인해 보자.

② **시가총액** 시가총액은 주식수와 주가의 곱이다. 주가만을 보고 그 기업의 적정가치가 싸다, 비싸다를 논하는 건 잘못된 판단이다. 주식수를 함께 봐야 적정 기업가치를 판단할 수 있다. 매매가 3억 원 아파트는 30평형, 평당 1,000만 원이다. 평형과 평당 단가를 곱해야 3억 원이다. 주식도 마찬가지로 주식수와 주가를 곱해야만 한다.

≫ (예시) 주가 10만 원인 A기업이 주가 1만 원인 B기업보다 시가총액이 작다. A기업이 주가는 더 높지만 주식수가 적어서다.

(A기업) 주가 10만 원 × 10주 = 시가총액 100만 원

(B기업) 주가 1만 원 × 1,000주 = 시가총액 1,000만 원

$$\text{PER} \qquad \frac{\text{주가}}{\text{EPS} = \dfrac{\text{당기순이익}}{\text{주식수}}} = \frac{\text{시가총액}}{\text{당기순이익}}$$

$$\text{PBR} \qquad \frac{\text{주가}}{\text{BPS} = \dfrac{\text{자본}}{\text{주식수}}} = \frac{\text{시가총액}}{\text{자본}}$$

≫ EPS(Earning Per Share)는 1주당 순이익이다. 당기순이익을 발행주식수로 나눠준다.

≫ BPS(Book-Value Per Share)는 1주당 순자산이다. 자본을 발행주식수로 나눠준다. 자본은 자본총계, 자기자본, 순자산으로도 불린다.

3-1 PER　PER(Price Earning Ratio, 주가수익비율)은 시가총액을 당기순이익으로 나눠준다. 관건은 과거의 당기순이익보다 미래의 당기순이익을 적용해서 판단해야 한다는 것이다. 이미 과거 실적을 반영해 주가는 움직였다. 미래 실적이 꺾인다면 지금 실적이 좋아도 주가는 하락한다. 반면 미래의 실적개선이 뚜렷하다면 주가는 실적을 선반영하여 오른다. 과거 실적 기준으로 보면 PER이 버블이라도 미래 실적 기준으로 생각하면 저평가일 수 있다. 바이오기업 PER이 버블인 이유가 미래 신약개발 이후를 기대해 주가가 올라서다. 신약개발이 실패하면 주가버블 낙폭이 커진다. 당기순이익을 반영하기에 실적에 가장 민감한 지표다. 실적개선주라면 PER을 집중해서 봐야 한다. 연결재무제표의 경우 정확히 하려면 당기순이익을 지배주주순이익 부분만 반영해서 PER을 판단해야 한다.

PER = 시가총액 ÷ 당기순이익 중 지배주주 순이익

≫ (예시) 한화그룹 지주회사인 한화의 2021년 당기순이익은 2조 1,621억 원, 시가총액은 1조 8,327억 원(2022.10.26. 기준)이다. 시가총액을 단순히 당기순이익으로 나누면 PER이 1배도 안된다. 반면 지배주주 순이익은 9,011억 원이다. 이를 PER 산식에 대입하면 PER은 2배 수준이 된다. 연결재무제표이므로 지배주주 순이익을 적용해야 한다.

≫ 2021년 당기순이익 2조 1,621억 원

= 지배주주 지분 9,011억 원 + 비지배주주 지분 1조 2,610억 원

PER이 10배라면 10년간 얻는 당기순이익으로 투자원금(시가총액)을 회수할 수 있다는 의미다. PER은 낮으면 낮을수록 좋다. 보통은 PER 10배 이하를 저평가라고 한다. 동일업종 기업들 평균 PER 대비 낮을 경우에도 저평가라고 한다.

3-2 PBR　PBR(Price Book-Value Ratio, 주가순자산비율)은 시가총액을 자본으로 나눈다.

PER은 시가총액을 당기순이익으로 나누지만 PBR은 자본으로 나눈다. 굳이 계산하지 않아도 네이버 증권에 PER, PBR이 다 계산되어 있다. PBR 1배는 시가총액 = 자본(자기자본)이다. 자본은 자본총계, 순자산 또는 자기자본으로도 부른다. 자본(자본총계) = 자산 - 부채다. 자산에서 부채를 빼기에 순자산 또는 자기자본이다. 내 재산인 자산에서 남의 돈인 부채를 빼면 주주의 돈인 자본이 된다. 자본의 모든 걸 모아놓았다고 해서 자본총계라고도 한다. PBR을 청산가치라고도 한다. PBR 1배면 시가총액으로 주주 몫인 자본을 모두 없앨 수 있다는 의미다. PBR도 낮으면 낮을수록 좋다. 가급적 1배 이하면 좋다.

PER보다 PBR이 실적개선 효과에 둔감하다. 이익잉여금은 재무상태표의 자본 항목이다. 매년 당기순이익을 이익잉여금 항목에 쌓아놓는다. 기존 이익잉여금(당기순이익 누적액)에 올해 당기순이익이 더해진다. 올해 순이익과 이익잉여금은 현금배당, 자기주식 매수 등에도 쓰인다. 당기순이익을 오롯이 반영하는 PER보다 PBR이 실적 이슈에 보다 둔감한 이유다. 실적개선주라면 PER에 집중할 필요가 있다. PER은 낮은 데 비해 PBR이 높은 경우도 있다. PER이 낮다면 높은 PBR은 괜찮다.

네이버 증권으로 미래 실적치를 한 번에 확인할 수 있다

실적 체크는 네이버 증권(finance.naver.com)에서 한 번에 확인이 가능하다. 네이버 증권에서 해당 종목명을 검색하고 종목분석-컨센서스를 열면 연간 또는 분기별 과거 실적과 향후 예측치가 한 번에 다 나온다. 매출액, 영업이익, 당기순이익, PER 등이 확인 가능하다. 네이버 증권 예측치는 여러 증권사에서 나온 리서치 자료의 평균치를 적용한다.

네이버 증권 미래 실적예측치 화면

에코프로비엠 247540 코스닥 🖼 2022.10.14 기준(장마감) 실시간 기업개요⌄

| 종합정보 | 시세 | 차트 | 투자자별 매매동향 | 뉴스공시 | **①** **종목분석** | 종목토론실 | 전자공시 | 공매도현황 |

| 기업현황 | 기업개요 | 재무분석 | 투자지표 | **②** **컨센서스** | 업종분석 | 섹터분석 | 지분현황 | 🖶 인쇄 |

주가 & 컨센서스 ③   주재무제표 ⌄   2022/12 ⌄   매출액 ⌄   검색

| 연간 | 분기 | 실적 | | PER | ROE | EV/EBITDA |

재무연월	매출액 (억원)	YoY (%)	영업이익 (억원)	당기순이익 (억원)	EPS (원)	BPS (원)	PER (배)	PBR (배)	ROE (%)	EV/EBITDA (배)	주재무제표
2018.12(A)	5,891.9	103.26	502.8	368.6	578	2,434			26.73		IFRS별도
2019.12(A)	6,160.9	4.57	370.8	344.8	430	4,441	30.46	2.95	12.99	19.27	IFRS별도
2020.12(A)	8,547.5		547.7	469.1	554	5,200	75.92	8.08		40.54	IFRS연결
2021.12(A)	14,856.3	73.81	1,150.3	1,008.4	1,145	5,935	108.06	20.85	20.26	72.12	IFRS연결
2022.12(E)	50,186.9	237.82	4,050.3	2,904.6	3,042	11,932	34.42	8.77	33.80	22.85	IFRS연결
2023.12(E)	74,340.2	48.13	6,056.6	4,193.3	4,288	16,365	24.42	6.40	30.31	15.22	IFRS연결
2024.12(E)	98,688.6	32.75	8,076.1	5,661.9	5,789	22,569	18.09	4.64	29.74	11.47	IFRS연결

*(A)는 실적, (E)는 컨센서스

≫ 네이버 증권의 에코프로비엠 종목 화면으로 들어간다. ① 종목분석 탭의 ② 컨센서스 탭에서 ③ 주가 & 컨센서스를 확인하면 된다. 총 7년간(과거 4년, 올해, 향후 2년)의 매출액, 영업이익, 당기순이익, PER, PBR, ROE, EV/EBITDA 등의 자료를 한눈에 확인할 수 있다. 특히 2년간의 미래 예측치를 통해 실적개선 여부를 확인해 보자. 호재 이슈가 생겼다면 미래 실적부터 확인해 보는 습관을 들이자. 참고로 네이버 모바일 앱에서는 위 컨센서스 정보가 제공되지 않는다. PC 화면에서만 확인이 가능하다. 아래 모든 예시화면도 PC화면 기준임을 참고하자.

최신 자료를 찾겠다면 증권사 리서치 자료 확인

앞선 페이지의 네이버 증권 컨센서스 탭 화면은 업데이트가 늦을 수 있다. 보다 빠른 리포트는 한경컨센서스, 개별 증권사 홈페이지 등을 보면 된다. 네이버 증권도 리서치 탭 화면에 최신 증권사 리서치 자료를 제공하고 있다.

한경컨센서스 에코프로비엠 조회 화면

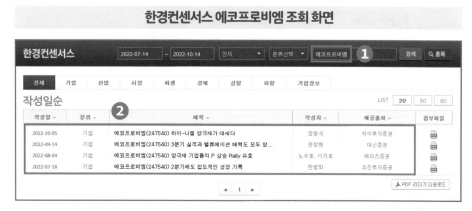

≫ 한경컨센서스에서 ① 종목명을 검색하면 ② 증권사 리서치 자료가 나온다. 다만 대형 증권사 자료는 빠져 있다. 대형 증권사 자료는 개별 증권사 홈페이지를 활용하자.

네이버 증권 리서치 화면

≫ 네이버 증권 메인화면에서 ① 리서치 탭의 ② 종목분석 리포트를 열면 개별종목 리서치 자료를 확인해 볼 수 있다. 시장정보, 산업분석 등 정보들도 추가로 확인 가능하다.

증권사 리서치 실적예측치 화면(하이투자증권, 2022. 10. 5. 기준)

FY	2021	2022E	2023E	2024E		
매출액(십억원)	1,486	4,987	7,546	9,866	**1**	실적 (1단계)
영업이익(십억원)	115	415	588	810		
순이익(십억원)	101	301	416	574		
EPS(원)	4,648	3,147	4,254	5,867		
BPS(원)	24,071	8,143	11,443	16,356		
PER(배)	26.6	29.4	21.7	15.7	**2**	PER (1단계)
PBR(배)	5.1	11.3	8.1	5.6		
ROE(%)	20.3	44.6	43.4	42.2		배당 (2단계)
배당수익률(%)	0.7	1.0	1.0	1.0	**3**	EV/EBITDA,
EV/EBITDA(배)	20.3	20.6	15.0	10.6		ROE(3단계)

≫ 증권사 리포트에는 ① 향후 2년간 매출액, 영업이익, 순이익 등 실적예측치가 실려 있다. ② PER ③ 배당수익률, ROE, EV/EBITDA 등도 함께 확인할 수 있다. 에코프로비엠 실적예측치를 보면 2022년 대비 2년 후 실적이 2배 증가한다. PER도 29.4배에서 15.7배 수준으로 낮아진다.

미래 실적 기준 PER을 직접 계산해 볼 수 있다

PER은 시가총액을 당기순이익으로 나눠준다. 연결재무제표라면 지배주주순이익 부분만 반영한다. 당기순이익은 먼 미래예측치를 대입할수록 좋다. 미래 실적 기준 PER의 저평가 여부를 확인한다. 미래 실적예측치는 네이버 증권이나 증권사 리서치를 통해 찾아냈다. 시가총액만 찾으면 미래 PER을 직접 계산해 볼 수 있다. 시가총액은 주식수와 주가의 곱셈이다. 네이버 증권에서 시가총액, 주가, 상장주식수 모두 확인이 가능하다.

네이버 증권 종목 메인 화면

≫ 네이버 증권의 에코프로비엠 종목 화면으로 들어간다. ① 우측 상단에 시가총액이 나온다. ② 시가총액도 직접 계산해 볼 수 있는데, 상장주식수와 현재주가를 찾아 곱하면 된다. ③ 네이버 증권은 PER, 추정 PER 등의 정보도 제공한다. PER은 최근 4분기 실적 기준으로 작성된 자료다. 추정 PER은 올해 증권사 실적예측치(3개 증권사 이상)를 감안해서 보여주는 추정값이다.

에코프로비엠 실적예측치

구분(억 원)	2021년	2022년 예측	2023년 예측	2024년 예측
매출액	14,856	52,173	89,946	114,676
당기순이익	1,008	2,930	4,109	5,754

≫ 에코프로비엠의 시가총액은 10조 2,496억 원이다. (2022.10.14. 기준) 과거 실적(2021년 말 당기순이익 1,008억 원) 기준 PER은 101.7배다. 반면, 2024년 당기순이익 예측치인 5,754억 원을 대입하면 미래 PER은 17.8배다. 2년 후 실적 기준으로는 PER이 높지 않다.

2021년 말 당기순이익 기준 PER : 10조 2,496억 원 ÷ 1,008억 원 = 101.7배

2024년 말 당기순이익 예측치 기준 PER : 10조 2,496억 원 ÷ 5,754억 원 = 17.8배

46

배당을 체크하라

네이버 증권 주요 재무정보 화면

| 종합정보 ❶ | | 차트 | 투자자별 매매동향 | 뉴스·공시 | 종목분석 | 종목토론실 | 전자공시 | 공매도현황 |

기업실적분석 ❷   더보기·

주요재무정보	최근 연간 실적				최근 분기 실적					
	2019.12	2020.12	2021.12	2022.12(E)	2021.06	2021.09	2021.12	2022.03	2022.06	2022.09(E)
	IFRS 별도	IFRS 연결	IFRS 연결	IFRS 연결	IFRS 연결	IFRS 연결	IFRS 연결	IFRS 연결	IFRS 연결	IFRS 연결
매출액(억원)	6,161	8,547	14,856	50,187	3,104	4,081	5,039	6,625	11,871	15,282
영업이익(억원)	371	548	1,150	4,050	290	407	275	411	1,029	1,306
당기순이익(억원)	345	467	978	3,214	215	318	306	304	778	1,037
영업이익률(%)	6.02	6.41	7.74	8.07	9.36	9.97	5.45	6.20	8.67	8.55
순이익률(%)	5.60	5.46	6.58	6.40	6.93	7.79	6.08	4.59	6.55	6.78
ROE(%)	12.99		20.26	33.80	13.89	16.94	20.26	22.43	18.50	
부채비율(%)	75.67	70.97	139.18		116.35	126.97	139.18	190.83	133.20	
당좌비율(%)	62.84	78.31	65.22		66.04	84.56	65.22	56.32	97.67	
유보율(%)	3,526.31	3,900.07	4,510.82		4,068.20	4,367.25	4,510.82	4,554.93	2,392.37	
EPS(원)	430	554	1,145	3,042	249	368	357	280	738	962
PER(배)	30.46	75.92	108.06	34.42	74.13	125.61	107.75	78.18	64.82	108.83
BPS(원)	4,441	5,200	5,935	11,932	5,401	5,770	5,935	5,990	12,739	
PBR(배)	2.95	8.08	20.85	8.77	9.65	19.89	20.74	16.32	8.91	
주당배당금(원)	37	111	227	303						
시가배당율(%)	0.28	0.26	0.18							
배당성향(%)	8.91	20.10	20.84							

❸ 실적 (1단계)

❹ ROE/비율 (3단계)

❺ PER (1단계)

❻ 배당 (2단계)

≫ 네이버 증권의 에코프로비엠 종목 화면에서 ① 종합정보 탭의 ② 기업실적분석을 보면 배당에 대한 정보를 확인할 수 있다. ③ 실적(매출액, 영업이익, 당기순이익) ④ ROE, 재무비율(부채비율, 당좌비율, 유보율) ⑤ PER ⑥ 배당까지 확인 가능하다.

네이버 증권에서 해당 종목명을 검색하면 메인 화면에 종합정보-기업실적분석이 나온다. 배당정보뿐만 아니라 분석과정 1단계의 실적과 PER, 3단계의 ROE, 부채비율, 당좌비율 등도 한눈에 확인할 수 있다. 배당 관련해서는 주당배당금, 시가배당률, 배당성향이 나와 있다. 12월 말 결산법인의 경우 매년 말 기준으로 작성된 자료다. 올해 실적 기준 배당 예측치도 나온다. 다만, 향후 2년간 배당 예측치는 네이버 증권이나 증권사 리포트 등에서는 직접적으로 나오지 않는다. 대신 실적예측치는 확인할 수 있기에 이를 근거로 배당예측을 해볼 수는 있다. 가령, 실적이 현행 유지될 거라면 현재 배당수준 정도, 혹은 실적이 늘어날 거라면 배당증가를 기대해볼 수 있겠다.

① **배당금** 1주당 지급하는 배당금액이다. 연간 배당금의 증감 추이를 체크해보자. 실적이 개선되면 배당금은 증가할 수 있다. 증자는 주식수 증가를 가져온다. 배당금 총액을 늘리지 않는 한 증자로 인해 1주당 받는 배당금이 줄어들 수 있다.

≫ (예시) 총 배당금이 200만 원일 경우

(주식수 100주) 1주당 2만 원 배당금 지급 → 배당총액 200만 원

(주식수 200주) 1주당 1만 원 배당금 지급 → 배당총액 200만 원

≫ 주식수가 2배로 늘어나는 만큼 주당 배당금이 50% 줄어든다.

② **배당수익률(시가배당률)** 배당금액이 많다고 고배당주라고 착각해선 안된다. 배당금액이 많아도 현재주가가 크면 배당수익률(시가배당률)이 낮을 수 있다. 배당수익률로 고배당주를 판단해야 한다. 배당수익률은 배당금을 현재주가로 나눈다.

배당수익률(시가배당률) = 배당금/현재주가

≫ (예시) 배당금 1만 원, 현재주가 10만 원 = 배당수익률 10%(1만 원/10만 원)

배당금 2,000원 현재주가 1만 원 = 배당수익률 20%(2,000원/1만 원)

배당금 1만 원과 배당금 2,000원을 비교하면 배당금은 1만 원이 크지만 시가배당률은 배당금 2,000원인 주식이 훨씬 높다. 배당금 2,000원인 주식이 더 고배당주다.

5단계 분석표 배당 부분

②배당	배당금	
	시가배당률	
	배당성향	
	현주가 기준 시가배당률	

≫ 분석표에서 시가배당률과 현주가 기준 시가배당률이 있다. 시가배당률은 결산시점(12월 말 결산법인은 12월 말) 기준 배당수익률이다. 네이버 증권에 계산되어 있으니 이를 활용하면 된다. 반면 현주가 기준 시가배당률은 분석당일 기준 시가배당률 계산 값이다. 직접 현재주가와 배당금을 활용해 계산해 보면 된다.

③ **배당성향**　배당성향은 배당금 총액을 당기순이익으로 나눈다. 매년 실적 대비 안정적인 배당성향을 보이는 게 중요하다. 배당성향이 일정하다면 실적이 증가할 경우 배당금 총액이 늘어날 수 있다.

배당성향 = 현금배당 총액/당기순이익

≫ (예시) 당기순이익 1,000억 원, 배당금 총액 500억 원이면 배당성향은 50%다. 실적이 악화되더라도 배당금액이 전년과 동일하다면 배당성향이 올라간다. 당기순이익이 1,000억 원에서 500억 원으로 줄어든 대신, 배당금 총액이 500억 원으로 동일하다면 배당성향은 100%로 올라간다.

47

점검해야 할 주요비율

체크해볼 만한 주요 비율로는 ① 부채비율 ② 당좌비율 ③ 자본유보율 ④ ROE ⑤ EV/EBITDA ⑥ 영업활동현금흐름 ⑦ 잉여현금흐름 ⑧ 이자보상배율 ⑨ 매출채권회전율 ⑩ 재고자산회전율 ⑪ 지분율 등이 있다. 실적개선주이기에 3단계 분석의 상대적 중요도가 떨어진다. 실적이 좋은 우량기업이어서 재무지표들이 좋은 건강한 기업이다. 건강검진으로 치면 모두 양호가 나올 가능성이 높은 몸짱인 몸이다. 특별히 문제가 되지 않는다면 한번 확인하는 걸로 마무리하면 된다. 특별한 리스크가 있을 경우에만 한 줄 코멘트 형식으로 기재하자.

주요비율 점검 방식: 간편법 vs. 정공법

① **간편법**　시간적 여유가 없거나 기업이 우량할 경우에는 부채비율, 당좌비율,

지분율 체크만으로도 끝날 수 있다. 실적개선 정도가 크고 부채비율, 당좌비율이 양호하다면 여기서 종료해도 된다.

② **정공법** 미래 실적 기준 PER, 부채비율, 당좌비율 등이 리스크가 있다고 판단되면 보다 자세하게 시간을 들여 들여다볼 수 있다.

Ⅰ) 미래 실적 기준 PER이 높을 경우나 설비투자가 많은 기업은 EV/EBITDA를 추가적으로 체크해 본다. 설비투자가 많으면 매출액과 영업이익 증가에도 불구하고 감가상각 이슈로 당기순이익이 낮아질 수 있다. 시간적 여유가 된다면 ROE, 영업활동현금흐름, 매출채권회전율, 재고자산회전율 등도 추가적으로 체크해 볼 수 있다. ROE, EV/EBITDA는 실적과 관련되어 있기에 1단계 실적 체크 화면에서 함께 확인할 수도 있다.

Ⅱ) 부채비율이 높다면 이자보상배율을 추가적으로 체크해 보자. 부채비율은 높으나 이자비용 부담이 적다면 괜찮다. 현금이 나가지 않는 착한 부채는 크게 부담되지 않는다.

Ⅲ) 고배당 투자 목적이라면 배당과 함께 잉여현금흐름, 자본유보율도 확인해 보면 좋다. 잉여현금흐름(FCF)이 좋아야 배당, 자기주식 매수 등에 사용 가능한 현금이 많다. 자본유보율(유보율)은 잉여금을 납입자본금으로 나눈 비율이다. 잉여금은 자본잉여금과 이익잉여금으로 구성한다. 이익잉여금이 많으면 배당할 수 있는 여유가 많다.

48

주요비율 확인하는 방법

네이버 증권 부채비율/당좌비율/유보율 화면

주요재무정보	최근 연간 실적				최근 분기 실적					
	2019.12	2020.12	2021.12	2022.12(E)	2021.06	2021.09	2021.12	2022.03	2022.06	2022.09(E)
	IFRS 별도	IFRS 연결	IFRS 연결	IFRS 연결	IFRS 연결	IFRS 연결	IFRS 연결	IFRS 연결	IFRS 연결	IFRS 연결
부채비율(%)	75.67	70.97	139.18		106.35	126.97	139.18	190.83	133.20	
당좌비율(%)	62.84	78.31	65.22		66.04	84.56	65.22	56.32	97.67	
유보율(%)	3,526.31	3,900.07	4,510.82		4,068.20	4,367.25	4,510.82	4,554.93	2,392.37	

기업실적분석 · 더보기▸

≫ 부채비율, 당좌비율, 유보율은 앞선 2단계 배당체크 화면에서 이미 확인방법을 알아봤다.

부채비율	당좌비율	유보율
부채총액	당좌자산	(자본·이익)잉여금
자기자본(자본)	유동부채	(납입)자본금

① **부채비율** 부채비율은 부채총액을 자기자본(자본)으로 나눈 것이다. 남의 돈과 내 돈을 비교한다. 남의 돈인 부채 의존도가 높으면 부채비율이 높다. 부채비율 100%는 부채총액과 자기자본이 동일한 경우다. 부채비율은 가급적 100% 이하가 좋다. 주식관련사채(신주인수권부사채, 전환사채, 교환사채)도 부채다. 금융회사는 고객이 맡긴 돈을 부채로 잡는다. 금융회사를 제외하고는 부채비율이 높은 회사는 주의해야 한다.

≫ 금융기관의 높은 부채비율: 은행, 증권 등 금융기관은 부채비율이 높다. 고객이 맡긴 돈을 부채로 잡아서다. 언젠가는 돌려줄 남의 돈이기에 부채다. 다만 부채비율이 높다고 기업이 부실한 건 아니다. JB금융지주 부채비율(2022년 6월 말 기준)은 1,215%나 된다. 업종 특성상 고객이 맡긴 돈이 많을 수밖에 없다. 금융기관 부채비율은 다른 업종과 다르게 판단해야 한다. 은행은 BIS, 증권은 NCR 등 별도의 리스크 비율을 가지고 있다.

② **당좌비율** 당좌비율은 당좌자산을 유동부채로 나눠준다. 단기 지급능력을 측정하는 지표다. 1년 내 현금화할 수 있는 유동자산은 당좌자산과 재고자산으로 나눈다. 현금, 예금, 외상매출금 등이 당좌자산이다. 재고자산은 판매과정을 거쳐 현금화가 가능하나 당좌자산은 판매과정 없이 현금화가 가능하다. 유동부채는 1년 이내 갚아야 하는 외상매입금, 단기차입금 등이다. 당좌비율은 100% 이상이면 좋다. 100%가 안 되면 단기 운영자금이 부족할 수 있다.

③ **유보율** 유보율은 잉여금을 자본금으로 나눈 비율이다. 자본금 대비 잉여금 비중이다. 잉여금은 남는 돈으로 자본잉여금과 이익잉여금이 있다. 자본잉여금은 무상증자 재원, 이익잉여금은 배당과 자기주식 매수 재원으로 쓰인다. 유보율이 낮으면 회사에 잉여금이 적은 상황이다.

네이버 증권 ROE, EV/EBITDA 화면

주가 & 컨센서스				주재무제표 ▼	2022/12 ▼	매출액 ▼	검색

연간	분기	실적	PER	ROE	EV/EBITDA

재무연월	매출액 (억원)	YoY (%)	영업이익 (억원)	당기순이익 (억원)	EPS (원)	BPS (원)	PER (배)	PBR (배)	ROE (%)	EV/EBITDA (배)	주재무제표
2018.12(A)	5,891.9	103.26	502.8	368.6	578	2,434			26.73		IFRS별도

≫ ROE, EV/EBITDA는 네이버 증권의 종목분석-컨센서스 화면에서 확인할 수 있다고 1단계에서 설명한 바 있다.

④ **ROE** ROE(Return On Equity)는 자기자본이익률이라고도 한다. 당기순이익을 자기자본(자본)으로 나눠준다. 주주의 돈인 자기자본으로 얼마의 순이익을 얻는지 체크한다.

ROE = 당기순이익/자기자본

ROE가 높을수록 수익성이 좋다고 할 수 있다. 업계 평균이나 동종기업 ROE와 비교해 높을수록 좋다. 당기순이익이 증가할수록 ROE가 높아진다. 반대로 분모인 자기자본이 줄어들면 ROE는 올라간다. 현금배당, 자기주식 매수 등을 하면 이익잉여금이 줄어든다. 그만큼 자본이 줄어들어 ROE 수치가 올라간다. 계속 높은 ROE를 유지하기 위해서는 실적이 개선되거나 적극적인 주주환원 정책(현금배당, 자기주식 매수)을 펼쳐야 한다. 워런 버핏은 장기간 ROE가 20% 이상 유지되는 기업들을 좋아했다.

⑤ **EV/EBITDA** EV(Enterprise Value, 기업가치)는 회사에 대한 시장가치다. 시가총액+순부채가 EV다. 순부채는 이자가 발생하는 부채에서 현금화 가능한 유동자산을 뺀 수치다. EBIDTA는 Earnings(이익) Before Interest(이자), Taxes(세금),

Depreciation(유형자산 감가상각) and Amortization(무형자산 상각)의 약자다. 해석하자면 이자, 세금, 감가상각비용을 제외하기 전 이익이란 뜻이다. EBITDA는 순수하게 영업활동 이익만 본다. 설비투자가 많은 회사는 감가상각비 비중이 높기에 이를 제외하는 EV/EBITDA 수치를 보면 좋다. PER 대신 설비투자 기업의 주가수준을 판단하는데 활용할 수 있다.

≫ 감가상각(상각) : 자산가치 하락을 비용처리.

감가(덜 감減, 값 가價)는 가치하락을, 상각(값을 상償, 물리칠 각却)은 보상하여 갚아준다는 의미다. 감가상각(상각)은 내용연수(사용기간) 동안 유형(무형)자산가치 하락을 비용처리 한다. 형태가 있는 유형자산은 감가상각, 형태가 없는 무형자산은 상각으로 표현한다. 감가상각(상각)으로 인해 자산가치는 하락한다.

EV보다 EBITDA가 크다면(EV〈EBITDA) 영업활동 이익 대비 회사가치가 작은 경우로 저평가다. EV/EBITDA는 수치가 작을수록 저평가다. EV/EBITDA가 2배라면 영업활동 이익 대비 회사가치가 2배다. EV(시장가치)로 매수했을 때 2년간 영업활동 이익(EBITDA)이면 투자원금을 회수할 수 있다.

네이버 증권 영업활동현금흐름, 잉여현금흐름(FCF) 화면

| 종합정보 | 시세 | 차트 | 투자자별 매매동향 | 뉴스공시 | **종목분석** ① | 종목토론실 | 전자공시 | 공매도현황 |

| 기업현황 ② | 기업개요 | 재무분석 ④ | 투자지표 | 컨센서스 | 업종분석 | 섹터분석 | 지분현황 | 🖶 인쇄 |

Financial Summary ③ [주재무제표 ▼] [검색] [IFRS ⑦] [산식 ⑦]   * 단위 : 억원, %, 배, 주   * 분기 : 순액기준

| 전체 | 연간 | 분기 |

주요재무정보	연간			⊖	분기			⊖
	2019/12 (IFRS별도)	2020/12 (IFRS연결)	2021/12 (IFRS연결)	2022/12(E) (IFRS연결)	2021/12 (IFRS연결)	2022/03 (IFRS연결)	2022/06 (IFRS연결)	2022/09(E) (IFRS연결)
영업활동현금흐름	128	1,250	-1,009	-2,027	-245	-1,639	-4,028	
투자활동현금흐름	-1,823	-944	-2,373	-5,188	-729	-626	-3,371	
재무활동현금흐름	1,801	90	3,836	6,664	1,068	1,848	8,370	
CAPEX	1,818	984	2,360	4,056	904	614	909	
FCF	-1,690	266	-3,369	-6,096	-1,149	-2,252	-4,937	

≫ 네이버 증권의 에코프로비엠 종목 화면에서 ① 종목분석의 ② 기업현황 탭을 클릭한다. ③ Financial Summary에서 영업활동 현금흐름과 잉여현금흐름(FCF)을 확인할 수 있다. ④ 재무분석 화면을 보면 현금흐름표 영업활동 현금흐름의 세부 항목을 확인해 볼 수 있다.

⑥ 영업활동 현금흐름   영업활동 현금흐름은 영업활동과 관련된 현금의 움직임을 본다. 현금흐름표의 구성항목 중 하나다. 현금흐름표는 현금주의에 따라 작성한다. 현금이 들어와야만 현금흐름표에 기재한다. 외상으로 판매한 금액은 현금흐름표에는 기록되지 않는다. 매출과 손익이 기록되는 손익계산서는 발생주의에 따라 작성된다. 발생주의는 거래가 발생되면 기록한다. 현금 유출입과는 무관하다. 당기순이익은 발생주의에 따라 손익계산서에 작성한다. 외상매출이 실제 현금유입이 있는지 확인하기 위해선 현금흐름표의 영업활동 현금흐름을 확인해 봐야 한다. 당기순이익이 늘어나면 영업활동 현금흐름도 같이 증가해야 좋다. 외상매출만 잔뜩 일으키면 외상값 회수 여부가 나중에 문제될 수 있다. 영업활동 현금흐름은 플러스인 경우가 좋다. 영업활동 현금흐름이 당기순이익보다 작을 경우는 현금흐름표를 열어서 구체적인 이유를 확인해 봐야 한다.

⑦ 잉여현금흐름   잉여현금흐름(FCF, Free Cash Flow)는 남는 돈이다. 영업활동 현금흐름에서 영업에 필요한 투자비용을 제외한 돈을 뜻한다. 네이버 증권에서는 영업활동 현금흐름에서 CAPEX(설비투자비용, Capital Expenditures)를 제외한 돈으로 해석하고 있다. 남는 돈이 많으면 채무상환, 배당지급, 자기주식 매입 등에 활용할 수 있다.

잉여현금흐름 = 영업활동 현금흐름 - CAPEX

네이버 증권 이자보상배율, 자본유보율 화면

종합정보 | 시세 | 차트 | 투자자별 매매동향 | 뉴스·공시 | **종목분석** ❶ | 종목토론실 | 전자공시 | 공매도현황

기업현황 | 기업개요 | 재무분석 | ❷ 투자지표 | 컨센서스 | 업종분석 | 섹터분석 | 지분현황   🖨 인쇄

투자분석 ❸   주재무제표 ▾   ◉연간 ○분기 검색 IFRS ⑦ 산식 ⑦

❹
수익성   성장성   **안정성**   활동성

＊단위 : 억원, %, %p, 배   ＊분기 : 순액기준

❺ 항목	2017/12 (IFRS별도)	2018/12 (IFRS별도)	2019/12 (IFRS별도)	2020/12 (IFRS연결)	2021/12 ➕ (IFRS연결)	전년대비 (YoY)
⊞ 부채비율	157.12	189.30	75.67	70.97	139.18	68.21
⊞ 당좌비율	42.67	35.36	62.84	78.31	65.22	-13.08
⊟ 이자보상배율	4.76	7.85	8.27	12.86	25.61	12.75
영업이익	222.9	502.8	370.8	547.7	1,150.3	
영업외이자비용	46.9	64.1	44.8	42.6	44.9	
⊞ 금융비용부담률	1.62	1.09	0.73	0.50	0.30	-0.20
⊟ 자본유보율	1,380.71	1,862.21	3,526.31	3,900.07	4,510.82	610.75
자본잉여금〈당기〉	854.9	956.1	2,694.4	2,745.0	2,929.3	
이익잉여금〈당기〉	215.2	557.0	930.0	1,356.9	2,240.0	
자본금〈당기〉	77.5	81.3	102.8	105.2	114.6	

≫ 네이버 증권의 에코프로비엠 종목 화면에서 ① 종목분석의 ② 투자지표 탭을 클릭한다. ③ 투자분석의 ④ 안정성 탭을 클릭하면 ⑤ 부채비율, 당좌비율, 이자보상배율, 자본유보율 등을 확인할 수 있다.

⑧ 이자보상배율   이자보상배율은 영업이익을 이자비용으로 나눈다. 이자보상배율은 높을수록 좋다. 그 비율이 1배 미만이면 영업이익으로도 이자를 못 낸다. 분모인 이자비용이 분자인 영업이익보다 큰 경우다. 부채비율이 높을 경우 추가적으로 이자보상배율을 체크해 봐야 한다.

이자보상배율 = 영업이익 / 이자비용

네이버 증권 매출채권회전율, 재고자산회전율 화면

항목	2017/12 (IFRS별도)	2018/12 (IFRS별도)	2019/12 (IFRS별도)	2020/12 (IFRS연결)	2021/12 (IFRS연결)	전년대비 (YoY)
매출채권회전율	9.61	13.93	11.61		9.10	
매출액(수익)	2,898.7	5,891.9	6,160.9	8,547.5	14,856.3	
장기매출채권						
매출채권 〈전기〉	250.4	353.0	492.7	569.0	791.9	
매출채권 〈당기〉	353.0	492.7	569.0	791.9	2,474.0	
재고자산회전율	5.24	5.84	4.14		5.99	
매출액(수익)	2,898.7	5,891.9	6,160.9	8,547.5	14,856.3	
재고자산 〈전기〉	476.3	630.1	1,387.2	1,588.6	1,568.2	
재고자산 〈당기〉	630.1	1,387.2	1,588.6	1,568.2	3,394.0	

* 단위 : 억원, 비율   * 분기 : 순액기준

≫ 네이버 증권의 에코프로비엠 종목 화면에서 ① 종목분석 탭의 ② 투자지표 탭을 클릭한다. ③ 투자분석의 ④ 활동성 탭을 클릭하면 ⑤ 매출채권회전율과 재고자산회전율을 확인할 수 있다. 회전율 추이와 함께 전기와 당기 매출채권, 재고자산 변동폭도 같이 확인해 보자.

$$매출채권회전율 = \frac{매출액}{매출채권}$$

$$재고자산회전율 = \frac{매출액}{재고자산}$$

⑨ **매출채권회전율**   매출채권회전율은 매출액을 매출채권으로 나눈 값이다. 매출채권은 외상매출금, 받을어음 등이 있다. 매출채권이 많아지면 매출채권회전율이 낮아진다. 매출채권회전율은 높을수록 좋다.

⑩ 재고자산회전율   재고자산회전율은 매출액을 재고자산으로 나눈 값이다. 제품이 잘 팔리지 않을수록 재고자산이 쌓인다. 재고자산이 매출액 대비 과하면 재고자산회전율이 낮아진다. 재고자산회전율도 높을수록 좋다. 매출채권회전율과 재고자산회전율은 지난 3~5년간 변화추이, 동종업계 회전율 등과 비교해 보자.

회전율과 함께 회전기간 개념도 알아두자. 회전기간은 매출채권(재고자산)이 회수되는 데 걸리는 기간을 산출하는 개념이다.

매출채권(재고자산) 회전기간 = 365/매출채권(재고자산)회전율

≫ (예시) 매출액 100억 원, 매출채권(외상값) 10억 원이라면 매출채권회전율은 10회이고 회전기간은 36.5일이다.

매출채권회전율 10% = 매출액 100억 원 ÷ 매출채권 10억 원

매출채권회전기간 36.5일 = 365 ÷ 매출채권회전율 10%

지분율 (Part 1) 네이버 증권 지분율 화면 1

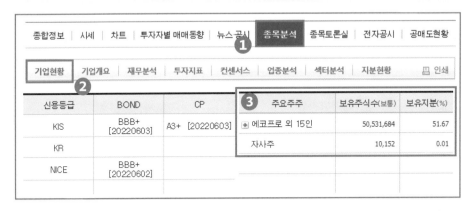

≫ 네이버 증권의 에코프로비엠 종목 화면에서 ① 종목분석 탭의 ② 기업현황 탭을 클릭한다. ③ 최대주주 등, 자사주(자기주식) 보유지분 등을 확인할 수 있다. 최대주주, 자사주에 집중해서 보겠다면 이 화면을 활용하면 된다.

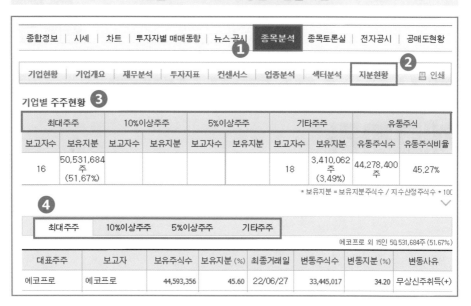

지분율 (Part 2) 네이버 증권 지분율 화면 2

종합정보 | 시세 | 차트 | 투자자별 매매동향 | 뉴스·공시 | **종목분석** | 종목토론실 | 전자공시 | 공매도현황

기업현황 | 기업개요 | 재무분석 | 투자지표 | 컨센서스 | 업종분석 | 섹터분석 | **지분현황** | 🖨 인쇄

기업별 주주현황 ③

최대주주		10%이상주주		5%이상주주		기타주주		유동주식	
보고자수	보유지분	보고자수	보유지분	보고자수	보유지분	보고자수	보유지분	유동주식수	유동주식비율
16	50,531,684 주 (51.67%)					18	3,410,062 주 (3.49%)	44,278,400 주	45.27%

* 보유지분 = 보유지분주식수 / 지수산정주식수 * 100

④ 최대주주 | 10%이상주주 | 5%이상주주 | 기타주주

에코프로 외 15인 50,531,684주 (51.67%)

대표주주	보고자	보유주식수	보유지분 (%)	최종거래일	변동주식수	변동지분 (%)	변동사유
에코프로	에코프로	44,593,356	45.60	22/06/27	33,445,017	34.20	무상신주취득(+)

≫ 네이버 증권의 에코프로비엠 종목 화면에서 ① 종목분석 탭의 ② 지분현황 탭을 클릭한다. ③ 기업별 주주현황을 통해서도 지분율 확인이 가능하다. 이 화면에서는 10%, 5% 주주도 확인해 볼 수 있다. 앞선 페이지 <지분율 화면 1>에서는 자기주식 내용을 확인할 수 있고, 지금 화면인 <지분율 화면 2>에서는 10% 이상 주요주주, 5% 이상 주주를 확인할 수 있다.

⑪ **지분율** 실적개선주이기에 지분율은 특이사항이 있는지 정도만 확인한다. 지분율은 총 발행주식 중 보유하고 있는 주식의 비중이다. 최대주주 등(최대주주 + 특수관계인), 5% 주주, 10% 주주, 자기주식은 한번 확인해 볼 사항이다. 경영권 방어를 위해 최대주주 지분은 많을수록 좋다. 다만, 우량기업인데 최대주주 등의 지분율이 현저히 낮을 경우 경영권 분쟁(경영권을 차지하기 위한 지분싸움) 이슈가 발생할 수도 있다. 경영권 분쟁은 주가상승을 부르는 호재다.

공시/뉴스의 특이사항을 체크하라

네이버 증권 뉴스·공시 화면

종합정보	시세	차트	투자자별 매매동향	**뉴스·공시**	종목분석	종목토론실	전자공시	공매도현황

종목뉴스 ② ✓ 제목 ✓ 내용 ① 종목뉴스 안내 ?

제목	정보제공	날짜
코스닥 시총 1위 굳힐까…에코프로비엠의 이유있는 질주	이코노미스트	2022.10.15 09:01
[코스닥 마감]3년전 수준으로 주저앉아…에코프로비엠 시총 1위 탈환	이데일리	2022.10.13 15:45

공시정보 ③

제목	정보제공	날짜
(주)에코프로비엠 결산실적공시 예고	KOSCOM	2022.10.14
(주)에코프로비엠 (정정)자기주식 취득 결정	KOSCOM	2022.10.12

≫ 네이버 증권의 에코프로비엠 종목 화면에서 ① 뉴스·공시 탭을 클릭하면 ② 종목뉴스 ③ 공시정보가 제공된다.

세밀한 분석은 DART, 간편한 분석은 네이버

공시를 세밀히 분석해 보려면 금감원 공시 사이트(DART)와 거래소 공시 사이트(KIND) 등을 활용할 수 있다. 간편하게 네이버 증권에서 공시를 체크해 볼 수도 있다. 실적개선 기업이기에 간단하게 네이버 증권을 이용해 3년 정도의 공시를 확인해 보자. 네이버 증권(finance.naver.com)은 뉴스도 같이 보여준다. 다만 1년 정도의 기간만 보여주기에 그 이상의 뉴스를 확인하고자 한다면 네이버 뉴스(news.naver.com)에서 해당 종목명을 검색하고 추가 확인을 해보면 된다.

≫ 제2권에서 공시 보는 방법, 공시별 세부 사례와 투자전략 등을 구체적으로 확인할 수 있다.

호재와 악재를 구분해 기재하자

가급적 3년에서 5년 정도의 공시와 뉴스를 리뷰해 보자. 호재와 악재를 구분해 각각 5개 이내로 기록해 둔다. 실적이 좋은 기업이기에 악재보단 호재가 많다. 실적 개선이나 고배당과 관련된 호재 이슈를 찾는 게 핵심이다. 미래실적 기대치나 업황 전망 등이 밝고 저평가 상태라면 적극적인 투자대상이 된다. 반면 호재가 악재보다 많다고 무조건 투자대상이 되는 건 아니다. 악재가 하나라도 치명적인 이슈라면 탈락이다.

≫ 에코프로비엠의 경우 호재는 실적개선, 미국과 유럽정부의 정책지원, 양극재 공급의 현지화(공장건설), 신규공장 가동 등이다. 반면 악재는 경기둔화에 따른 전기차 전환속도 지연 우려 등이었다(2022년 10월 말 기준).

50

투자전략을 세워라

투자전략을 세울 때 꼭 봐야 하는 3가지

투자전략에는 ① 매수이유와 학습효과 ② 매매시점 ③ 추가매수전략 등을 기록한다. ① 합리적인 매수이유가 있어야 한다. 그저 감으로 투자하는 것은 요행수 투자다. 손실을 볼 가능성도 더욱 높아진다. 이성적인 투자판단을 더해 보자. 실적개선 여부 판단은 필수다. 실적개선이 어렵다면 굳이 투자할 메리트가 적다. 과거 경험치 학습효과가 있는지 여부도 파악해 보자. 관심이 모여야 주가상승폭도 더 커질 수 있다. 실적개선에 테마 학습효과까지 더해지면 상승이유가 촘촘해진다. ② 매매시점은 매수와 매도 타이밍이다. 퇴근 후 분석했는데 매력적이라면 매수 타이밍은 바로 다음날이다. 반면 매도 타이밍은 긴 호흡으로 바라보자. 실적개선 효과를 보려면 적어도 2년 이상을 기다려야 한다.

③ 추가매수 계획은 필수다. 한 번에 전부를 매수하고 기다리는 건 하수다. 혹

여 모를 주가하락을 예상해 추가매수 계획을 세워두자. 더 저렴하게 더 많이 살 기회를 준비해 두어야 한다. 추가매수 기준은 현재주가, 앞으로 실적 등을 고려해 공격적 또는 보수적 접근을 선택하면 된다. 공격적인 투자라면 최초 매수시점 대비 -10%마다 추가매수, 보수적인 투자면 -20% 등으로 추가매수 시점을 정해두자. 보다 공격적이라면 손실 시 추가매수 금액을 늘릴 수도 있다. 그 전제는 향후 실적 대비 저평가 정도가 심할 경우다. 다만 -10%가 안되는 손실에 자주 추가매수하지는 않도록 주의하자. 혹여 모를 큰 손실에 추가매수할 자금이 없을 수 있다.

추가매수 투자기준 3가지 예시 (최초 매수시점 기준 하락률)
① -20%마다 추가매수 (-20%, -40%, -60%, 일반적인 경우)
② -10%마다 추가매수 (-10%, -20%, -30%, 공격적 투자, 배당주나 저평가인 경우)
③ 최초 -30% 시점 추가매수 등 변칙전략 (-30%, -50%, -60%, 주가버블이 있는 경우)

에코프로비엠 추가매수 전략 예시
≫ 현재 주가(2022.10.14. 기준)는 104,800원이다. 시가총액은 10조 2,496억 원, 2024년 당기순이익은 5,754억 원이다. 미래 PER은 17.8배(10조 2,496억 원 / 5,754억 원)다. 강한 실적개선주이기에 -10% 시점마다 추가매수 전략을 세운다. 추가매수 시점마다 매수금액을 늘려볼 수도 있다. 2023년 1월 중 주가가 90,100원까지 내려가기도 했었다. 허나 5개월 뒤 실적개선 기대감, 미국과 유럽의 2차전지 지원책 등에 힘입어 주가가 20만 원을 넘어섰다. -10% 손실시점 추가매수를 했다면 수익률이 더 올라갈 수 있었던 셈이다.

하루 10분만 미래 실적 찾기에 빠져라

하루 10분씩만 미래 실적을 찾는 데 할애해 보자. 한 종목당 1분씩 총 10종목이다. 10종목씩 찾아서 언제 부자될 거냐고 하겠지만 1년이면 3,650종목이다. 우리 주식시장 상장종목보다도 많다. 그렇게 1년만 찾아보면 나만의 매력적인 실적개선주 포트폴리오가 만들어진다. 점심식사 후 또는 밤에 잠들기 전 등 매일 규칙적으로 검색하는 시간을 정해두자. 꾸준히 반복해서 하는 것이 중요하다.

먼저 상장법인 전체 리스트를 다운받는다. KIND(한국거래소 공시 사이트)에서 상장법인목록을 엑셀로 다운받을 수 있다.

거래소 공시 사이트 KIND 상장법인 목록

≫ KIND에서 ① 전체 메뉴보기 탭을 클릭하면 ② 상장법인목록을 확인하고 ③ 엑셀로 다운받을 수 있다.

그다음으로는 네이버 증권, 증권사 리서치 등을 통해 미래 실적을 체크해 보자. 미래 실적에 대해 3가지(초록, 노랑, 빨강) 신호등 색을 부여하면 된다. 초록색 리스트만 별도로 관리하면 나만의 훌륭한 실적개선주 리스트 족보가 된다.

(초록) 실적개선이 뚜렷하게 증가하는 경우
(노랑) 실적이 현상유지 수준이거나 크게 개선이 아닌 경우, 실적예측이 없는 경우
(빨강) 실적개선이 뚜렷하지 않거나 실적이 하락하는 경우

2차전지주 미래실적 예시(매출액&영업이익 증가 추이, 2023년 3월 기준)

종목명(단위 : 억 원)	주요제품	2021년	2022년 예측	2023년 예측	2024년 예측
에코프로비엠	양극재	14,856 (1,150)	52,173 (4,091)	89,946 (6,059)	114,676 (8,407)
앨엔에프	양극재	9,707 (442)	40,252 (3,125)	66,342 (4,108)	97,567 (6,629)
포스코퓨처엠	양극재 음극재	19,895 (1,216)	35,486 (2,322)	55,088 (3,494)	76,613 (5,751)
코스모신소재	양극재	3,058 (217)	4,800 (410)	7,757 (553)	12,072 (996)
에코프로	지주사	15,041 (864)	54,124 (6,073)	81,736 (9,484)	142,510 (16,130)
성일하이텍	폐건전지	1,472 (168)	2,503 (547)	2,720 (460)	4,650 (840)
천보	전해질	2,715 (506)	3,317 (601)	5,109 (935)	7,829 (1,459)

*종목별로 위에서부터 매출액, 영업이익(괄호안)순으로 실적 숫자를 기재

6장

아들아,
배당주, ETF, 스팩,
리츠로 리스크를
최소화 하려무나

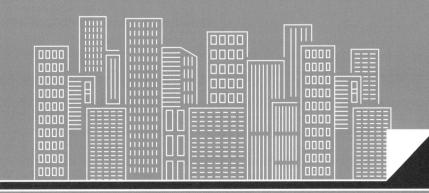

51

배당주로 안전함을 지켜라

배당을 주는 회사는 돈 많은 좋은 기업이다

배당은 배당가능이익 범위 내에서 지급한다. 돈 잘 버는 회사가 고배당주가 될 수밖에 없다. 그해 적자일 경우에는 그동안 쌓아둔 배당가능이익이 있다면 배당을 지급할 수도 있다. 적자가 누적된 기업은 배당 지급이 어렵다. 적자 부실기업을 피하고 싶다면 배당을 주는 회사만 고르면 된다. 돈 많은 좋은 기업이기에 배당이 가능하다.

≫ 배당가능이익이란 순자산(자본총계)에서 자본금, 자본준비금, 이익준비금, (대통령령으로 정하는) 미실현이익을 제외한 금액이다. 상법(제462조)에서는 자본금 감소를 엄격히 제한함에 따라 자본금은 배당가능재원에서 제외한다. 자본준비금과 이익준비금은 법정준비금이다. 법정준비금은 자본전입 또는 결손보전 이외에는 사용이 제한된다. 미실현이익은 실제 발생된 이익이 아니므로 배당가능이익 계산 시에 제외한다.

주식투자가 어려웠던 이유는 돈 잘 버는 회사(실적개선주), 돈 잘 주는 회사(고배당주)를 고르지 않아서다. 단기급등 테마 이슈에 또는 차트분석에 의존해 부실적자 기업만 고르다 보니 결과는 손해다. 돈 잘 벌고 돈 잘 주는 회사만 집중해서 투자하자. 상장사는 배당가능이익으로 자기주식을 매입할 수도 있다. 자기주식도 배당과 지급재원이 동일하다. 자기주식 매입이 늘어나면 배당이 줄어들 수 있다.

지키는 투자의 기본은 배당주다 (약세장에 덜 내린다)

고배당주 매력은 주가가 덜 내린다는 점이다. 단기 급등도 없지만 단기 급락도 없다. 안정적인 주가흐름에 마음 편한 투자가 가능하다. 약세장에선 다른 종목보다 내림폭도 적다. 투자의 핵심은 실적이 개선되는 좋은 기업을 고르는 것이다. 여기에 안정감을 더하자면 실적개선주와 함께 고배당주를 곁들이자.

고배당주는 손절매하지 말자. 주가가 내릴수록 배당 매력은 더 올라간다. 싸게 사서 배당을 더 많이 받으니 매력적이다. 좋은 기업이기에 회사 내에 돈도 많다. 유상증자 등 주가희석을 가져오는 악재도 적다. 돈 많은 기업이면서 돈 많이 주는 기업이기에 매력만 있다. 손절매 대신 추가매수로 매수단가를 최대한 낮추고 배당 매력을 최대한 올려보자.

배당만으로도 손실을 메운다

투자원금 대비 10% 배당을 10년간 받으면 세전 기준 투자원금이 된다. 비록 투자원금이 반토막이 나도 배당을 합치면 50% 수익이 되는 마법이다. 배당이 손실을 메워주니 좋다. 주식투자는 좋은 기업을 사서 오를 때까지의 기다림이라 했다. 때론 손실로 인해 장기간 기다릴 수도 있다. 이왕이면 고배당주가 매력적이다. 기다리면서 배당수익을 챙길 수 있기 때문이다. 그동안 받은 배당수익과 투자손실을 고려해 이익이라면 매도할 수도 있다.

배당주는 급락장 공격적 투자를 위한 좋은 재원이 된다

현금보유도 좋은 투자법이다. 급락장일수록 보유한 현금이 유용하게 쓰인다. 현금을 20~30% 보유하라고 하지만 욕심 때문에 쉽지 않다. 막상 급락장이 오면 매수할 자금이 없다. 그럴 경우 KT&G와 같은 주가 저변동성 고배당주를 투자해 두는 것도 방법이다. 보다 공격적이라면 실적개선 고배당주를 노려볼 수도 있다. 주식시장만 좋다면 거래량이 늘어난다. 거래량 증가는 증권사 실적개선으로 이어진다. 강세장 대신증권 우선주와 같은 종목이 실적개선 고배당주에 해당한다. 개별종목 리스크보다 더 안전하게 투자하고자 한다면 고배당저변동 ETF 등 저변동(로우볼) ETF들도 노려볼 수 있다.

배당주의 안정적인 주가흐름은 약세장에서 빛을 발한다. 현금 대신 급락장에서 유용하게 활용할 수 있다. 기존에 투자한 고배당주가 수익을 내는 중이라면 급락장에 차익을 실현할 수 있다. 차익이 줄어들 뿐 손해가 아니다. 고배당주를 매도해 공격적으로 투자해 보는 것이다. 낙폭과대 실적개선주 같은 보다 고수익률 종목으로 체인지를 한다. 약세장 고배당주는 현금처럼 유용하게 쓸 수 있으니 매력적이다.

52

높은 시가배당률을 챙겨라

시가배당률로 매매 포인트를 찾아라 (매수와 매도목표 정하기)

배당주 투자에선 ① 시가배당률 ② 배당성향, ③ 실적 체크의 세 가지가 중요하다. 시가배당률은 '배당금 ÷ 현재주가'다. 배당금 500원, 현재주가 1만 원이면 시가배당률은 5%다. 시가배당률과 배당수익률이 혼용되어 사용된다. 정확히 구별하자면 시가배당률은 배당시즌에만 쓴다. 배당부일(배당기준일 2영업일 전)부터 약 일주일 정도의 주가평균과 배당금을 비교한다. 시가배당률은 높을수록 좋다. 그만큼 배당투자 수익률이 높아진다. 배당금액은 중요하지 않다. 배당금액이 커도 현재주가가 크면 시가배당률은 낮을 수 있기 때문이다.

(Case 1) 배당금액 1만 원, 현재주가 100만 원	(Case 2) 배당금액 1,000원, 현재주가 1만 원
→ 시가배당률 1% (배당금 1만 원 ÷ 현재주가 100만 원)	→ 시가배당률 10% (배당금 1,000원 ÷ 현재주가 1만 원)

고배당주는 시가배당률로 매매를 결정한다. 시가배당률이 높은 회사를 사서 배당매력이 떨어지면 판다. 배당매력이 떨어진다는 건 주가가 올랐다는 거다. 시가배당률은 배당금 ÷ 현재주가이기에 주가가 오를수록 시가배당률은 낮아진다. 아빠는 시가배당률 8% 이상인 종목을 사서 6%에 파는 걸 원칙으로 한다. 주가는 30% 이상 오르게 된다. 매수와 매도 판단 근거가 모두 시가배당률이다. 오직 시가배당률 수익률만 본다.

배당주는 주가가 내릴수록 더 좋다 (시가배당률이 올라서)

현재주가가 내릴수록 시가배당률(배당수익률)은 올라간다. 가령 배당금 500원, 현재주가 1만 원이면 시가배당률은 5%(500원 ÷ 1만 원)다. 현재주가가 5,000원으로 내려가면 시가배당률은 10%(500원 ÷ 5,000원)가 된다. 주가가 내려갈수록 배당수익률이 올라가니 좋다. 투자전략은 심플해진다. 배당주이기에 흑자기업이다. 추가매수 전략으로 더 사면 된다. 고배당주라면 -10%마다 추가매수 전략으로 접근해 보자. 더욱 공격적이라면 추가매수 금액을 키워보자.

(Case 1) 현재주가 1만 원, 배당금 1,000원	(Case 2) 현재주가 5,000원, 배당금 1,000원
→ 시가배당률 10% (배당금 1,000원 ÷ 현재주가 1만 원)	→ 시가배당률 20% (배당금 1,000원 ÷ 현재주가 5,000원)

안정적 배당성향을 유지하고 있는가

배당성향을 파악할 필요가 있다. 배당성향은 당기순이익 중 현금배당금의 비중이다. '현금배당 총액 ÷ 당기순이익'이다. 최소 3년~5년간 배당성향을 파악해야 한다. 배당성향이 일정하게 유지되는지가 중요하다. 안정적 배당금액 확인을 위해서는 배당성향 파악이 필요하다. 배당성향이 일정하게 유지되고 있다면 실적이 개선될 경우 배당총액이 올라간다. 일회성 고배당일 경우 그 해에만 배당성향이 높다. 들쭉날쭉한 배당성향일 경우 고배당을 예측하기 어렵다. 배당성향이 달라도 매년 배당금이 동일한 경우도 있다. 최소 3년간 배당금이 동일할 경우 실적변동이 크지 않다면 올해 배당금도 동일액으로 예측해 볼 수도 있다.

≫ 배당성향이 높을 경우 현금배당으로 돈이 빠져나간다. 그만큼 사내유보율이 낮아져 투자금액(설비투자, 연구개발 등)이 줄어들게 된다.

(Case 1) 배당성향 50%, 당기순이익 100억 원	(Case 2) 배당성향 50%, 당기순이익 200억 원
→ 총 배당금액 50억 원	→ 총 배당금액 100억 원 기대

≫ 배당성향이 동일하다 가정할 경우 실적이 개선되면 총 배당금액이 증가된다.

일회성 고배당 여부를 파악하라

일회성 수익이 크게 난 경우 고배당을 한다. 세금 낼 바에야 배당을 주는 게 나아서다. 일회성 고배당은 기업 매각차익 등이 크게 발생한 경우, 인수합병(M&A)후 인수자금 회수를 위한 경우, 상속(증여) 세금마련을 위한 경우 등이다. 상속(증여) 세금은 5년간 총 6번 분납이 가능하다. 5년 기간만 상속(증여)세금 납부를 위해 고배당을 하기도 한다. 일회성 여부 판단을 위해 최소한 지난 3년간 시가배당률, 배당성향, 실적 등을 확인해 보자. 일회성 고배당만 보고 앞으로 고배당을 줄 것이라고 착각해선 안된다.

배당주는 1월에 사서 12월에 차익실현하라

주식투자는 저가에 사서 고가에 파는 게 원칙이다. 배당주에 그 원칙을 적용하면 1월에 사서 12월에 팔아야 한다. 우리나라 기업은 대부분 12월 말 결산법인이다. 12월 말 배당락 이후 배당을 받으려면 1년을 기다려야 한다. 당연히 배당락 이후 1월 주가는 하락한다. 그 시점이 고배당주 저점매수 기회다. 반면 '찬바람 불면 고배당주'라는 말이 있듯 연말이 다가올수록 고배당주 주가가 오른다. 배당을 받고자 하는 수요가 늘어서다. 고배당주 투자자라면 1월 매수, 12월 매도 방식을 잘 활용하면 된다. 중간배당(연 2회 배당), 분기배당(연 4회 배당)의 경우 배당락이 자주 찾아온다. 배당락 이후 매수, 배당부 즈음 매도 전략을 짧게 가져가면 된다. 연말 배당으로 얻을 배당수익률 8%, 투자수익률 30%라면 아빠는 매도를 선택한다. 실적개선 등 특별한 호재가 없다면 둘 중 얻을 수 있는 수익이 더 큰 걸 선택하는 거다. 시가배당률 8%인 종목은 또 찾을 수 있다.

≫ 배당을 받을 수 있으면 배당부, 배당을 받을 수 없으면 배당락이다. 배당기준일 2영업일 전이 배당부, 1영업일 전이 배당락이다. 12월 말 결산법인의 경우 12월 말일 기준 배당부, 배당락이 정해진다. 다만 12월 31일은 거래소가 쉬는 휴장일이다. 하루 전 영업일을 기준으로 배당부(배당락) 여부를 정한다. ① 현재는 배당대상 주주를 12월 말 확정(배당부)한 다음 ② 익년도 3월 주주총회에서 배당금액을 정했다. 2024년부터는 ① 배당금액을 먼저 확정한 다음 ② 배당대상 주주를 정할 수 있다. 12월 말 결산법인의 경우 익년도 3월 주주총회에서 배당금액을 정한다. 그다음, 배당기준일(배당주주 확정일)을 익년도 4월로 한다.

≫ 배당부(배당락), 배당제도 개편 등은 제2권에서 상세히 확인해 보자.

53

배당주를 50% 이상 담아라

주식 입문 후 최소 3년은 100% 배당주에만 투자하라

실력이 없을수록 또는 투자금이 적을수록 배당주를 멀리한다. 적은 투자금으로 언제 부자되냐 싶어 공격적으로 투자한다. 순서가 한참 잘못되었다. 배당주에서 투자경험을 쌓은 뒤 실적개선주로 옮겨야 한다. 배당주의 안전함에서 실적개선주의 수익추구 + 안전함으로 가야 한다. 산전수전 다 겪은 후에야 테마주에 투자할 수 있다. 스노볼 효과를 고려한다면 원금 1,000만 원은 적은 투자금이 아니다. 따박따박 안정적으로 매번 수익 내면 금방 1억 원이 될 수 있다. 굳이 처음부터 무리해서 공격적으로 투자해선 안 된다.

주식 입문자라면 최소 3년은 배당주 위주로만 투자해야 한다. 3년이 지루할지도 모르나 주식투자 안전운행을 위해선 필수다. 초기에 배당주에 입문하라는 이유는 첫째, 크게 잃지 말라는 거다. 급등주 따라잡기를 하다 크게 잃은 뒤 주식투자 흥미를 잃는 경우가 많다. 다신 주식에 투자하지 않겠다고 물러서는 걸 방지하기 위함이다. 둘째, 배당의 매력에 빠져보기 위해서다. 따박따박 이자처럼 들어오는 배당 매력을 알면 배당주 투자가 즐겁다. 셋째, 투자실수를 최소화하기 위해서다. 군이 투자금으로 뼈아픈 손해를 경험할 필요 없다. 투자실수를 줄여 투자원금을 안전하게 지키는 게 좋다. 안전함의 매력을 알아야 가치투자 기본이 쌓인다.

은퇴했다면 시가배당률 15% 인생 배당주에 투자하라

아빠는 은퇴자금 3억 원을 배당주 투자만 하기로 했다. 투자원금 3억 원으로 배당금 10%만 받아도 연 3,000만 원이다. 세금을 제하고도 월 200만 원 정도를 쓸 수 있는 쏠쏠한 노후자금이 된다. 배당주는 -10% 손실부터 추가매수가 원칙이자만 은퇴 후라면 좀 더 보수적으로 운용하는 편이 좋다. 은퇴자금은 절대 잃어서는 안된다. 최대한 배당주를 많이 분산해 놓아야 한다. 적어도 10종목 이상 고배당주 분산투자다. 투자원금 3억 원을 투자할 경우 한 종목에 최대 3,000만 원 정도 투자한다. 혹여 1~2종목이 손실을 보더라도 나머지 종목이 안전함을 더한다. 오히려 손해가 많이 나는 고배당주는 추가매수 기회다. 실적만 악화되지 않는다면 추가매수로 매수단가를 낮춘다. 은퇴자금은 전부 고배당주에만 투자하되 최대한 많이 분산하는 것이 핵심이다.

실력이 있어도 배당주를 50% 이상 담아라

투자실력이 쌓였다고 초심을 잃어선 안 된다. 실력이 늘어도 배당주를 담는 습관을 계속 유지하자. 고배당주를 최소 50% 이상 담아두자. 투자원금을 지키고 싶은 보수적 투자자일수록 고배당주 비중을 높여야 한다. 주식투자로 원금을 지키며 은행 이자의 2~3배 수익을 원한다면 고배당주가 딱이다. 괜히 어설픈 실력으로 급등주만 공략하다 그동안 번 돈 다 잃는다. 벌다 잃다를 반복하면 결국 남는 수익은 없다. 실력자라면 배당주 50%, 초심자나 은퇴(예정)자라면 배당주 100% 원칙을 지키자. 최소 50%는 안전함을 유지하며 투자해야 오래 투자할 수 있다. 한순간 일확천금을 노리는 주식투자로는 좋은 결과를 내기 어렵다. 일확천금 대신 큰 손실만 얻을 뿐이다. 배당주로 안전함과 고배당, 주가상승까지 노려보자.

은퇴가 가까울수록 급락장 고배당주에 집중하라

은퇴가 가까이 올수록 인생 배당주를 찾는 노력을 하자. 인생 배당주는 시가배당률 15% 이상 주식이다. 매년 15% 이자 같은 배당을 주니 좋다. 시장은 15% 배당수익률을 그대로 두지 않는다. 실적만 유지된다면 주가는 계속 오른다. 배당수익률 7%대까지 오른다면 주가는 2배 상승한다. 배당수익률이 7%로 낮아져도 여전히 고배당이다. 계속 15% 배당을 받든가, 2배 투자수익 차익실현을 하든가 행복한 선택만 남았다. 월급 같은 꾸준함이 필요하다면 매도 대신 15% 배당수익을 유지해도 된다.

서킷브레이커와 같은 시장급락에 인생 배당주를 만들어보자. 최소 시가배당률 15% 이상 종목들만 엄선해 투자해 두는 거다. 매년 따박따박 15% 이자를 받는 셈이다. 시가배당률 15% 종목을 3억 원어치 매수했다 치자. 매년 4,500만 원씩 배당금을 받는다. 만 65세 이후 배당 4,500만 원에 국민연금을 더하면 연봉 약 6,000만 원이다. 세전 월 500만 원씩 들어오니 안정적 노후자금이 된다. 굳이 은퇴 이후 힘들게 일하지 않아도 된다. 자본이 노후화된 노동력을 대신해 주기 때문이다.

54

실적이 늘어나면 배당이 증가한다

배당주 실적을 반드시 챙겨라

배당주는 배당수익률(시가배당률), 배당성향과 함께 실적 체크는 필수다. 실적이 꾸준히 유지되어야 배당도 안정적일 수 있다. 실적이 들쑥날쑥하면 배당도 불안정하다. 최소한 전년도 실적만큼 계속 유지되어야 한다. 이왕이면 실적이 증가할수록 좋다. 배당이 더욱 늘어날 수 있다. 배당을 주는 회사는 기본적으로 흑자기업이다. 흑자기업은 재무지표들이 안정적이다. 부채비율 등도 높지 않다. 고배당주라면 실적 위주로 체크하면 되니 분석이 심플하다.

고배당주의 실적악화는 악재다. 실적악화는 배당감소로 이어진다. 배당을 목적으로 투자한다면 실적 체크를 꾸준히 해야 하는 이유다. 실적은 분기마다 발표된다. 3개월마다 실적 체크를 해보자. 전년 대비 실적유지 여부와 시장 기대치에 부합하는 실적인지 확인하자. 실적이 악화되었다면 일회성 실적악화인지 점검하자. 실적이 지속적으로 악화될 게 예상된다면 매도대상이다.

≫ (예시) 정유주인 S-에은 유가가 하락한 2020년 적자로 배당을 하지 못했다. 하지만 1년 뒤 유가급등에 따른 실적개선으로 배당을 지급했다.

안정적 배당성향 + 실적개선 = 배당이 오른다

그동안 안정적 배당성향을 보여줬다면 실적개선은 호재다. 실적이 늘어난 만큼 배당을 늘릴 가능성이 높아서다. 실적개선과 함께 배당성향 유지 여부 체크가 필수인 이유다. 배당성향이 높으면 R&D 투자 비중 등이 줄어들 수 있다. 허나 실적개선이 꾸준하게 이뤄진다면 R&D 비중을 유지하면서도 기업은 커나갈 수 있다. 고배당주를 택하는 이유는 배당의 꾸준함이다. 그 꾸준함 유지는 ① 높은 배당수익률 ② 안정적 배당성향 ③ 실적유지(개선)으로 요약할 수 있다.

전통적인 고배당주는 안정적 주가흐름 + 고배당을 보인다. 반면 배당성장주는 성장주 + 배당이다. 산업성장과 함께 실적개선을 노린다. 배당은 조금 적을지언정 실적개선에 좀 더 중점을 둔다. 실적개선 결과 배당도 꾸준히 증가하게 된다. ETF로는 'TIGER 배당성장', 'KODEX 배당성장'이 있다. 둘 다 기초지수로는 코스피 배당성장50 지수를 추종한다. 코스피 종목 중 50종목만 엄선해 배당성장 섹터에 포함한다. 해당 ETF의 구성종목군들을 확인해 보자. 해외지수 추종으로는 'KOSEF 미국방어배당성장나스닥 ETF'가 있다.

자기주식 소각도 매력적이다

배당과 자기주식 매입 재원은 배당가능이익으로 동일하다. 자기주식 매입을 많이 하면 배당이 그만큼 줄어들 수 있다. 배당 대신 자기주식 매입 후 소각을 선택할 수도 있다. 소각만 한다면 배당만큼 매력적이다. 주가상승 측면에서 보면 폭발력이 있다. 시가총액은 주식수와 주가의 곱셈인데 주식수가 줄어들면 시가총액도 작아진다. PER은 시가총액을 당기순이익으로 나눈다. 시가총액이 작아지니 PER도 낮아지고 저평가 상태가 된다.

≫ 테슬라, 알파벳, 메타, 아마존 등은 배당을 하지 않는다. 배당을 하면 성장성이 떨어진다는 신호가 된다고 보기 때문이다. 대신 자기주식을 매입한 후 소각해 주당이익을 높인다.

≫ (예시) 메리츠금융지주 등 메리츠금융그룹은 배당을 줄이는 대신 자기주식 매입 후 소각을 발표했다. 처음엔 배당축소 우려감에 주가는 하락세를 보였으나 회사가 실제로 자기주식 매입을 이어가자 주가는 상승했다. 자기주식 매입 후 소각은 고배당과 함께 주가상승의 매력적인 요인이다.

케이스 스터디 107 로우볼

안정적 주가 움직임 + 배당

하락장이 예상될 경우 매력적인 투자전략은 로우볼이다. 로우볼이란 'Low+Volatility'의 합성어다. 낮은 변동성이란 의미로 주가변동성이 낮은 종목을 말한다. '로우볼', '저변동' 이란 이름으로 관련 ETF가 있다. 코스피지수 대비 안정적인 수익을 노릴 수 있다. 'TIGER 로우볼 ETF'는 코스피 시가총액 상위 200종목 중 변동성이 낮은 40개 종목에 투자한다. 'ARIRANG 고배당저변동50 ETF'는 코스피 종목 중 변동성이 낮은 고배당주 50개에 투자한다. 여기에 안정적인 배당까지 노려볼 수 있다.

≫ TIGER 로우볼 ETF는 1년간 -9.1% 하락했다. 같은 기간 코스피지수는 -24.7% 하락했다. 2년간 수익률도 20.4%로, 코스피지수 -3.3%를 능가한다. ARIRANG 고배당저변동50 ETF는 1년간

-5.34% 하락, 2년간 29.9% 상승했다(2022.9.16. 기준).

≫ ①~② 코로나19에 따른 주가급락 이후 저점 대비 주가가 2배 상승했다. 안정적 주가흐름 속에서 주가상승도 가능하다. ③ 약세장에선 코스피지수 대비 낮은 주가변동폭을 보여준다.

투자전략 | 로우볼 투자전략은 하락장이 예상될 경우 매력적인 투자방법이다. 코스피지수보다 하락폭이 상대적으로 적다. 약세장에서 선방하면서 배당수익을 노려볼 수 있다.

안정적 주가흐름 + 고배당

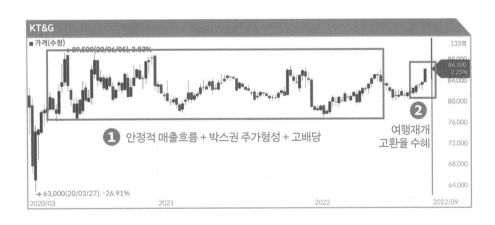

≫ KT&G는 담배와 인삼이 주된 매출품이다. 안정적 매출흐름에 주가가 박스권에 형성되어 있는 고배당주로 통한다. ① 담배는 필수소비재로 매출이 일정하다. ② 담배는 환율 영향을 받는다. 달러강세 영향으로 궐련형 전자담배 수출판가가 상승세를 보인다. ③ 사회적 거리두기 해제, 해외여행 재개에 따른 면세수요 증가는 인삼 매출증가를 가져온다. 덕분에 주가도 상승세다.

≫ **매출액 추이[단위 : 백억 원]** 2019(496), 2020(506), 2021(523), 2022 예측치(565)

구분	2019년	2020년	2021년
주당배당금(원)	4,400	4,800	4,800
시가배당률(%)	4.69	5.78	6.08
배당성향(%)	53.81	50.83	58.93

투자전략 | 안정적 고배당주는 실적과 시가배당률을 주목하자. 실적이 개선되면 배당도 늘어난다. 주가가 하락할수록 시가배당률은 오르니 매력적인 투자기회다.

케이스 스터디109 **고배당**

실적개선 + 고배당 지속

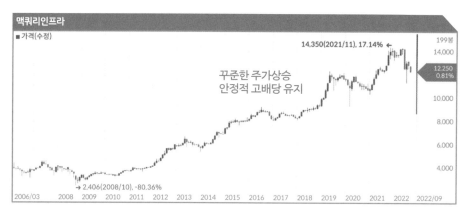

≫ 맥쿼리인프라는 도로, 항만 등 사회간접자본(SOC)에 투자하는 부동산인프라펀드다. 2008년 10월 2,406원이던 주가는 2021년 11월 14,350원까지 약 7배 가량 상승했다. 주가상승에도 불구

하고 주당배당금이 증가해 고배당주 명성을 지속적으로 유지해 왔다. 약세장에서도 상대적으로 안정적인 주가흐름을 보여주는 점도 매력 포인트다.

≫ **주당배당금 추이** 2017년(540원), 2018년(622원), 2019년(700원), 2020년(720원), 2021년(750원)

투자전략 | 고배당주 투자전략 핵심은 배당수익률이다. 현재주가와 배당금을 비교해 투자여부를 결정하자. 맥쿼리인프라의 경우 시가배당률 5~6% 이상이면 투자를 고민해 볼 수 있다. 혹여 손실일 경우 –10% 시점마다 추가매수 관점으로 접근하면 좋다.

케이스 스터디 110 **고배당**

실적개선 + 배당증가 + 배당락 저점매수 기회

≫ ①~② 배당락 이후 1월 한 달간 주가는 하락세를 보였다. 하락 후 횡보구간은 매력적인 저점매수 기회다. ③ 고배당 기대감에 주가는 지속적으로 상승했다. 연초 대비 2배 이상의 주가상승이다. 고배당을 기대했는데 투자수익률이 더 높아졌다. 차익실현 관점에서 접근할 만하다. ④ 12월 말 결산법인 배당락 이슈로 주가하락 패턴이 반복된다. ⑤ 주식거래량이 감소하면서 실적하락 우려감에 주가는 약세를 보였다. 실적이 줄어들면 배당도 줄어들 수 있다. 이를 고려해 시가배당률을 계산해 투자하면 된다.

구분	2019년	2020년	2021년	2022년 예측
매출액(억 원)	26,967	28,680	36,353	
영업이익(억 원)	997	2,392	8,855	3,910
주당배당금(원)	1,000	1,200	1,400	
시가배당률(%)	12.06	12.36	9.24	

투자전략 | 연말 배당락 이후 1월은 고배당주 주가가 조정을 보인다. 이때가 매력적인 저점매수 기회다. 시가배당률 기준 투자판단을 해보자. 실적 지속성 여부도 판단해야 한다. 매력적인 시가배당률이라면 적극적으로 공략해 보자. 주가상승을 노리거나 안정적 고배당을 택하자. 주가가 떨어질수록 시가배당률은 오르니 추가 매수하면 된다. 주가가 시가배당률 보다 더 오른다면 차익실현도 가능하다.

대신증권은 보통주 대신증권과 함께 (신형)우선주인 대신증권우, 대신증권2우B가 있다. 보통주보다 우선주 시가배당률이 훨씬 높다. 고배당에 포커스를 둔 투자라면 우선주가 더 매력적인 투자처다.

대신증권 보통주와 우선주 배당규모 & 시가배당률 비교

구분	2019년	2020년	2021년
대신증권	1,000원(8.37%)	1,200원(9.23%)	1,400원(7.51%)
대신증권우	1,050원(11.72%)	1,250원(12.32%)	1,450원(9.15%)
대신증권2우B	1,000원(12.06%)	1,200원(12.36%)	1,400원(9.24%)

서킷브레이커에 시가배당률 체크

>> ① 서킷브레이커가 발생하고 주가가 급락했다. 대신증권2우B 시가배당률이 21%까지 나왔다. 5년만 들고 있으면 투자원금을 얻는다. 공격적으로 투자하지 않을 이유가 없다. ② 서킷브레이커 이후 1년 6개월 만에 주가는 340%나 올랐다. 시가배당률 21%에 매수하고 주가가 올라 시가배당률은 7.2%까지 낮아졌다. ③ 주가정점 이후 주식시장의 주식거래량이 감소해 증권주 주가가 내렸다. 허나 시가배당률은 10.6%로 올랐다. 주가가 내리면 시가배당률은 더 오른다. 매력적인 투자기회가 된다.

투자전략 | 서킷브레이커는 매력적인 고배당주 투자기회다. 평소 주목하던 고배당주를 공격적으로 매수해 보자. 전제는 실적과 배당이 그동안 안정적이었던 주식들이다. 시가배당률이 가급적 15%가 넘는 인생 배당주를 사두자. 주가가 올라서 좋고 배당을 많이 받아서 좋다.

지속적인 배당증가는 매력적 투자대상

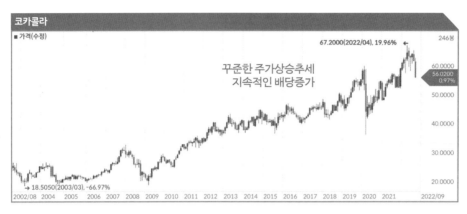

코카콜라

■ 가격(수정)

67.2000(2022/04), 19.96% ←   246봉

꾸준한 주가상승추세
지속적인 배당증가

60.0000
56.0200
0.97%

50.0000

40.0000

30.0000

20.0000

→ 18.5050(2003/03), -66.97%

2002/08 2004 2005 2006 2007 2008 2009 2010 2011 2012 2013 2014 2015 2016 2017 2018 2019 2020 2021 2022/09

≫ 코카콜라는 59년 연속(2021년 말 기준) 연간 배당금을 인상해 왔다. 2019년 68억 달러, 2020년 70억 달러, 2021년 73억 달러를 배당했다. 배당성향도 높아 2019년 77.2%, 2020년 90%, 2021년 74.2%다. 1988년 워런 버핏이 매수할 당시 코카콜라 주가는 주당 2달러 수준이었다. 배당금이 지속적으로 증가해 연간 배당금만으로도 1년 투자수익이 나올 정도가 되었다.

투자전략 | 꾸준하게 배당금이 증가하는 기업은 매력적인 장기배당투자 종목이다. 배당을 늘릴 수 있다는 건 실적도 그만큼 증가해 왔다는 의미다. 미국에선 배당금이 50년 이상 증가한 기업을 배당왕, 25년 이상은 배당귀족, 10년 이상은 배당 챔피언, 5년 이상은 배당 블루칩으로 이야기한다. 프록터 앤드 갬블(P&G, 비누·세제), 존슨앤드존슨(Johnson & Johnson, 화장품·제약업체), 로우스(Lowe's, 주택 건자재·인테리어), 코카콜라(Coca-Cola, 음료), 타겟(Target, 대형마트), 애브비(Abbvie, 제약) 등이 배당왕이다. 미국 국민의 일상에 깊게 자리잡아 경기침체 등 이슈와 관계없이 안정적 매출성장을 유지해 왔다. 경기가 어려워도 비누, 세제, 타이레놀, 콜라 등은 소비될 가능성이 높다. 가격이 오른다고 소비를 대폭 줄이지 않는 필수재 성격도 강하다.

실적 피크아웃으로 배당감소 예측

① **실적개선/배당증가**   효성티앤씨는 2021년 실적 기준 주당 50,000원의 배당을 했다. 시가배당률 9.6%로 예상치 못한 고배당이었다. 당기순이익이 2020년 1,683억 원 대비 2021년 1조 79억 원으로 7배 증가했다. 그에 따라 배당도 10배 늘어났다(5,000원 → 50,000원).

구분	2019년	2020년	2021년
주당배당금(원)	2,000	5,000	50,000
시가배당률(%)	1.29	2.37	9.60
배당성향(%)	9.27	15.77	28.01

② **실적하락/배당감소**   2022년 실적이 계속 유지된다면 주당 50,000원을 기대해 볼 수 있다. 하지만 실적은 2021년 4분기부터 꺾인다. 2021년 3분기가 실적 피크아웃이 되었다. 2022년 당기순이익이 전년 대비 1/3 수준으로 줄어들 걸로 예상된다(네이버 증권 기준). 배당도 전년대비 1/3 수준으로 예측해 볼 수 있겠다.

주요재무정보	최근 연간 실적				최근 분기 실적					
	2019.12	2020.12	2021.12	2022.12(E)	2021.06	2021.09	2021.12	2022.03	2022.06	2022.09(E)
	IFRS 연결	IFRS 연결	IFRS 연결	IFRS 연결	IFRS 연결	IFRS 연결	IFRS 연결	IFRS 연결	IFRS 연결	IFRS 연결
매출액(억원)	76,854	78,445	80,915	75,323	20,214	20,103	20,231	16,450	18,627	19,352
영업이익(억원)	11,764	12,209	12,896	8,753	3,358	3,423	2,410	1,756	2,166	2,511
당기순이익(억원)	7,882	8,131	8,611	5,570	2,264	2,395	1,364	1,138	1,260	1,803

≫ 2021년 9월 분기 실적이 정점을 찍은 후 지속적으로 하락하기 시작한다. 2022년 3분기에는 분기 당기순손실까지 기록한다.

③ **실적 피크아웃**　효성티앤씨는 레깅스 원단인 스판덱스 등을 생산한다. 저유가 상황이 원가절감 요소이기에 호재다. 2021년 상반기 주가가 급등했던 이유다. 다만 2021년 하반기 들어 유가 급등세에 실적 피크아웃이 우려된다. 주가는 현재 실적보다 선행한다. 2021년 9월 말 실적이 최정점이지만 주가는 그전인 7월부터 꺾이기 시작한다.

케이스 스터디114 **배당감소**

배당축소 우려 주가하락

≫ JB금융지주는 전북은행, 광주은행 등을 자회사로 두고 있는 금융지주사다. ① 2021년 실적

개선으로 주가가 지속적으로 우상향했다. ② 2022년 하반기 정부가 변동성 확대에 대비해 특별대손준비금 적립을 요구했다. 대손준비금은 돌려받지 못할 대출금에 대해 이익의 일부를 미리 추정손실로 쌓아두는 적립금이다. 대손준비금은 배당가능이익을 줄이는 요소다. 배당감소 우려감에 주가는 하락세를 보였다. 금리인상 기대감에도 불구하고 배당감소 우려감이 주가를 더 지배했다.

투자전략 | 대손준비금 규제로 배당가능이익이 줄어들 수 있다. 정부 규제를 예측하긴 쉽지 않다. 다만 심각한 시장불안이 없다면 기존 배당성향을 유지할 가능성도 높다. 금융지주(은행주)는 대표적인 고배당주다. 안정적인 실적에 변동성이 적은 주가 움직임을 보인다. 낮아진 실적만큼 시가배당률은 올라간다. 저점매수 관점에서 접근해 볼 수도 있다.

주가하락은 고배당주 매수기회

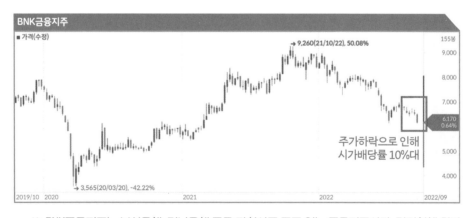

≫ BNK금융지주는 부산은행, 경남은행 등을 자회사로 두고 있는 금융지주사다. 경기침체 위기로 인해 주식시장이 하락세를 보였다. BNK금융지주도 하락에 동참했다. 주가가 하락해 시가배당률이 10%대까지 상승했다.

구분	2019년	2020년	2021년	2022년 예측
영업이익(억 원)	8,069	7,482	10,920	12,199
주당배당금(원)	360	320	560	625
시가배당률(%)	4.70	5.63	6.67	
배당성향(%)	20.87	19.99	22.97	

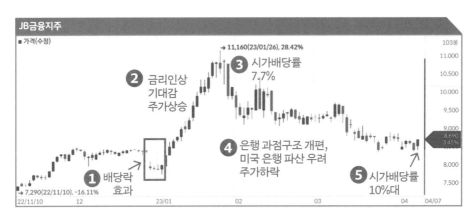

≫ JB금융지주(전북은행, 광주은행 등을 자회사로 보유)는 대표적인 고배당주다. ① 고배당주 배당락 효과다. 연말 배당락 이후 주가는 하락추세를 보였다. ② 미국발 금리인상 기대감(예대마진 개선)으로 주가는 상승추세를 보였다. ③ 주가상승에 따라 시가배당률은 하락했다. 2023년 예상 배당 기대치(주당 863원) 기준 시가배당률이 7.7%까지 내려갔다. ④ 정부의 은행 과점구조 개편 시도, 미국 실리콘밸리은행(SVB) 파산 우려 등으로 주가는 하락추세를 보였다. ⑤ 주가하락 결과 시가배당률은 10%대로 내려왔다. 주가상승과 고배당 2가지를 노려볼 수 있는 좋은 투자기회다.

투자전략 | 역발상 투자로 접근해 보자. 은행 이자보다 2배 이상 매년 배당수익으로 챙길 수 있다. 10% 이상 배당수익은 자주 볼 수 있는 투자기회가 아니다. 공격적인 투자행보가 필요하다. 다만 투자전 실적 체크는 필수다. 실적이 크게 꺾이지 않는다면 고배당주를 적극 매수한다. 주가가 더 떨어지면 추가매수하면 된다. 시가배당률은 더 올라갈 것이다. 시가배당률 15% 이상인 고배당주는 평생 가지고 갈 좋은 투자수단이다.

분기배당주 분기 배당락 발생

≫ 시멘트 제조기업 쌍용 C&E는 분기마다 배당을 주는 분기 배당주다. 배당락이 3개월 단위로 1년에 4차례나 나온다. 실적에 특별한 악재가 없다면 분기 배당락 효과가 나올 수 있다.

투자전략 | 주식시장이 특별한 악재가 없다면 분기 배당락은 단기 저점매수 기회일 수 있다.

≫ 2022년은 실적악화로 인해 배당락 효과가 예년에 비해 약했다. 실적악화 이슈가 있을 경우 배당주 투자매력이 여러모로 약해진다.

55

ETF로 안전성을 확보해라

안전하게 ETF 투자에 집중하라

워런 버핏은 본인이 죽으면 남겨진 돈을 국채 매입 10%, S&P500 지수추종 ETF 에 90% 투자하라고 아내에게 남기는 유서에 썼다. ETF(Exchange Traded Fund, 상장지수 펀드)는 주식처럼 주식시장에서 거래되는 펀드다. 추종하는 기초지수 수익률에 따라 주가가 움직인다. 기초지수는 주식형의 경우 10종목 이상으로 구성된다. 기초지수에 들어가는 종목들은 일단 우량기업이다. 여기에 기초지수는 주기적으로 구성종목을 교체하기에 결국 우량기업만 남는다. 개별종목보다 위험분산 효과가 크다. 1~2종목 악재라도 그 구성비중만큼만 반영된다. 요약하면 평균의 마법으로 개별종목보다 덜 내리고 덜 오른다. 약세장에선 덜 내린다는 점이 안정감을 더한다.

≫ 코스피200, 코스피150지수는 1년에 2회(6월, 12월) 변경한다. MSCI 지수는 1년에 4회(3월, 6월, 9월, 12월) 변경한다.

ETF 상장폐지는 순자산총액이 50억 원 미만인 경우에만 해당한다. 자산운용사에 수익을 안겨주지 못하는 소규모 ETF만 상장폐지된다. 웬만해선 상장폐지되는 일이 없다. 상장폐지 되더라도 펀드이기에 상장폐지 시점의 펀드 잔존가치만큼 돌려준다.

≫ 순자산총액은 주식, 채권 등 ETF가 보유한 자산총액에서 부채총액(운용보수 등)을 뺀 금액이다.

ETF와 ETN의 차이

ETF는 자산운용사, ETN(Exchange Traded Note, 상장지수증권)은 증권사가 운용하는 상품이다. ① ETF는 10종목 이상으로 구성되지만 ETN은 5종목이면 된다. 해외증권시장에서 거래되는 종목만으로 구성할 경우에는 3종목만으로도 ETN 구성이 가능하다. ② ETF는 자산운용사가 파산해도 피해가 없다. 운용하던 주식과 채권을 은행 등 수탁회사에 맡겨놓기 때문이다. 반면 ETN은 증권사가 파산하면 손실을 볼 수도 있다.

③ ETF는 만기가 없다만 ETN은 만기가 있다. ETN 만기는 최대 20년 내에서 설정해 놓는다. 만기 즈음에 손실률이 클 경우 이를 회복할 기회가 없다. ④ ETF(ETN) 이름은 자산운용사(증권사) + 추종 기초지수로 구성한다. ETF의 브랜드로는 KODEX(삼성자산운용), TIGER(미래에셋자산운용), KBSTAR(KB자산운용), ARIRANG(한화자산운용), ACE(한국투자신탁운용), KOSEF, 히어로즈(키움자산운용), SOL(신한자산운용) 등이 있다. ETN도 발행 증권사명이 맨 앞에 온다. 삼성증권은 삼성, 신한증권은 신한, NH투자증권은 QV, 한국투자증권은 TRUE 등이다.

≫ **ETF 만기 예외:** 기존의 채권 ETF는 만기가 없기에 주기적으로 ETF 내 보유자산을 교체한다. 가령 만기가 짧아진 채권을 매도하고 만기가 긴 채권을 매수하는 식이다. 반면 만기매칭형 ETF는 만기가 있다. 만기일에 채권과 ETF 등을 청산한 뒤 수익금을 투자자들에게 정산한다. 만기

매칭형 ETF 이름에는 투자자산, 만기일 등의 정보가 들어있다. 가령 TIGER 24-10 회사채(A+이상) 액티브는 2024년 10월 만기인 투자등급 A+이상 회사채에 투자하는 ETF다.

상위 구성종목 3~5개를 기억하라

ETF 이름은 비슷해도 세부 구성종목과 비율은 서로 다르다. 추종 기초지수가 달라서다. 세부 구성종목을 확인해 봐야 한다. ETF는 10종목 이상으로 구성되어 있다. 일반적으로 종목별로 구성비중이 다르다. 보통은 상위 3~5종목 구성비중 합계가 40~50%로 높아 이들 종목이 ETF 성격을 결정한다. 상위 구성종목을 주의 깊게 확인해 두자. ETF 향방은 상위 3~5종목 주가추이에 달렸다. 해당 종목들의 실적개선 여부, 업황추이 등도 같이 점검해 두어야 한다. ETF로 개별종목 수익개선을 누리면서도 리스크 분산효과를 노리는 거다.

≫ 기초지수가 동일가중 방식이면 구성종목 비중이 비슷하다. 가령 100종목으로 구성된 ETF이고 동일가중 방식이면 1종목당 1~2% 내외의 구성비중을 갖는다.

ETF 구성종목을 체크해야 하는 이유

ETF 이름은 엇비슷하지만 구성종목은 많이 다르다. ETF 이름만 보고 판단해서는 안되는 이유다. 기초지수명과 상위 구성종목을 체크해야만 ETF 본연의 성격을 정확히 알 수 있다.

≫ 상위 3종목을 보면 TIGER 미디어&엔터테인먼트는 NAVER, 카카오 등인 반면, TIGER 미디어 컨텐츠는 에스엠, JYP, 하이브다. TIGER Fn메타버스도 상위 3종목이 에스엠, JYP, 하이브다.

2차전지 관련 ETF 비교(2023.3.10. 기준)

TIGER 2차전지테마	KODEX 2차전지산업	TIGER KRX2차전지K-뉴딜
WISE 2차전지 테마	FnGuide 2차전지 산업	KRX 2차전지 K-뉴딜
에코프로비엠(15.14%) 에코프로(10.64%) 포스코퓨처엠(9.56%)	에코프로비엠(24.18%) 삼성SDI(17.21%) 포스코퓨처엠(15.08%)	삼성SDI(28.38%) LG에너지솔루션(25.04%) SK이노베이션(19.30%)

*ETF명, 기초지수, 상위구성 3종목 순으로 언급

≫ ETF명에 2차전지가 들어가지만 상위 구성종목과 비중은 서로 다르다. 소재부품 중심인 2차전지테마와 2차전지산업 ETF와 달리 2차전지K-뉴딜은 배터리셀 중심이다. KBSTAR 배터리 리사이클링iSelect는 에코프로, 성일하이텍 등 폐건전지 관련 기업 중심이다.

반도체 관련 ETF 비교(2023.3.10. 기준)

KODEX 반도체	TIGER Fn반도체TOP10	TIGER200 IT
KRX 반도체	FnGuide 반도체TOP10	코스피200 정보기술
SK하이닉스(18.62%) SK스퀘어(13.74%) DB하이텍(6.21%)	삼성전자(25.40%) SK하이닉스(22.01%) DB하이텍(13.55%)	삼성SDI(20.74%) 삼성전자(19.15%) SK하이닉스(17.82%)

≫ 반도체 ETF인데 삼성전자가 빠져있는 경우도 있다. 삼성전자는 산업분류상 IT기업에 속해 있어서다. KODEX 반도체 ETF에는 삼성전자가 없고, TIGER 200 IT ETF에는 삼성전자가 들어있다.

ETF 핵심용어 개념정의

ETF 확인법 네이버(www.naver.com) 검색창에 'ETF'라고 검색하면 ETF 화면이 나온다. 네이버 증권(finance.naver.com)에도 ETF 탭이 별도로 있다.

네이버에서 ETF 찾는 법

종목명	현재가	전일대비	등락률	시가총액	거래량
KODEX 200	31,430	▼ 345	-1.09%	-	6,048,878주
TIGER CD금리투자KIS(...	52,035	▲ 5	+0.01%	-	191,595주
KODEX KOFR금리액티...	102,355	▲ 25	+0.02%	-	22,708주
TIGER 차이나전기차SO...	11,600	▼ 130	-1.11%	-	5,971,960주
KODEX 200선물인버스...	3,030	▲ 65	+2.19%	-	183,788,718주
KODEX 종합채권(AA-...	104,030	▲ 705	+0.68%	-	10,333주
TIGER 미국나스닥100	70,750	▼ 1,415	-1.96%	-	86,936주
TIGER 200	31,460	▼ 355	-1.12%	-	1,910,368주
TIGER MSCI Korea TR	13,120	▼ 170	-1.28%	-	25,568주
KODEX 200TR	10,575	▼ 115	-1.08%	-	474,510주

N ETF ❶

증권정보

국내증시 ▾

❷ 더보기 >

≫ ① 네이버 검색창에 'ETF'라고 검색하면 ETF 화면이 나온다. ② '더보기'를 클릭하면 종류별로 다양하게 구분된 ETF를 확인할 수 있다.

네이버 증권 화면에서 ETF 확인하는 법

≫ 네이버 증권에서도 ETF 확인이 가능하다. ① 국내증시 탭에서 ② ETF를 클릭하면 ③ 국내 시장지수, 국내 업종/테마, 국내 파생, 해외주식, 원자재, 채권, 기타 등으로 구분해서 확인이 가능하다.

기초지수 ETF는 자산운용사가 운용하는 펀드다. 추종하는 기초지수가 1개 이상 있다. ETF 수익률도 기초지수 변동에 따라 정해진다. 기초지수로는 주식, 채권, 원자재, 금리, 환율, 파생상품 등이 있다.

국내 주식시장에 상장된 주식형 ETF는 10개 이상 종목으로 구성되어 있다. 채권지수는 3종목 또는 10종목 이상이다. 국고채, 통안채 같은 신용도 높은 채권은 3종목 이상이지만 그 외에는 10종목 이상이다. 기초지수는 연 1~2회 변경한다. 기초지수에 따라 연 4회 이상 변경하는 경우도 있다.

NAV ETF 순자산총액을 발행좌수로 나눠주면 1주당 NAV(Net Asset Value, 순자산가치)를 구할 수 있다. ETF의 이론가격(기준가격)이다. NAV는 전일 종가 기준으로 하루 한번 산출한다. NAV는 어제의 기록이므로 다음날 실제 거래와 차이가 난다. 실시간 NAV인 iNAV(indicative NAV)가 필요하다. iNAV는 장중 10초마다 표시된다. 다만 국내 거래소 운영시간과 다른 해외지수 등은 iNAV 산출이 어렵다.

≫ 순자산총액은 주식, 채권 등 ETF가 보유한 자산총액에서 부채총액(운용보수 등)을 뺀 금액이다.

괴리율 시장가격과 NAV 간 차이를 괴리율이라고 한다. 시장가격은 수요와 공급에 따라 결정된다. 호재 이슈에 수요가 몰리면 기준가격보다 시장가격이 더 오르게 되고 괴리율이 생긴다. 증권사 MTS나 네이버 증권에서 보면 NAV나 괴리율을 확인할 수 있다. 괴리율이 과한 경우는 버블을 사는 셈이니 주의하자. 거품이 꺼지면 괴리율은 원위치된다.

추적오차 기초지수와 해당 지수추종 ETF 간 운용수익률 차이다. 추종지수와 실제 구성이 100% 일치하기 어렵다. 또한 자산운용사의 운용능력에 따라 추적오차가 발생할 수 있다. 반면 ETN은 추적오차가 없다. 기초지수에 맞춰 편입하는 게 아니라 사전에 약정된 기초지수 수익률 지급을 증권사가 약속하는 구조이기 때문이다.

펀드보수 기초지수가 동일하다면 펀드보수가 저렴한 ETF가 좋다. 경쟁 ETF가 많을수록 펀드보수가 내려가는 경향이 있다.

코스피200을 기초지수로 하는 ETF의 수수료 비교(2023.3. 기준)

KBSTAR200 (0.017%)	HANARO200 (0.036%)	ARIRANG200 (0.040%)	TIGER200 (0.050%)	ACE200 (0.090%)
KOSEF200 (0.130%)	파워200 (0.145%)	KODEX200 (0.150%)	TREX200 (0.325%)	-

네이버 증권 ETF 화면 : KODEX 2차전지산업

≫ ETF 순자산총액이 50억 원 미만이면 상장폐지 대상이다. 순자산 총액을 일일이 확인하기 어려우므로 ① 시가총액으로 판단해 보자. ② 기초지수와 국내주식형 여부 ③ 펀드보수 등을 확인해 볼 수 있다. ④ NAV(순자산가치)와 현재주가도 확인이 가능하다. NAV와 현재주가 간 차이가 괴리율이다.

네이버 증권 KODEX 2차전지산업 주요 구성자산 목록

종합정보 ❶	시세	차트	투자자별 매매동향	뉴스·공시	ETF분석	종목토론실	공매도현황

ETF 주요 구성자산 ❷					더보기 ▸
구성종목(구성자산)	주식수(계약수)	구성비중 ❸	시세	전일비	등락률
에코프로비엠	2,486	12.77%	104,100	▲ 600	+0.58%

≫ 네이버 증권에서 'KODEX 2차전지산업'을 검색해 ETF 화면으로 들어간다. ① 종합정보 탭의 ② ETF 주요 구성자산에서 ③주요 구성자산 목록과 구성비중을 확인할 수 있다.

네이버 증권 KODEX 2차전지산업 NAV, 괴리율 추적오차율

종합정보 ①	시세	차트	투자자별 매매동향	뉴스공시	ETF분석	종목토론실	공매도현황

순자산가치 NAV 추이 ②		③			더보기 ›
날짜	종가	NAV	괴리율	추적오차율	위험평가액 비율
2022.10.19	19,885	19,940	-0.28%	0.33%	N/A
2022.10.18	19,465	19,527	-0.32%	0.33%	N/A

≫ 네이버 증권의 KODEX 2차전지산업 ETF 화면으로 들어간다. ① 종합정보 탭의 ② 순자산가치 NAV 추이에서 ③ NAV, 괴리율, 추적오차율 등을 확인할 수 있다.

분배금 ETF는 배당금을 분배금이라 표현한다. 분배금도 지급 기준일(T일) 2영업일 전에 매수해야만 받을 수 있다. 분배금을 받을 수 있으면 분배부(T+2일), 받을 수 없으면 분배락(T+1일)이다. 일반적으로 주식형 ETF 분배금 지급 기준일은 1, 4, 7, 10, 12월 마지막 영업일이다. 분배금 지급기준일(1, 4, 7, 10, 12월 마지막 영업일)마다 분배금을 주는 건 아니다. ETF별로 분배금 지급액, 지급시기 등이 다르다. 증권정보포털 세이브로(SEIBro) 사이트를 통해 ETF별 분배금 상세내역을 확인해 보자. ETF 분배금은 4월 기준이 가장 많다. 주식 배당이 3~4월에 주로 몰려 있기 때문이다. 배당금이 실제 들어오는 4월 말에 맞춰 대상자를 정하고 5월 첫주에 지급한다. 월급처럼 매달 분배금(배당금)을 지급하는 월배당(월분배식) ETF도 있다. 대표적인 고배당 ETF인 TIGER 리츠부동산인프라도 월배당 ETF다.

ETF는 연말 배당락일에 미리 배당 예상액만큼 NAV에 반영한다. 배당받을 만큼 기준가격 버블이 있는 상태다. 이 버블을 분배락일에 없애버린다. 분배금을 주는 만큼 NAV를 하락시킨다. 고소득자라면 분배금을 포기하는 게 나은 선택일 수 있다. 분배금은 다른 금융소득과 합산해 2,000만 원까지는 15.4% 과세된다. 2,000만 원이 넘을 경우 금융소득종합과세(누진세)에 따라 세금을 낸다. 소득이 커질수록 높은 세금을 낼 수 있다.

소득세 과세표준 구간(금융소득종합과세 계산 시 활용, 2023년 기준)

과세표준	세율	과세표준	세율
1,400만 원 이하	6%	1억 5,000만 원 초과~3억 원 이하	38%
1,400만 원 초과~5,000만 원 이하	15%	3억 원 초과~5억 원 이하	40%
5,000만 원 초과~8,800만 원 이하	24%	5억 원 초과~10억 원 이하	42%
8,800만 원 초과~1억 5,000만 원 이하	35%	10억 원 초과	45%

*소득세에 지방소득세(소득세의 10%)를 더해 세금을 낸다.
가령 1,400만 원 이하 6% 과표구간일 경우 6.6%의 세금을 낸다.

연말 배당락일에 이미 예상 분배금만큼 NAV에 반영했다. 분배부일 전에 매도해도 분배금은 이미 챙긴 것과 다름없다. 4월 분배부일 즈음에 절세목적 단기 매도세가 몰리기도 한다. ETF 분배금 체크에 도움되는 사이트로는 앞서 말한 세이브로(seibro.or.kr)와 ETF 체크(etfcheck.co.kr) 등이 있다. ETF 체크에선 상위 고배당 ETF를 연간 배당률순으로 확인해 볼수 있다.

세이브로에서 개별 ETF 배당 확인방법

≫ 세이브로 화면에서 ① ETF 탭의 ② 권리행사정보(분배금지급현황)을 보면 개별 ETF별로 분배금을 체크해 볼 수 있다.

ETF 체크에서 고배당 ETF 확인방법

≫ ETF 체크 사이트의 메뉴에서 배당정보를 클릭하면 ① 국내·해외ETF별 ② 연간배당률 TOP 20 ETF를 현 주가기준 배당수익률별로 확인할 수 있다. 주식시장 하락으로 투자종목들 수익률이 나빠질 경우 역발상으로 고배당 ETF에 집중하면 배당수익을 쏠쏠히 챙길 수 있다. 주가는 저렴해지고 배당은 높아지니 좋은 투자기회다.

패시브 vs. 액티브 ETF   패시브(Passive)는 수동적, 액티브(Active)는 능동적이란 의미다. 패시브는 기초지수 수익률을 그대로 따른다. 기초지수와 주가의 상관관계가 0.9 이상이어야 한다. 기초지수인 인덱스를 그대로 추종한다고 해서 인덱스펀드라고도 한다. 반면 액티브는 상관관계가 0.7 이상이다. 30%는 펀드매니저 재량이 가능하다. 기초지수보다 초과수익률을 추구한다. 액티브 ETF는 ETF명에 '액티브'가 들어간다. 펀드매니저 발품이 더 들어가니 액티브 ETF 수수료가 패시브 ETF보다 높은 편이다.

국내주식형 vs. 국내기타형 ETF   국내주식형 ETF는 국내 주식시장에 상장된 종목으로 기초지수를 구성한다. 반면 국내기타형은 국내주식형을 제외한 ETF다. 해외지수, 채권, 원자재, 환율 등을 추종한다. 국내주식은 매매차익에 대해 비과세다. 마찬가지로 국내주식형 ETF도 매매차익에 대해 비과세다. 반면 국내기타형 ETF는 매매차익에 대해 배당소득세를 내야 한다. 국내주식형이나 국내기타형 ETF 모두 개별주식과 달리, 증권거래세(농어촌특별세 포함)가 면제된다.

≫ ETF 과세 내용은 2022년 말 기준이다. 정부가 금융투자소득세(국내 외 주식, 채권, 펀드, 파생결합 증권, 파생상품 등으로부터 5,000만 원이 넘는 금융소득이 발생하는 경우 과세)를 2025년부터 도입할 경우 위에 기술된 과세내용은 달라질 수 있다. 증권거래세율은 2023년 0.20%, 2024년 0.18%, 2025년 0.15%로 단계적으로 인하된다.

ETF 매매차익 과세 　국내주식의 경우 대주주나 최대주주가 아니면 매매차익에 대해 비과세다. 국내주식형 ETF는 국내주식을 기초자산으로 한다. 국내주식과 동일하게 국내주식형 ETF는 매매차익에 대해 비과세다. 반면 국내기타형 ETF는 매매차익에 대해 세금을 낸다. 이자, 배당 등을 합해 연간 2,000만 원까지는 15.4% 단일과세다. 그 이상은 누진세인 금융소득종합과세다.

해외 주식시장에 상장된 ETF의 경우 매매차익에 대해 양도소득세 22%를 낸다. 분리과세로 매매차익이 늘어나도 금융소득종합과세처럼 세율이 올라가진 않는다. 해외주식 등과 합산해 매매차익 250만 원까지는 매년 기본공제(세금 없음)한다. 손실과 이익을 합산(손익통산)해 수익인 경우에 세금을 낸다.

≫ (예시) ETF 투자로 3,000만 원 차익실현을 했을 경우 ① 국내주식형 ETF는 전액 비과세 ② 국내기타형은 2,000만 원까지는(다른 금융소득이 없다는 전제) 15.4%, 나머지 1,000만 원은 다른 소득과 합산해 금융소득종합과세 대상이 된다. 금융소득종합과세는 누진세이기에 소득이 높아질수록 세율이 올라간다. ③ 해외주식시장에 상장된 ETF라면 3,000만 원 전액에 대해 손익통산 후(250만 원 기본공제) 22% 분리과세를 한다.

≫ **대주주 양도소득세** 대주주는 최대주주와 다른 개념이다. 대주주는 특정종목을 10억 원 이상 보유하고 있거나 지분율이 코스피 1%, 코스닥 2%, 코넥스 4%를 넘는 경우다. 개인별로 지분을 따져 대주주 판단을 한다. 매각차익에 대해 과표 3억 원 이하는 22%, 3억 원 초과는 27.5%를 낸다. 10억 원은 연말 보유 여부로 판단하는데 매도결제일(T+2일) 기준이다. 대주주 양도소득세를 피하고자 한다면 연말 마지막 주식시장 거래일 2영업일 전까지 매도해야만 한다. 다만 지분율은 1년 중 한 번이라도 넘으면 과세대상이 된다.

ETF 배당금 과세 국내상장(국내주식형, 국내기타형) ETF, 해외상장 ETF(해외거래소에 상장) 모두 배당에 대해선 배당소득세를 낸다. 금융소득 2,000만 원까지는 국내상장 ETF 15.4%, 미국상장 ETF 15%, 중국상장 ETF 14.4% 등이다. 국내 증권사는 해외 상장 ETF 배당소득세에 대해 원천징수한다. 이럴 경우 해외에 납부하는 세금이므로 종합소득세 확정신고 시 '외국납부세액공제'로 공제받을 수 있다. 증권사에서 외국납부세액영수증을 받아 제출하면 된다. 배당을 포함한 금융소득이 2,000만 원을 넘으면 금융소득종합과세한다.

≫ 외국납부세액 공제는 이중과세를 방지하기 위한 제도다. 국외원천소득에 대해 외국에서 이미 납부했거나 납부할 세액을 산출세액에서 공제한다.

ETF 세금 구조(주식계좌 기준)

구분	매매차익	분배금	금융소득종합과세 여부
국내주식형(국내상장) ETF	X(비과세)	배당소득세 원천징수 국내 15.4% 미국 15% 중국 14.4%	분배금만 대상
국내기타형(국내상장) ETF	배당소득세 15.4% 원천징수		매매차익, 분배금 모두 대상
해외상장 ETF	양도소득세 22% 분리과세 (250만 원까지 기본공제, 손익통산)		분배금만 대상 (소득공제 신청 가능)

≫ 금융소득 종합과세: 이자, 배당 등 금융소득이 2,000만 원 초과시 누진세율인 종합과세

보유기간 과세 국내기타형 ETF는 국내주식형과 달리 보유기간 과세가 원칙이다. 매매차익과 분배금 모두에 해당한다. 보유기간 중 발생한 이익에 대해 세금을 부과한다. 분배금 또는 매매차익과 보유기간 과표증분(매도시점과 매수시점 과표기준가격 차이) 중 적은 금액 기준이다. 과표는 ETF 발행 자산운용사가 매일 저녁 산출한다. 매수하고 같은 날 매도하면 과표증분이 없다.

국내기타형 ETF 중 국내 주식시장을 기초로 하는 ①레버리지 ②인버스 ③ 인버스2X(곱버스) ④선물 같은 국내 장내파생상품 ETF는 보유기간 과세이지만 국내상장

주식, 국내 장내 파생상품 손익은 포함하지 않는다. 국내상장주식, 국내 장내 파생 상품에 대한 매매차익 비과세 원칙을 그대로 적용해서다. 결과적으로 과세 대상이 지만 과표 기준가격이 미미해 매매차익에 대한 세금이 많이 발생하지 않는다.

기초지수 대비 2배수 상승은 레버리지, 2배수 하락은 인버스2X(일명 곱버스) ETF다. 인버스(Inverse)는 정반대라는 의미로 기초지수 주가가 1% 하락하면 1% 수익을 얻는 다. 곱버스는 1% 하락에 2% 수익이다. 레버리지는 1% 상승에 2% 수익을 얻는다.

TR ETF TR ETF(Total Return ETF)는 분배금을 주지 않고 재투자된다. 분배금에 는 배당소득세가 부과되나 TR ETF는 배당소득세 없이 바로 재투자된다. KODEX 200TR처럼 ETF명 맨 뒤에 'TR'이 들어있다.

LP 호가제출 의무 LP(Liquidity Provider)는 유동성 공급자(증권사 중 선정)다. 호가 스 프레드(매수와 매도호가 간 가격차이)가 커질 경우 LP가 매수와 매도 양방향 최소 100주 이상 호가를 낸다. 호가는 가격주문이라 보면 된다. 단일가매매 시간(오전 8시 30분~9 시, 오후 3시 20분~30분)과 장 시작 후 5분간 LP의 호가 제출 의무가 없다. 단일가 매매 시간 가격변동성이 크기에 LP 대응이 쉽지 않다. LP가 없으므로 그 시간에는 호가 간 차이가 클 수 있다.

환헤지(H) ETF명 뒤에 H가 있으면 환헤지형, 없으면 환노출형이다. H는 Hedge(울타리, 대비책)의 첫 글자를 따왔다. 환헤지형은 환율 리스크를 줄인다. 그 대 신 환헤지 비용이 발생하고 수익률에서 이를 차감한다. 반면 달러강세(환율상승)가 예상될 경우 환노출형이 유리할 수도 있다.

≫ (예시) 엔저효과로 일본 상품의 수출 경쟁력, 엔화 환차익 수혜 등이 거론되었다. KODEX TSE일본리츠(H)는 일본 거래소에 상장한 리츠에 투자한다. 환헤지 상품이기에 엔저현상에 따 른 환율 수혜와는 거리가 멀다. 반대로 엔고현상에서는 환차손에서 자유로울 수 있다.

동일가중 방식 ETF 구성종목들이 비슷한 비중으로 구성되는 게 동일가중 방식이다. 특정 상위 종목이 주는 주가 편향성을 줄이는 특징이 있다.

≫ TIGER 200 ETF에서 삼성전자 비중은 28.32%(2022.10.19.)다. 반면 동일가중 방식인 TIGER 200 동일가중 ETF에서 삼성전자 비중은 1%가 되지 않는다. 코스피200 종목을 비슷한 구성비중으로 두기에 그렇다.

합성 ETF 증권사가 운용하는 ETF가 합성 ETF다. 증권사와 자산운용사간 스왑 계약을 맺는다. 스왑은 서로 맞바꾼다는 의미로 계약을 맺은 증권사가 운용하고 그 수익률을 자산운용사에 제공한다. 증권사는 운용에 따른 수수료를 얻는다. 실물복제가 어려운 해외지수, 원자재 등 ETF에서 많이 활용한다. ETF명 맨 뒤에 '합성'이 들어간다.

단일종목 ETF ETF는 구성종목이 10개 이상(국채 등은 3종목 이상)이어야 한다. 주식과 채권을 혼합한 혼합형 ETF는 주식과 채권을 합해 10종목 이상으로 구성할 수 있다. 혼합형 ETF는 주식을 30%까지, 그 나머지는 채권으로 채워넣어야 한다. 주식 30%를 단일종목 또는 소수 종목만으로 구성할 수 있다.

단일종목 ETF는 주식 1종목(최대 30% 비중), 채권 9종목으로 구성한다. 가령 삼성전자, 테슬라, 엔비디아, 애플 등 주식 1종목만 ETF에 담을 수 있다. 단일종목 ETF는 주식 비중이 40% 미만으로 안전자산으로 분류된다. 퇴직연금은 위험자산 70%와 안전자산 30%를 담을 수 있다. 안전자산인 단일종목 ETF로 주식비중을 최대 79%(70%+ 9%)까지 높일 수 있다.

≫ 9% 추가 이유: 혼합형 ETF는 주식을 30%까지 담을 수 있기에 30%의 30%(퇴직연금 안전자산 비중 30%)인 9%만큼 주식을 퇴직연금에서 추가로 담을 수 있는 셈이다.

연금으로 소득공제 절세하라

연금으로 연말정산과 ETF 투자를 겸하라

연금은 개인연금이라 불리는 연금저축과 퇴직연금이 있다. 퇴직연금은 DB(확정급여형), DC(확정기여형), IRP(개인형 퇴직연금)로 나뉜다. 불입 주체는 DB와 DC는 회사, IRP는 개인이다. 운용책임은 DB는 회사, DC와 IRP는 개인이다. 연금저축과 IRP는 연말 소득공제를 받을 수 있다. 연금 수령시기에는 나이에 따라 5.5~3.3% 세금만 낸다.

≫ 만 55세~69세 5.5%, 만 70~79세 4.4%, 만 80세 이상 3.3%다. 다만, 이 금액이 세전 기준 연간 1,200만 원을 초과하면 분리과세(16.5%) 또는 종합과세(종합소득에 합산해서 과세) 중 유리한 방법으로 선택할 수 있다.

≫ 연금저축과 IRP를 합쳐 연간 1,800만 원까지 납입할 수 있다. 이 중 세액공제 한도는 최대 900만 원까지다. ① 연금저축 최대 600만 원과 IRP 300만 원 또는 ② IRP만으로도 900만 원 소득공제 받을 수 있다. 세액공제율은 총급여액 5,500만 원(종합소득금액 4,500만 원)이하는 16.5%, 초과는 13.2%를 적용 받는다.

연금계좌도 ETF 투자가 가능하다. 다만, 안정적 노후자금 마련 목적이라는 연금 취지에 맞게 제약이 있다. ETF 중에서 인버스(곱버스), 레버리지 ETF 투자는 불가능하다. 국내 주식시장에 상장된 국내상장주식, 해외 주식시장에 상장된 해외주식이나 해외상장 ETF도 투자가 불가능하다. 신용융자나 미수거래도 불가능하다. 반면

ETF와 함께 리츠는 연금계좌에서 투자가 가능하다.

퇴직연금 ETF 투자법 위험자산은 주식 비중이 40%를 넘는 주식형이나 주식혼합형 펀드, ETF, 하이일드채권형 펀드, ELS, 리츠 등이다. 연금저축은 투자금액 100%로 위험자산에 투자가 가능하다. 퇴직연금은 위험자산에 적립금의 70%만 투자가 가능하다. 30%는 비위험자산(안전자산)에 투자해야 한다. 70% 기준은 투자원금이 아닌 평가금액 기준이다. 하루에 한 번씩 금융회사가 평가한다(2022년 말 기준).

≫ 비위험자산은 원리금 보장상품(예적금 등), 주식비중 40% 이하이면서 투자부적격 등급 채권 비중 30% 이하인 채권형, 채권혼합형 펀드 및 ETF 등이다.

퇴직연금과 개인연금 운용가능 ETF

연금저축, 퇴직연금 공통	레버리지, 인버스, 곱버스(인버스2X) ETF 불가능 신용융자, 미수거래 불가능
퇴직연금만 해당	파생상품 위험평가액 40% 초과상품 불가능 투자원금 70%만 위험자산 투자가능

국내기타형 ETF 연금계좌로 절세하라

ETF는 국내주식형과 국내기타형으로 나뉜다. 국내주식형은 한국증권거래소 상장주식을 투자대상으로 삼는다. 국내기타형은 국내상장주식을 제외한 경우다. 국내외 채권, 해외주식, 원자재, 달러 등이 그 대상이다. 국내주식형만 투자수익에 대해 비과세다. 국내주식 비과세를 그대로 ETF에 적용한다. 반대로 국내기타형 ETF는 양도차익에 세금을 낸다. 펀드이기에 양도차익에 대해 배당소득세를 낸다. 이자, 배당 등 다른 금융소득과 합쳐서 연간 2,000만 원 이하는 15.4%, 2,000만 원 초과는 금융소득종합과세 대상이 된다. 고소득자는 국내기타형 ETF 양도차익으로 고율의 세금을 낼 수 있다.

≫ 해외 주식시장에 상장한 ETF는 해외주식과 마찬가지로 양도차익에 대해 22% 분리과세다.

연금계좌를 활용해 국내기타형 ETF 절세효과를 누려볼 수 있다. ① 연금계좌 과세이연 효과다. 연금은 연금수령시기(만 55세)까지 양도차익에 대해 세금을 내지 않고 재투자가 가능하다. 연금은 이익과 손실을 통산해 인출 시점에 과세한다. ② 연금을 일시금이 아닌 연금형태로 수령할 경우 나이에 따라 5.5~3.3% 연금소득세를 납부한다. 다만 중도해지나 일시금 인출은 16.5% 기타소득세(분리과세)를 낸다.

≫ 개별채권에 직접 투자할 경우에는 매매차익에 대해서는 과세하지 않는다. 이자수익에 대해서만 배당소득세를 낸다. 반면 채권 ETF는 국내기타형 ETF에 속한다. 이자수익뿐만 아니라 매매차익에 대해서도 배당소득세를 내야 한다(2022년 말 기준).

≫ 국내주식형 ETF는 증권계좌에선 비과세지만 연금계좌에선 투자수익에 대해 연금소득세(5.5~3.3%)를 내야 한다.

배당금을 중개형 ISA로 절세하라

19세 이상 국내 거주자는 중개형 ISA 가입이 가능하다. 1인당 모든 금융기관 중 1개 계좌만 가능하다. 3년 이상 의무가입기간도 있다. 연간 납입한도는 2,000만 원으로 최대 1억 원까지 납입이 가능하다. 올해 납입을 못했다면 내년에 올해분까지 납입도 가능하다. 만기가 돌아온 ISA 자금 3,000만 원을 연금계좌(연금저축, IRP)로 이전하면 300만 원(이체 금액의 10%, 최대한도 300만 원)까지 추가 세액공제도 가능하다. ISA 계좌의 장점은 과세 혜택이다. 매매차익이나 배당소득 등에 대해 연간 200만 원(서민형과 농어민형은 400만 원)까지 비과세다. 비과세 한도를 초과할 경우 9.9% 분리과세다. 분리과세로 누진세 개념인 금융소득종합과세를 피할 수 있다(2022년 말 기준).

≫ 정부가 2025년부터 도입할 예정인 금융투자소득세(국내외 주식, 채권, 펀드, 파생결합증권, 파생상품

등으로부터 5,000만 원이 넘는 금융소득이 발생하는 경우 과세0에서도 중개형 ISA는 비과세 대상으로 확대 적용할 계획이다.

성장주를 담은 ETF 장기투자

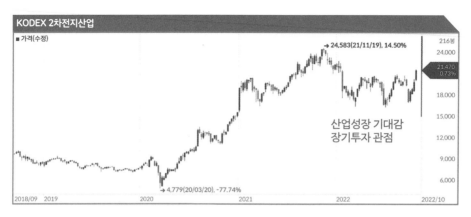

≫ KODEX 2차전지산업은 국내 2차전지 관련기업들을 담고 있다. 2차전지산업군 전체에 투자한다고 보면 된다. 산업의 성장과 함께 주가도 우상향 패턴을 보였다. 2022년 약세장에서 국내외 시장악재에 하락을 보여주기도 했지만 이내 반등하는 모습도 보였다.

투자전략 | 산업의 성장성이 있다면 개별성장주 주식투자와 함께 ETF도 노려볼 수 있다. 개별기업의 경우 성장과정에서 도태되는 경우도 생긴다. 반면 ETF는 주기적으로 기초지수 구성종목을 바꿔주기에 도태되는 종목은 제외한다. 우량종목만 계속 유지가 가능하다. 개별기업 리스크를 최소화하고 장기적인 2차전지산업의 성장성을 노린다면 2차전지 ETF도 장기투자 대상이다.

ETF 세부 구성내용 체크가 필수

≫ 둘 다 미래에셋자산운용의 TIGER 브랜드 2차전지 ETF지만 3개월 수익률이 다르다. 이름에 2차전지가 붙었지만 세부 구성종목이 달라서다. (화면 B) TIGER KRX2차전지K-뉴딜은 대형주 인 배터리셀기업 중심이다. (화면 A) 반면 TIGER 2차전지테마는 배터리 소재부품기업 중심이 다. 소재부품기업의 변동성이 배터리셀 기업보다 크다. 상승장에서는 큰 상승을 보이나 하락 장에선 상대적 변동폭이 더 크다.

ETF별 상위 구성종목 & 비중(2022. 10. 기준)

구분	TIGER 2차전지테마	TIGER KRX2차전지K-뉴딜
1	LG에너지솔루션(12.09%)	삼성SDI(27.32%)
2	포스코퓨처엠(11.44%)	LG에너지솔루션(26.50%)
3	삼성SDI(11.14%)	SK이노베이션(22.69%)
4	SK이노베이션(9.70%)	LG화학(14.17%)
5	엘앤에프(8.81%)	엘앤에프(2.28%)

투자전략 | ETF가 동일 키워드를 가지고 있어도 세부 구성종목은 다를 수 있다.

세부 구성종목 비중을 확인해 봐야 하는 이유다. 구성종목 특징이 다르면 수익률도 차이가 날 수 있다.

케이스 스터디 119 **괴리율**

ETF 기초지수와 실제 매매가격의 차이

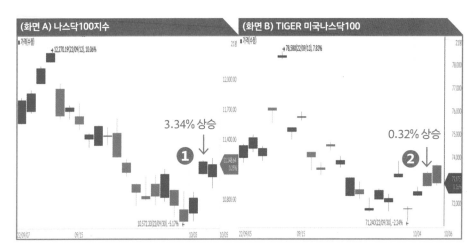

(화면 A) 나스닥100지수

(화면 B) TIGER 미국나스닥100

3.34% 상승

0.32% 상승

≫ 미국 나스닥지수가 전날 밤 3.34% 폭등했다. (화면 A) 나스닥100지수를 추종하는 TIGER 미국나스닥100 ETF도 동일하게 3.34% 상승을 기대했다. (화면 B) 하지만 0.32% 상승에 그쳤다. 그 원인으로는 ① 환차손이 일부 반영된다. 당일 환율이 1.05% 내렸다. 환헤지 상품이 아니기에 환율하락은 그만큼 손실이다. ② 실시간 나스닥100 선물이 0.53% 빠졌다. 당일 저녁 나스닥 주가하락 예상치가 현 ETF 주가에 마이너스 영향을 미친다. ③ 기초지수 가치인 순자산가치(NAV)와 괴리율 차이가 있을 수 있다. 당일 괴리율은 1.21%다. 그만큼 이미 버블이 있는 상태라 ETF 주가가 덜 올랐을 수 있다. 추적오차도 0.33%가 더해진다. 그로 인해 전날 밤 나스닥100지수 변동과 차이가 생길 수 있다.

투자전략 | 해외주식시장 추종의 경우 iNAV 확인이 불가능하다. 전날 주식시장이 급등했어도 다음날 애매한 주가흐름을 보이는 경우도 많다. 실시간 거래되는 선

물지수를 참고할 필요가 있다. 환헤지 여부에 따라 환노출 ETF의 경우 환율도 확인해 보는 것이 좋다. 환율이 급등할 경우(환헤지를 안하는 경우) 지금 당장 수익은 좋으나 나중에 환율이 내릴 경우 환차손을 입을 수도 있다.

케이스 스터디120 분배부일
4월 ETF 분배부일 전 매도 절세전략

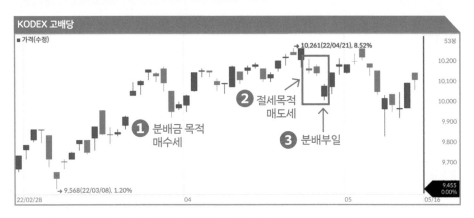

≫ ETF 분배금은 4월 말 기준 분배금이 가장 많다. 12월 말 결산법인의 경우 3월에 배당을 많이 하는데 그 배당금을 받아 4월 말 기준 분배금을 지급해서다. 4월 말 기준일 2영업일 전이 분배부일(T-2일)이다. 4월 분배부일에 앞서 절세 측면 매도세가 강하다. 세금을 덜 내기 위해 일부러 분배금을 받지 않으려는 수요가 있기 때문이다. ① KODEX 고배당 ETF는 분배부일이 다가오면서 주가가 상승흐름을 보였다. ②~③ 다만 분배부일 직전에는 절세를 위한 매도세로 주가가 단기 조정을 보였다.

투자전략 | 배당소득이 많은 경우에는 절세측면에서 분배부일 매도를 고려할 수 있다. 다만, 분배금이 지급되고 나면 자동적으로 순자산가치(NAV)가 줄어든다. 그만큼 ETF 기준주가 가치가 하락하게 된다. 분배부일전 절세측면 매도세, 분배락 이후 기준주가 가치 조정 등을 고려해 투자해 보자.

≫ 배당주는 변동성 장세에 대표적인 투자처다. 상대적인 변동성도 낮고 높은 배당수익률까지 덤으로 얻는다. 양호한 현금흐름을 유지한 기업들이 고배당을 한다.

케이스 스터디 121 **명품 관심**

명품에 관심을 둔다면 명품 ETF

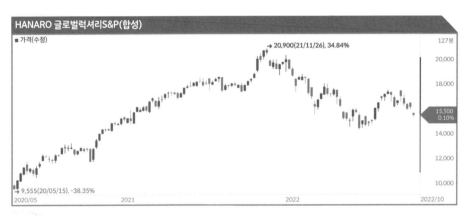

≫ 명품을 소유하고 싶은 과시욕이 소비를 부추긴다. 비쌀수록 더 잘 팔리는 베블런 효과다. 경기침체에도 그들만의 명품소비는 꺾이지 않는다. 경기침체에도 명품 업체는 가격인상 정책을 펼친다. 명품 기업들 상당수가 유럽에 근거지를 두고 있어 달러강세, 유로화 약세 효과도 누릴 수 있다.

HANARO 글로벌럭셔리S&P(합성) ETF는 S&P글로벌럭셔리지수를 추종하는 환오픈 ETF다. 환오픈 ETF는 환헤지를 하지 않는다. 루이비통모에헤네시(LVMH), 리치몬트, 에르메스, 에스티 로더, 케링, 페라리 등이 구성종목이다.

투자전략 | 일상에 대한 관심이 투자로 이어질 수 있다. 명품 매장에 들려서 명품을 사고 싶다면 그 돈으로 명품 ETF를 사보는 건 어떨까. 명품 가격인상과 수요 증가가 예상된다면 명품 대신 명품 ETF다. 명품만의 가격 전가력, 경제적 해자가 고려 요소다.

≫ 베블런 효과: 가격이 오르는데도 과시욕 등으로 수요가 줄어들지 않는 현상

원자재 가격상승에 따른 주가상승

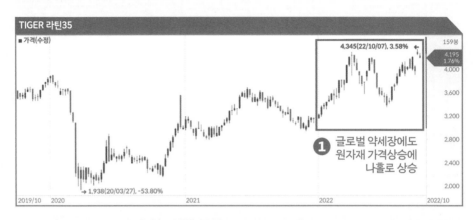

TIGER 라틴35
■ 가격(수정)
4,345(22/10/07), 3.58%
159봉
4,195
1.76%
4,000
3,600
3,200
2,800
2,400
2,000
1,938(20/03/27), -53.80%
2019/10 2020 2021 2022 2022/10

① 글로벌 약세장에도 원자재 가격상승에 나홀로 상승

≫ 원자재 가격이 상승하면 브라질 경제가 살아난다. 글로벌 약세장에서도 원자재 가격상승 덕에 브라질 주식시장이 나홀로 선전했다. TIGER 라틴35는 라틴아메리카 기업 주식예탁증서 (ADR) 35개 종목을 추종한다. 브라질기업이 많으며 은행, 원자재, 에너지 업종 비중이 높다. 라틴아메리카 거래소가 아닌 미국 주식시장 상장 ADR이므로 브라질 헤알화의 높은 변동성 영향이 적다. DR(Depository Receipts)은 주식을 본국에 보관한 채 이를 대신하는 증서를 만들어 외국에서 유통시킨다. ADR(American DR)은 미국시장에 발행한 DR이다.

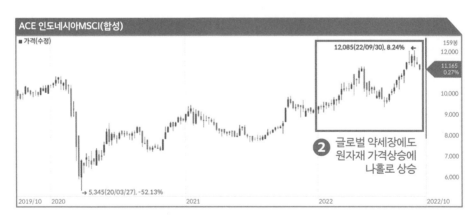

ACE 인도네시아MSCI(합성)
■ 가격(수정)
12,085(22/09/30), 8.24%
159봉
12,000
11,165
0.27%
10,000
9,000
8,000
7,000
6,000
5,345(20/03/27), -52.13%
2019/10 2020 2021 2022 2022/10

② 글로벌 약세장에도 원자재 가격상승에 나홀로 상승

≫ 인도네시아도 전체 수출액의 40% 이상을 원자재가 차지할 정도로 자원부국이다. 원자재 가격상승 덕에 주식시장이 강세를 보인다. ACE 인도네시아MSCI(합성)은 인도네시아 대표종목으로 구성돼 있는데 금융업종 비중이 높다.

투자전략 | 원자재 가격상승이 예상되면 브라질과 인도네시아를 기억하자. 원자재 가격상승에 연동해 경제가 살아난다. 인플레이션은 금융시장에 악재지만 원자재 부국은 오히려 원자재 가격급등 반사이익을 얻는다. 인플레이션이 약세장에 틈새시장 효과를 낸다. 다만 글로벌 경기침체는 악재다. 경기침체로 원자재 소비가 줄고 원자재 가격이 내려갈 수 있다.

케이스 스터디 123 **반사이익**

중국시장 악재 반사이익

(화면 A) KOSEF 인도Nifty50(합성)

(화면 B) TIGER 차이나CSI300

≫ (화면 A) 글로벌증시가 약세장을 펼치는 가운데 인도증시는 상승흐름을 탔다. 중국이 제로 코로나 정책을 펼치자 중국시장에서 자본이 빠져나가 인도가 반사이익을 거뒀다. 미국의 대중국 무역규제 정책도 인도시장에 호재다. (화면 B) 반면 중국 증시는 대내외 악재로 인해 하락추세를 보였다.

투자전략 | 미국이 중국경제를 옥죄면 인도, 베트남 등이 반사이익을 얻는다. 중국이 세계의 공장 역할을 못하니 대체지로 인도, 베트남이 각광받는 것이다. 누군가

피해를 입으면 다른 한쪽에선 수혜를 입는다. 주식투자에 있어서 규제 이슈에 수혜를 입는 대상을 찾는 발상의 전환이 필요하다.

환헤지 여부에 따른 수익률 차이

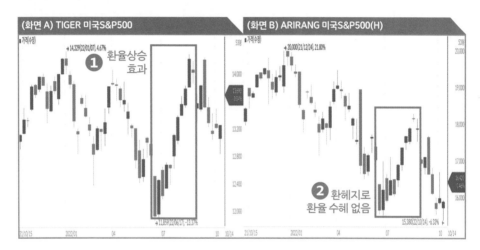

(화면 A) TIGER 미국S&P500

① 환율상승
효과

(화면 B) ARIRANG 미국S&P500(H)

② 환헤지로
환율 수혜 없음

≫ S&P500지수가 1년간 -18% 하락했다(22.10.12 기준). (화면 A) ① 환오픈 ETF인 TIGER 미국S&P500 연간 수익률은 +0.02%, (화면 B) ② 환헤지 ETF인 ARIRANG 미국S&P500(H)는 -13.58%다. 1,100원대였던 환율이 1,400원대를 넘어서며 환오픈 상품이 환율효과를 봤다. 덕분에 지수는 빠졌어도 연간 수익률은 플러스였다.

투자전략 | 해외지수나 원자재 등을 추종하는 ETF는 환헤지 여부를 체크해야 한다. 미국시장 금리인상은 경기침체를 부른다. 미국보다 신흥국 증시가 충격을 더 받는다. 위험성 높은 신흥국 투자자금이 미국으로 돌아가며 환율은 오른다. 원화를 달러로 바꾸려는 수요도 증가한다. 덕분에 환헤지를 하지 않은 환오픈 상품들이 상대적 수익률이 좋다.

선물, 옵션, 위칭데이 개념 정의

선 매매, 후 인수하는 선물

선물(먼저 선先, 물건 물物)은 선(先)매매 후 미래에 물건(物)을 인수인도한다. 영어로는 'Futures'라고 쓴다. 이른 봄에 배추를 먼저 포기당 500원으로 매매가를 정했다고 가정하자. 배추 1포기는 기초자산, 500원은 행사가격이다. 배추밭 주인은 미리 파는 자로 선물매도, 배추중개상은 미리 사는 자로 선물매수 포지션이다. 가을에 배추값이 200원이면 배추밭 주인은 수익이 나고, 배추중개상은 손해를 본다.

만기시점에 선택할 수 있는 권리, 옵션

옵션은 영어로 'Option'이라고 표현하는데 선택할 수 있는 권리를 말한다. 선물과 달리 만기시점에 권리행사 여부를 선택할 수 있다. 콜(Call)과 풋(Put) 옵션이 있다. 콜옵션은 만기에 사거나, 사지 않아도 될 권리다. 풋옵션은 만기에 팔거나, 팔지 않아도 될 권리다. 만기에 가격상승을 예상하면 콜옵션 매수, 풋옵션 매도다. 반대로 가격하락을 예상하면 풋옵션 매수, 콜옵션 매도다.

가령 콜옵션 매수자의 경우 주가가 약속한 가격(행사가격) 이상으로 상승하면 이익이다. 반면 주가가 행사가격 미만으로 하락하면 매수권리를 포기하면 된다. 이 경우 매도자는 콜옵션 매도가격(프리미엄)으로만 이익이 한정된다. 매수자의 권리포기 가능성으로 매도자는 불리하다. 프리미엄은 매도자에 대한 보상차원에서 미리 지불하는 금액이다. 배추중개상이 배추를 포기당 500원에 사는 콜옵션 매수를 했다고 가정하자. 중개상은 김장철 배추가격이 200원이 될 경우 프리미엄만 손해 보고 매수를 포기한다. 반대로 1,000원이 되면 옵션을 행사해 이익을 얻는다.

마녀가 심술을 부리는 날, 위칭데이

국내 주식시장 주식관련 선물은 3, 6, 9, 12월 두 번째 목요일이 만기일이다. 주식관련 옵션은 매월 두 번째 목요일이 만기일이다. 3, 6, 9, 12월 두 번째 목요일은 주식관련 선물과 옵션 만기일이 겹친다. 이 날을 '위칭데이(Witching Day)'라고 한다. 'Witch'는 마녀라는 뜻으로, 위칭데이는 마녀가 심술을 부리는 날을 뜻한다. 거래소는 주가지수 선물과 옵션, 개별주식 선물과 옵션 4개가 거래된다. 4개 만기일이 겹치니 4배를 뜻하는 'Quadruple'을 붙여 쿼드러플 위칭데이(Quadruple Witching Day, 네 마녀의 날)라 한다. 만기일 즈음 선물(옵션) 보유자는 본인이 원하는 매수(매도) 포지션으로 주가가 흘러가게 하기 위해 인위적인 매매에 집중할 수 있다. 기업가치와 무관하게 선물옵션 만기일 주가가 출렁거릴 수 있다. 위칭데이가 끝나면 과하게 변동된 주가는 제자리를 찾아간다.

ETF 투자 시 주의할 이슈들

원자재 ETF 롤오버 비용과 과한 괴리율을 주의하자

원자재 ETF는 대부분 선물지수를 추종한다. 현물로 보유할 경우 운반, 보관 비용 등이 불편해서다. 선물은 증거금 일부만 납입하면 되므로 여유자금으로 다른 투자도 가능하다. 대신 롤오버(Roll Over) 비용이 들 수 있다. 선물에는 만기가 있다. 만기에 만기가 돌아오는 원자재를 다음 월물로 넘겨야 한다. 이를 롤오버라 하는데 만기연장의 개념이다.

원자재 가격이 현재보다 미래에 더 상승할 것으로 예상할 경우 선물이 현물 가격보다 높아진다. 이를 콘탱고(Contango)라 한다. 시장이 급락하면 선물가격상승을 예상하는 콘탱고 시장이 된다. 반대로 미래 가격하락이 예상되면 선물이 현물가격보다 낮아진다. 이를 백워데이션(Backwardation)이라 한다. 콘탱고에선 롤오버 비용, 백워데이션에선 롤오버 수익이 발생한다. 콘탱고 상황에선 선물가격이 계속 비싸진다. 새로운 선물을 살 때는 비용이 더 들게 된다. 롤오버 비용으로 수익이 줄어들수 있다.

≫ (예시) WTI(서부텍사스유, West Texas Intermediate) 원유선물 계약당 가격

5월물	6월물	7월물	8월물
26.92달러	30.99달러	33.16달러	34.03달러

선물시장 미래 가격상승이 예상되는 콘탱고 상황이다. WTI원유선물 5월물 계약당 가격이 26.92달러, 6월물 가격이 30.99달러라고 하면 5월물을 팔고 6월물로 갈아탈 때 4.07달러의 롤오버 비용이 발생한다.

≫ 원자재 ETF의 경우 환헤지 여부도 주목해야 한다. ETF 이름 뒤에 H가 있으면 환헤지다.

원자재 시장은 거래단위가 커서 소수의 전문가들이 참여한다. 전문가들이기에 향후 움직임에 대한 전망이 엇비슷하다. 상승이 기대되면 모두 상승에만 베팅을 하기에 한 방향 쏠림현상이 심하다. 여기에 글로벌 헤지펀드 등 투기세력이 더해지다 보니 과한 버블(급락)이 생긴다. 가격상승이 예상된다면 기대감에 ETF가 기초지수 가치대비 과한 버블이 생길 수 있다. 과한 버블일 때 매수하는 건 주의하자. 버블이 터지면 기초지수 하락보다 과한 급락을 볼 수 있다.

2배수 투자는 특히 주의하자

2022년 말 기준 국내상장 ETF는 기초지수 대비 2배수(ETN은 3배수)까지만 허용하고 있다. 미국은 기초지수 대비 3~4배 이상 변동폭이 가능한 ETF도 있다. 기초지수 대비 2배수 상승은 레버리지, 2배수 하락은 인버스2X(일명 곱버스) ETF다. 인버스(Inverse)는 정반대라는 의미로 기초지수 주가가 1% 하락하면 1% 수익을 얻는다. 곱버스는 1% 하락에 2% 수익이다. 레버리지는 1% 상승에 2% 수익을 얻는다.

2배수 ETF는 해당 기초지수 주가가 한 방향으로 크게 움직여야 한다. 상승과 하락을 반복하는 횡보는 2배수 ETF투자에는 악영향이다. 기간 수익률이 아니라 매일 일간 수익률 2배수를 추종하기 때문이다. 연금상품(개인연금, 퇴직연금)은 리스크가 큰 레버리지, 곱버스, 인버스 ETF 투자가 불가능하다.

≫ (예시) 코스피200지수가 오늘 100, 내일 110, 모레 100이 된다고 가정해 보자. 3일간 지수는 변동이 없었어도 레버리지 ETF는 다르다. 하루 2배수 변동폭이 적용되다 보니 내일 120, 모레

98.2로 1.8% 손해다.

롤오버 없는 원유투자 에너지 기업 ETF

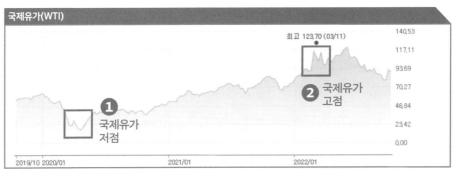

≫ 원자재 추종 ETF는 선물지수를 추종한다. 선물 롤오버 비용 부담이 있다면 선물지수와 무관한 원자재 관련 기업 ETF를 매수하면 된다. ①~③ KODEX 미국S&P에너지(합성) ETF는 국제유가 추이와 연동한 주가흐름을 보여준다.

투자전략 | 국제유가 변동에 장기간 투자하겠다면 롤오버 비용을 고려해야 한다. 롤오버 비용에서 자유로우면서 유가상승 수혜를 추구한다면 에너지 기업 ETF

를 고려해 보자. 국제유가는 방향성이 정해지면 장기간 한쪽 방향으로 움직이는 사이클 산업 경향이 있다. 경기침체이면 유가는 내린다. 경기침체에 매수하고 경기활황에 매도하는 전략도 좋다. 에너지기업 ETF로는 ① KODEX 미국S&P에너지(합성) ETF가 있다. S&P500 구성종목 중 엑슨모빌, 셰브론 등 에너지 섹터 대표기업으로 이루어져있다. 환헤지를 하지 않아 환율상승 수혜도 입는다. ② KBSTAR 미국S&P 원유생산기업(합성H)는 미국 주식시장에 상장된 원유, 가스 탐사 관련 생산기업 등에 투자한다. 환헤지가 되어 있는 상품이다.

케이스 스터디 126 **인버스 ETF**

하락시장에 베팅하는 인버스

≫ ① 코스피200지수가 하락함에 따라 ② 코스피200선물지수 일일 수익률의 역방향(-1배)을 추적하는 인버스 ETF 수익률이 올라갔다.

투자전략 | 주식시장이 하락할 경우 인버스 ETF 수익률이 높아진다. KODEX 인버스 ETF도 코스피200선물지수(음의 배수)를 기초지수로 삼는다. 선물 롤오버 이슈가 있기에 장기간 투자를 할 경우 롤오버 비용이 발생한다. 인버스 ETF도 한 방향 꾸준한 시장급락을 노릴 때 유용한 전략이다.

일관된 방향성이 투자수익 요인

(화면 A) KOSPI200지수

❶ 일관된 장기간 지수하락

(화면 B) KODEX200선물인버스2X

❷ 장기간 지수하락 수익률 개선

≫ 곱버스(인버스2X)나 레버리지 ETF는 장기간 투자가 어렵다. 지수가 일관된 방향성을 유지하기 어려워서다. 2배수 ETF 수익률 관건은 장기간 한 방향으로 쭉 움직여줘야 한다는 거다. 곱버스 는 지수가 장기간 하락, 레버리지는 지수가 장기간 상승해야 한다. 예측대로 한 방향으로만 움 직인다면 원하는 수익을 얻을 수 있다. **(화면 A)** ① 코스피200지수가 일관되게 장기간 하락했 다. 금리인상, 양적완화 축소, 경기침체, 우크라이나 전쟁, 인플레이션 등 여러 악재가 연이어 이어지며 하락장을 연출했다. **(화면 B)** ② 덕분에 곱버스 ETF도 장기간 우상향할 수 있었다.

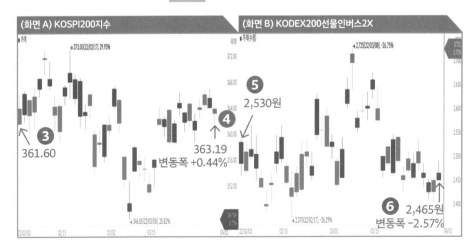

(화면 A) KOSPI200지수

❸ 361.60

❹ 363.19 변동폭 +0.44%

(화면 B) KODEX200선물인버스2X

❺ 2,530원

❻ 2,465원 변동폭 −2.57%

≫ (화면 A) 반면 증시가 횡보를 보이면 지수 변동폭보다 손실폭이 더 크다. ③~④ 코스피200 지수는 0.44% 상승했지만, (화면 B) ⑤~⑥ 곱버스 ETF는 -2.57% 하락폭을 보였다. 매일 변동폭의 2배수를 추종하다 보니 횡보장에선 곱버스 손실률이 더 커졌다.

투자전략 | 최소 6개월 이상 한 방향으로 증시가 움직일 것으로 예측한다면 2배수 ETF에 투자할 수 있다. 급격한 시장급락 이후라면 레버리지 투자, 증시고점 이후 약세장이 예상될 경우 곱버스 투자다. 다만 증시가 예측과 달리 횡보하거나, 예측과 반대로 움직일 경우에는 장기간 손실을 볼 수 있다는 점도 고려하자. 한 방향으로 움직일 게 확실히 예상될 때만 2배수 ETF에 투자해야 한다.

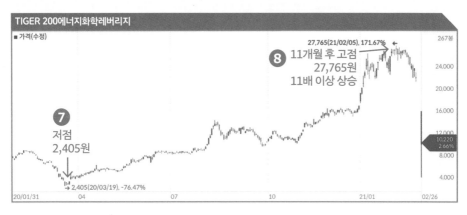

≫ 코로나19 이후 주식시장이 1년간 급등했다. 코스피지수가 1,500 하단을 내려간 이후 급등해 지수가 3,000을 돌파했다. 지수가 2배수 상승하는 동안 TIGER 200에너지화학레버리지는 11배 상승했다. 확실한 지수상승이 예상될 경우 레버리지 ETF 투자가 가능하다.

상위 구성종목은 LG화학, SK이노베이션, SK, 한화솔루션, S-에 등이다(2022년 10월 말 기준).

강세장 고위험 상품인 ELS 투자에 주의하라

파생결합증권이란

　파생결합증권은 파생상품과 증권의 결합상품이다. 선물과 옵션 등 파생상품은 투자원금 이상 큰 손해를 볼 수 있는 반면 파생결합증권은 투자금을 초과하여 손실을 볼 수는 없다. 다만 투자금 전부까지는 손해가 가능하다. 이러한 상품으로는 ELS(DLS), ETN, ELW, ELB, DLB 등이 있다. ETN과 ELW는 거래소에 상장되어 있어 주식처럼 거래가 가능하다. 나머지는 발행사(판매사)에서 청약가입을 통해 투자가 가능하다. 파생결합증권에 대한 정보는 거래소 플랫폼(tip.krx.co.kr)에서 확인해 볼 수 있다.

　≫ ETN(Exchange Traded Note, 상장지수증권), ELW(Equity-Linked Warrant, 주식워런트증권), ELB(Equity-Linked Bond, 주식연계사채), DLB(Derivative-Linked Bond, 파생상품연계사채)

ELS란

　ELS(Equity-Linked Securities, 주가연계증권)는 기초지수(개별주식이나 주가지수)와 연계되어 투자수익이 결정된다. 기초지수 중 주가지수로는 미국S&P500, 유로스톡스50,

코스피200, 홍콩H지수 등이 주로 사용된다. ELS와 비슷한 상품으로 DLS(Derivative-Linked Securities, 파생상품연계증권)도 있다. 기초지수가 이자율, 통화, 실물자산(금, 은, 석유, 곡물 등) 등과 연계되어 있다는 점이 차이다. 사전에 정한 2~3개의 기초자산이 만기까지 계약시점 대비 일정수준(예시 40~50%)까지 떨어지지 않으면 약속한 수익을 지급하는 형식이다. 반면 40~50%를 초과해 기초지수가 하락하면 큰 손실을 볼 수 있다. ELS 가입 시점이 증시 버블 강세장일 경우 문제다. 주식시장이 크게 하락하면 기대하지 않았던 손실이 발생할 수 있어서다. ELS는 위험성이 있는 상품이다. 보수적인 투자자, 은퇴한 고령자라면 ELS 가입에 주의할 필요가 있다. 원금보장을 원하는 투자자에게는 맞지 않는 상품이다.

≫ (예시) 홍콩H지수를 기초자산 중 하나로 하는 ELS가 있다. 만기 3년간 H지수가 50% 이하로 떨어지지 않으면 연 5.5% 이자를 받는다. 2021년 초 12,000선에 달했던 H지수가 2022년 10월 5,500선까지 내려앉았다. 지수가 50%보다 더 떨어져 원금손실(Knock-In, 녹인) 구간에 들어섰다. 만기 전까지 H지수가 가입시점의 80% 수준까지 회복하면 원금을 보장받을 수 있다만 그렇지 못하면 손실이 그대로 확정되어 만기 시 원금을 50% 넘게 잃게 된다.

증권사에서 발행하는 ELS와 비슷한 상품으로 은행의 ELD(주가연동예금), 자산운용사의 ELF(주가연계펀드), 은행이나 신탁사의 ELT(주가연계신탁) 등도 있다. 발행기관의 차이일 뿐 그 성격은 유사하다. 다만 은행상품인 ELD는 원금보장과 예금보자보호법에 의해 5,000만 원까지 보장된다. 다만, 안정성을 보다 추구하기에 투자수익률은 ELS 등보다 낮을 수 있다.

56

스팩은 잃는 게 적다

스팩은 M&A를 목적으로 한 페이퍼 컴퍼니다

스팩(SPAC, Special Purpose Acquisition Company)은 비상장사를 M&A하기 위한 목적이다. 공모주 청약 절차를 거쳐 거래소에 상장한다. 별도의 사업을 하거나 자산을 보유하지도 않는다. 오직 M&A 대상자를 찾는 페이퍼 컴퍼니(Paper Company)다. 상장종목인 스팩과 비상장사 간 인수합병을 위한 것이다. 비상장사 입장에선 까다로운 상장심사 없이 상장할 수 있어서 좋다. M&A가 가시화될수록 기대감에 스팩 주가는 급등한다. 다만 스팩은 2년 6개월 내 비상장사와 M&A가 없으면 관리종목으로 지정된다. 3년 내 M&A를 하지 못하면 상장폐지된다. 스팩을 사기 전 상장일을 체크하자. 만기가 얼마 남지 않은 스팩은 상장폐지될 수 있어서다. 스팩은 상장폐지될 경우 공모가 2,000원에 3년간 이자(대부분은 연간 1~2% 내외)를 지급한다. 최소한 2,000원은 건진다.

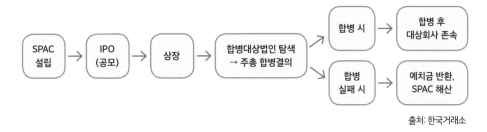

SPAC의 기본구조

SPAC 설립 → IPO(공모) → 상장 → 합병대상법인 탐색 → 주총 합병결의 →
합병 시 → 합병 후 대상회사 존속
합병 실패 시 → 예치금 반환, SPAC 해산

출처: 한국거래소

스팩을 찾으려면 네이버 증권에서 '스팩'이라고 검색하면 된다. '케이비제21호스팩'이면 KB증권에서 21번째로 발행한 스팩이란 의미다. 이왕이면 M&A를 많이 한 증권사 스팩을 고르는 것도 방법이다. 스팩을 많이 발행했다는 건 그만큼 M&A 사례가 많을 수 있다는 뜻이다. 스팩을 고르기 앞서 증권사 이름을 먼저 체크해 보자.

≫ 그동안 스팩은 모두 공모가가 2,000원이었다. 2022년 하반기부터 공모가 1만 원인 대형 스팩이 등장하고 있다. 이 책은 편의상 공모가 2,000원으로 통일해서 기록한다.

스팩 둘 중 하나는 M&A를 했다

2022년 상반기 기준 그동안 스팩의 M&A 성공 결과는 절반 정도다. 둘 중 하나는 비상장사와 합병을 한 셈이다. 수익 가능성이 높은 투자대상이다. M&A 이야기가 나오면 주가는 급등한다. 은행 이자 대비 2~3배 수익을 목표로 한다면 스팩 투자가 좋다. 아빠는 스팩 목표수익을 2년 6개월간 최대 30%로 잡는다. M&A 이슈로 급등할 경우 2,600원이면 안전하게 매도한다. 그 이상의 수익은 요행수를 바라는 강심장에게 넘겨주는 것도 방법이다.

≫ 네이버에 스팩명을 입력해 보면 과거 합병여부를 뉴스 등으로 확인해 볼 수 있다. 가령 '케이비제7호스팩'을 검색하면 흡수합병 대상자였던 FSN이란 종목명과 함께 과거 합병신고서 제출 등 기사를 확인해 볼 수 있다.

스팩은 공모주 청약이나 상장 초기에 사는 거다 (2,100원 미만)

스팩을 가장 저렴하게 사는 건 공모주를 받는 거다. 과거에 스팩은 공모주 시장에서 인기가 덜했다. 상장 첫날 급등하는 공모주 특징과는 거리가 멀어서다. M&A 기대감에 주가가 움직이려면 시간도 필요하다. 하지만 최근에는 스팩 공모주도 인기다. 최저가인 2,000원에 스팩을 살 수 있어서다. 상장폐지가 되어도 2,000원 이상을 받기에 스팩이 2,000원 미만으로 내려가는 경우는 거의 없다. 가끔은 상장 첫날 거래량 쏠림에 따른 묻지마 급등이 일어나기도 한다. 상장초기 스팩이 묻지마 급등을 보인다면 적극적으로 매도하자. 상장하자마자 M&A가 이루어지는 스팩은 없다. 공모주 초기 급등 패턴을 그대로 답습한 테마 이슈일 뿐이다. 공모주 청약자라면 좋은 차익실현 기회다.

스팩에 투자하려거든 스팩 공모주를 적극적으로 노리자. 공모주를 못 받았다면 상장초기 스팩 주가가 크게 상승하지 않았을 때 매수하자. 가급적 주당 2,100원 미만이 좋다.

약세장일수록 스팩이 주목받는다

약세장에선 공모주 청약이 인기가 없다. 상장초기 급등을 기대할 수 없어 청약 경쟁률도 낮아진다. 공모가를 높게 받을 수 없으니 상장을 미루는 경우도 많다. 그 반사이익을 스팩이 받는다. 정상적인 상장절차 대신 스팩과 M&A를 통한 우회상장을 노린다. 덕분에 스팩의 이유없는 급등이 만들어진다. 소위 카더라 식으로 허위 M&A 정보들도 늘어난다. 스팩 보유자라면 이 급등을 차익실현 기회로 삼아도 된다.

스팩을 굳이 비싸게 주고 살텐가

스팩의 기업가치는 M&A 대상인 비상장사에 달렸다. M&A가 가시화되기 전 스팩 자체만으로는 가치를 논하기 어렵다. 스팩은 발행 주식수가 작다. 품절주 테마 이슈로 이유 없는 급등이 되기도 한다. 허나 아빠는 2,600원이 넘는 가격에 스팩을 사는 건 위험하다고 판단한다. 혹여 모를 M&A 실패 우려 때문이다. M&A가 결정되고도 스팩의 높은 주가 때문에 M&A가 실패하는 경우도 있다. M&A 결과 비상장사 주주는 보유한 비상장사 주식을 넘기는 대신 스팩 주식을 받는다. 스팩 주가가 오를수록 받을 스팩 주식수가 줄어든다. 주식시장에 2,000원대 초반 스팩도 많은데 굳이 비싼 스팩과 합병할 이유가 없다. 주식교환을 할 땐 상대방 가치가 낮아야 좋다. 반대로 상대방 가치가 급등하면 매력이 떨어진다. M&A가 틀어지면 급등한 주가는 급락한다. 스팩은 3년 이내에 M&A를 못하면 상장폐지되기에 손해를 만회할 시간도 많지 않다. 굳이 스팩가격이 급등한 이후 모험을 걸 필요는 없다.

≫ 스팩이 흡수합병하려는 비상장사가 매력적이라면 M&A 이후 주가상승을 노려볼 수도 있다.

케이스 스터디 128 상장초기 스팩

스팩 주가급등 주의

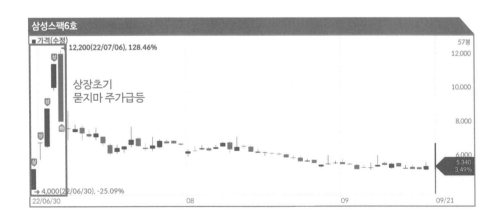

삼성스팩6호

■ 가격(수정) 12,200(22/07/06), 128.46% 57봉

상장초기
묻지마 주가급등

→ 4,000(22/06/30), -25.09%

22/06/30   08   09   09/21

≫ 스팩은 상장초기에 묻지마 급등을 보이는 경우도 있다. 삼성스팩6호의 경우 상장초기 4영업일 연속 상한가로 주가가 급등했다. 다만 합병이 가시화되긴 어렵기에 묻지마 급등이다.

투자전략 | 스팩 상장초기 급등했다면 차익실현 기회다. 공모주 투자자라면 이 기회를 잘 활용해 차익실현해 보자. 스팩은 시가총액이 크지 않아 품절 테마가 되기도 한다. 소수의 세력이 매수하고 주가를 끌어올린다. 특히 약세장 주도주가 없을 경우 품절 테마가 이유없는 급등을 만든다. 다만 호재 이슈가 없는 급등도 많아 투자에 주의가 필요하다. 고점 뒷북 투자는 큰 손해로 이어질 수 있어 주의해야 한다.

케이스 스터디129 매매정지 전후 스팩

스팩 매매정지 이후 주가급등락

≫ ① 하나금융15호스팩은 상장예비심사기간 중인 2022년 5월 20일부터 7월 28일까지 매매가 정지되었다. 상장예비심사가 통과되면 매매가 재개된다. ② 매매재개 이후 주가가 안정적으로 움직이는 구간이 저점일 수 있다. ③ 매매재개 후 합병 후속절차가 진행된다. 거래소 상장예비심사도 통과되었고 합병이 가까워짐에 따라 테마성 묻지마 주가급등락이 나타나기도 한다.

투자전략 | 스팩은 합병이 결정되면 이를 공시하고 바로 매매정지에 들어간다. 합병 타당성에 대해 거래소 상장예비심사를 하는데 그 기간은 매매가 정지된다.

합병 타당성이 인정되고 매매가 재개되면 주주총회를 통해 합병을 최종 결정한다. 주가는 합병이 가까워질수록 테마성 묻지마 이상급등을 보인다.

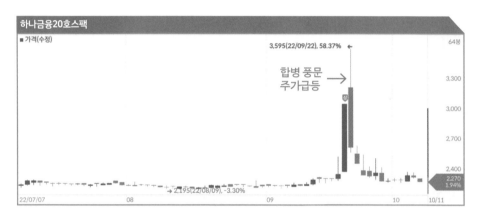

케이스 스터디130 풍문

합병 풍문에 스팩 주가급등

≫ 하나금융20호스팩은 2차전지 전해질 생산기업과 합병설이 나오면서 주가가 급등했다. 다만 합병계획을 부인하면서 주가는 도로 원위치되었다.

투자전략 | 합병 풍문이 현실화되지 않으면 급등한 주가는 급락한다. 리스크가 크기에 풍문만 믿고 고점에 뛰어드는 건 리스크가 크다.

57

리츠는 배당을 많이 준다

리츠는 시가배당률만 보고 투자하라 (배당가능이익 90% 이상 배당)

리츠(REITs, Real Estate Investment Trusts, 부동산투자신탁)는 부동산 간접투자다. 투자자의 돈을 모아 부동산에 투자한다. 그 부동산에서 임대수익이 나오면 배당가능이익의 90% 이상을 투자자에게 배당한다. 리츠는 대표적인 고배당주로 연 1~2회 배당을 한다. SK리츠는 분기마다 배당을 한다.

리츠는 시가배당률 기준으로 투자해야 한다. 최소한 시가배당률 6% 이상을 노려서 투자하자. 시가배당률 4%대는 투자 매력도가 높지 않다. 배당 관련 공시나 뉴스를 확인해 시가배당률을 계산해 보자. 리츠도 상장하기 전 IPO(공모주 청약)를 한다. IPO 흥행을 위해 상장 첫해 배당을 더 주기도 한다. 회사가 제시하는 배당수익률 등을 고려해 공모주 청약도 관심 가져보자. 리츠와 부동산인프라를 포함한 'TIGER 리츠부동산인프라' ETF도 있다. 고배당주인 리츠 등을 담고 있기에 ETF 역시 배당을 많이 한다. 네이버 증권에서 '리츠'라고 검색하면 리츠를 확인할 수 있다. 리츠는 연금계좌(연금저축, 퇴직연금)에서도 투자가 가능하다.

≫ 리츠와 유사한 부동산인프라 펀드(맥쿼리인프라, 맵스리얼티1)도 있다. TIGER 미국MSCI리츠(합성 H), KODEX 다우존스미국리츠(H), ACE 싱가포르리츠, KODEX TSE일본리츠(H) 등 해외 리츠를 담은 ETF 등도 상장되어 있다.

부동산 가치상승이 리츠에겐 호재다

투자한 부동산 가격이 오르면 좋다. 부동산 매매가격이 오르면 자연히 임대료도 동반 상승한다. 부동산 가격상승 덕에 인플레이션 헤지 기능도 있다. 인플레이션(물가상승)은 돈의 가치가 떨어지는 상황이다. 대신 자산가치가 오른다. 리츠가 보유한 부동산도 가치가 오른다. 오른 부동산을 팔고 재투자할 수도 있다. 보유 부동산을 팔 경우 특별배당을 주기도 한다. 매각차익에 대해 세금을 많이 내느니 배당을 주는 편이 낫기 때문이다. 리츠가 잘 될수록 부동산 편입이 늘어난다.

≫ (예시) 코람코에너지리츠는 주유소 자산을 매각하고 특별배당금을 지급하기도 했다. 특별배당금 지급으로 2021년 배당수익률은 7.5%였다.

역발상 투자, 리츠 주가하락을 뒤집어 보자

리츠 주가가 하락하면 역으로 시가배당률이 더 올라간다. 배당금이 더 늘어나니 매수기회다. 특히 다른 리츠 대비 낙폭과대주를 주목하자. 리츠는 부동산을 보유하고 있어 안정적 수익구조가 있기에 상장폐지와 거리가 멀다. 리츠 투자 후 손실이라면 추가매수 관점으로 접근해 보자.

리츠는 금리인상에 취약하다 (금리인하에 웃는다)

인플레이션에 의한 물가억제 대책으로 미국은 기준금리를 올린다. 기준금리 인상은 리츠에겐 악재다. 리츠의 부동산 구입원천은 투자자 자금과 은행 대출이다. 은행 대출이 있기에 금리인상에 취약하다. 금리가 올라갈수록 이자비용이 올라 순이익이 줄어든다. 금리상승기에는 리츠가 보유한 부동산가치도 떨어진다. 금리인상은 이자비용 증가로 구매수요를 감소시키고 경기침체를 가져온다. 경기침체에는 공실률 증가로 임대료 수익도 하락할 수 있다.

국내상장 리츠 종류(2023년 4월 말 기준)

리츠명	분류	투자부동산
에이리츠	오피스,주택	삼성생명 빌딩, 영등포 공동주택 등
케이탑리츠	오피스	쥬디스태화 본관 빌딩 등
신한알파리츠	오피스	판교 크래프톤 타워, 용산 더프라임타워 등
NH프라임리츠	오피스	서울스퀘어, 강남N타워 등
이지스밸류리츠	오피스	태평로 빌딩
제이알글로벌리츠	오피스	벨기에 브뤼셀 파이낸스타워
한화리츠	오피스	한화생명 사옥
삼성FN리츠	오피스	대치타워, 에스원 빌딩
이지스레지던스리츠	주택	더샵부평 공공지원민간임대주택
모두투어리츠	호텔	스타즈호텔
이리츠코크렙	리테일	뉴코아아울렛
롯데리츠	리테일	롯데백화점, 롯데아울렛, 롯데마트
미래에셋맵스리츠	리테일	광교 센트럴푸르지오시티 상업시설
코람코에너지리츠	주유소	전국 주유소
SK리츠	주유소,오피스	SK서린빌딩, SK주유소 등
ESR켄달스퀘어리츠	물류센터	부천 등 물류센터

마스턴프리미어리츠	물류센터	프랑스 아마존 물류센터 등
디앤디플랫폼리츠	물류센터	일본 아마존 물류센터, 용인 물류센터 등
미래에셋글로벌리츠	물류센터	미국 페덱스 물류센터 등
NH올원리츠	물류센터, 오피스	분당스퀘어, 엠디엠타워, 이천 물류센터 등
신한서부티엔디리츠	호텔, 리테일	용산 드래곤시티호텔, 인천 스퀘어원 쇼핑몰 등
코람코더원리츠	오피스	여의도 하나증권빌딩
KB스타리츠	오피스	벨기에 노스갤럭시 타워 등

코스피지수 대비 리츠의 안정적 주가흐름

(화면 A) 코스피지수

(화면 B) 신한알파리츠

≫ (화면 A) 코스피지수가 30% 넘게 하락하는 동안 (화면 B) 신한알파리츠는 평균적으로 10% 이내의 변동폭을 보였다. 리츠는 지수보다 안정적 주가흐름을 보였다(2022. 9. 27. 기준).

투자전략 | 리츠는 고배당 측면에서 투자다. 시가배당률이 높아지면 매수세가 몰린다. 주가가 안정적으로 움직이면서 배당까지 정기적으로 받을 수 있다. 투자하고 일정 손해율이면 추가매수 관점에서 접근하면 된다. 배당은 더 받고 주식은 더

싸게 사니 좋다.

리츠 유상증자는 잠재 리스크 요인

≫ SK리츠가 유상증자 공시를 발표하자 주가가 하락했다. 기존 상장주식수 대비 26% 정도의 물량증가다. 유상증자 대금으로 신규 자산매입, 임대료 수입 증가, 배당증가 등 선순환 구조가 될 수 있다. 다만 유상증자 이후 실적개선 체크 시간이 필요하다. 유상증자는 단기 주가하락 요인이 된다.

투자전략 | 리츠는 자산편입을 위한 유상증자가 필수다. 자산규모가 커지면 신용평가 등급이 상향되고 조달금리를 낮출 수 있다. 리츠가 잘 될수록 자산편입이 늘어난다. 다만 유상증자를 하면 주식수 증가에 따른 주가 희석효과가 발생한다. 자산편입에도 불구하고 실적개선 효과가 당장 크지 않다면, 동일한 시가총액을 유지하기 위해 주식수 증가만큼 주가를 낮춰줘야 한다. 여기에 주식수가 늘어난 만큼 1주당 받는 배당금 규모가 줄어들 수 있다. 유상증자 이후 리츠 주가가 하락할 수 있다. 부동산 자산을 담는 리츠도 유상증자가 주가에 악재요인이 된다.

금리인상에 따른 리츠 주가하락

TIGER 리츠부동산인프라

■ 가격(수정)

6,448(22/04/29), 37.48%

❶ 저금리 기조
주가 우상향

❷ 미국 금리인상
실적/배당축소 우려
주가하락

3,119(20/03/27), -33.50%

2019/11　　　　　　　2021　　　　　　　2022　　　　　　2022/10

≫ TIGER 리츠부동산인프라는 리츠로 구성된 ETF다. ① 저금리 기조에선 리츠는 고배당과 주가상승을 부르는 효자상품이다. 코로나19로 인한 경기침체 우려에 미국은 금리인하 정책을 펼쳤다. 저금리 기조에 리츠 주가도 상승을 보였다. ② 반면에 인플레이션(물가상승) 대책은 금리인상 정책이다. 미국이 금리인상 정책을 펴자 리츠 주가가 곤두박질쳤다. 금리인상 속도가 가팔랐기에 이자부담 증가 우려도 커졌다.

투자전략 | 리츠투자에 있어 최대 악재는 금리인상이다. 대출을 일으켜 부동산을 매입하기에 금리인상은 실적저하를 부른다. 금리인상은 필연적으로 경기침체와 부동산시장 약세를 야기한다. 공실 증가, 보유 부동산 가치하락 등 악재의 연속이다. 금리인상 우려감이 크다면 리츠 투자는 보수적 관점에서 바라보자. 반대로 금리인하가 예상된다면 리츠투자로 배당과 주가상승 두 마리 토끼를 잡을 수 있다.

58

아들아,
마음 편하게 투자하자

마음 편하게 5개 영역에 집중하자

마음 편한 투자를 종합하자면 5가지 영역이다. ① 실적개선주 ② 배당주 ③ ETF ④ 스팩 ⑤ 리츠다. 평생 주식투자할 것이라면 이 5가지 영역 안에서만 투자했으면 한다. 잃지 않는 투자, 추가매수가 가능한 투자, 꾸준히 수익 내는 투자, 마음 편한 투자, 기다림이 가능한 투자를 위해서다. 주식투자로 받는 스트레스가 제일 적은 투자이기도 하다.

5가지 영역을 압축하면 '실적개선과 그에 따른 배당'이라고 할 수 있다. 돈 많이 버는 회사가 실적개선, 돈 많이 주는 회사가 배당이다. 돈을 많이 벌어 배당을 많이 주는 좋은 회사만 고르자는 거다. 그 기본 로직에 충실한 투자대상이 위 5가지다.

실적이 모든 걸 좌우한다

배당도 실적이 좌우한다. 실적이 나쁘면 배당이 줄고 실적이 좋아질수록 배당은 늘어난다. 결국 실적에 집중하면 세상만사 편하다. 혹여 주가버블이 있다 치더라도 시간이 지날수록 실적이 늘면 기업가치는 적정가치를 찾아간다. 성장주들이 고평가 논란 속에서도 높은 주가를 유지하는 건 앞으로 잘 벌 것이기 때문이다. 주가는 최소 6개월 이상 선행한다. 성장주 5~10년 후 급성장할 것을 기대하기에 현재 PER이 100배가 넘는 거다. 그 실적이 기대치 대비 꺾이면 주가는 급락하기도 한다. 실적이 주가를 움직이는 방향키다. 실적 관점에서 주식을 바라보자.

처음에는 배당에 집중, 실력이 늘면 실적개선에 베팅

실력이 부족할 땐 안전함에 방점을 둔다. 그 뒤 실력이 늘면 리스크를 높여간다. 처음 투자한다면 보다 안정적인 ETF나 배당주 등에 집중해보면 좋겠다. 투자원금을 지킬 수 있어서다. 그렇게 2~3년 기본을 다진 뒤 실적주로 넘어가자. 어설픈 실력에 공격적으로 투자하다 손해 보지 않기 위함이다. 충분한 예행연습을 한 뒤 리스크를 감당해야 한다. 테마 급등주부터 뛰어드는 불나방 투자는 투자고수가 된 다음에 해도 늦지 않는다. 처음부터 화끈함만 찾다가는 투자원금 다 날리고 거지꼴 못 면한다. 차분히 이성적으로 생각하고 안전한 순서대로 투자해 나가자.

절세꿀팁 1.
장외주식 투자로 소득공제를 노려라

개인투자조합을 통해 엔젤투자가 가능하다

엔젤투자(Angel Investment)는 개인들이 벤처기업 주식에 투자하는 방식이다. 창업기업에겐 천사같은 존재라서 엔젤이라고 부른다. 개인이 직접 벤처를 발굴해 투자할 수도 있으나 쉽지 않다. 보통은 간접투자 방식인 개인투자조합을 선택한다. 49명 이하 개인이 최소 100만 원 이상 출자해 만든 사모펀드다. 투자대상 선정은 펀드매니저 역할을 하는 업무집행조합원(GP)이 담당한다. GP 역할을 하는 회사가 개인투자조합을 만들고 조합원을 모집한다. 개인투자조합은 연말 소득공제와 장외주식 상장차익을 노린다. 벤처기업이 거래소에 상장할 경우 개인투자조합 해산시점에 상장주식으로 돌려받을 수 있다.

연 3,000만 원 전액 소득공제된다

엔젤투자는 연 3,000만 원 이하 투자 시에 투자금 100%를 소득공제 받는다. 3,000만 원 초과~5,000만 원 이하는 투자금의 70%, 5,000만 원 초과는 30%를 소득공제 받는다. 다만 한 해의 소득공제 한도는 종합소득의 50%까지다. 소득공제를 받으려면 개인투자조합 투자를 3년간 유지해야 한다(그전에 환매하면 공제받은 세금이 추징된다). 총 3개 과세연도 중 1번만 소득공제 받을 수 있다. 한 해에 몰아서 받을 수도 있고 2개년 이상 금액을 나눠서 받을 수도 있다. 연말정산 신고시점 GP가 소득공제용 서류를 보내준다. 개인투자조합 결성 시 해산시점을 3년 후로 잡는다. 3년 후 투자이익에 대한 양도소득세와 배당소득세를 면제받는다. 3년이 지나 기존 조합 해산이 순조로울 경우 해산하며 받은 금액을 재투자하면 된다. 3년 단위로 자연스러운 롤오버 재투자가 가능한 셈이다. 매년 3,000만 원씩 총 9,000만 원의 투자원금이 있으면 연말 소득공제 절세효과가 크다.

> **(예시)** 연봉 1억 원의 A씨가 올해 개인투자조합에 1억 원을 투자했다 치자. 한해의 소득공제 한도는 종합소득의 50%까지다. A씨 연봉이 1억 원이므로 연봉의 50%인 5,000만 원까지가 소득공제 대상이다. A씨의 투자액 1억 원 중 소득공제 신청이 가능한 금액은 총 5,900만 원 이다. 5,000만 원이 넘는 900만 원은 3년 내 나눠서 소득공제 받으면 된다.

소득공제 대상금액 계산 : 1억 원을 투자했을 경우

1) 3,000만 원 전액인 3,000만 원, 2) 3,000만 원 초과~5,000만 원 이하의 70%인 1,400만 원 (2,000만 원X70%), 3) 5,000만 원 초과의 30%인 1,500만 원(5,000만 원X30%) → 3,000만 원 + 1,400만 원 + 1,500만 원 = 5,900만 원(최종 소득공제액)

개인투자조합, 투자 리스크를 감안하고 투자하자

소득공제 대상 벤처기업은 창업 5년 이내 또는 벤처 전환한 지 3년 이내 기업만 해당한다. 신생기업들이기에 망할 수 있다. 영업적자 여부 등을 투자 전에 확인할 필요가 있다. GP(업무집행조합원)는 투자대상 기업의 주요 정보들을 제공해 준다. 소득공제가 주된 목적이라면 영업적자 기업은 투자에 신중하자. 투자대상도 분산해서 투자하는 게 좋다.

신뢰할 수 있는 GP인지도 중요하다. GP가 투자금 모집책 역할도 한다. 투자자는 GP가 만든 개인벤처조합 계좌에 입금을 하고 그 돈이 벤처기업에 전달된다. 오랜 업력이 있는 규모 큰 GP에 투자하는 게 안전하다. 기존 조합들이 3년이 지나 문제없이 해산해 왔는지도 체크해 보자. 조합은 조합원 전원 동의로 해산 가능하나 기본적으로 존속기간은 5년이다. 개인벤처조합이 결성되면 중소벤처기업부에 조합 등록을 해야 한다. 조합원 이름, 금액, 투자규약 등이 함께 등록된다. 처음 조합에 가입한다면 최소 가입금액만 먼저 입금해 본 뒤 중소기업부 조합등록 여부를 확인해 보고 추가납입할 수도 있다.

코스닥 벤처펀드로 공모주 투자수익과 소득공제를 노려라

코스닥 벤처펀드는 코스닥 공모주에 대해 30% 우선 배정권이 있다. 투자금액의 10%까지 소득공제 혜택이 있다. 최대 3,000만 원까지(모든 금융기관 합산) 투자할 수 있으니 최대 300만 원까지 소득공제를 받는다. 총 3개 과세연도 중 1번만 공제받는다. 3년 이상 계약을 유지해야만 세제 혜택이 유효하다. 강세장일 경우 공모주 투자 수익률이 좋을 수 있다. 상장 초기 주가버블이 생성되기 때문이다.

≫ 공모주 펀드는 ① 일반 공모주펀드 ② 하이일드 펀드 ③ 코스닥 벤처펀드로 나뉜다. ① 일반 공모주펀드는 우선배정 혜택은 없다. 수요예측(기관투자자 대상 공모주 청약 절차) 참여로 배정받은 공모주를 10~30% 담는다. 나머지는 국채, 우량 회사채 등에 투자한다. ② 하이일드 펀드는 신용도가 낮은 대신 고수익을 얻을 수 있는 투기등급 채권 등에 주로 투자한다. 고위험 고수익을 추구하는데 하이일드(High Yield)는 고수익률이란 뜻이다. 하이일드 펀드는 코스피나 코스닥 종목 공모물량 5% 이상을 우선 배정받는다. ③ 코스닥 벤처펀드는 50% 이상을 벤처기업 또는 벤처기업 해제 후 7년 이내인 코스닥 상장 중소(중견)기업에 투자한다.

절세꿀팁 2.
해외주식 투자수익을 아내에게 증여하라

해외주식 매매차익은 매년 5월 양도소득세를 신고해야 한다

해외주식은 양도차익에 대해 양도소득세를 낸다. 양도소득세는 주식을 팔아야만 세금을 낸다. 1년(1~12월)간 양도차익이 250만 원(기본공제액) 이하면 세금을 안 낸다. 절세측면에서 매년 250만 원 한도내 수익실현도 가능하다. 해외주식 양도소득세율은 양도차익의 22% 분리과세다. 분리과세는 양도차익 규모와 상관없이 모든 금액에 대해 동일세율을 매긴다. 부자들 입장에선 분리과세가 좋다. 세금신고는 다음 해 5월에 국세청에 하는데 증권사에서 대행해 주기도 한다.

해외주식 양도소득세 = {(양도가액 – 취득가액 – 필요경비) – 250만 원} × 22%

1) 1년간 여러 해외주식들의 매매손익(수익, 손실) 합산(손익통산)

2) 증권거래세, 거래수수료, 양도세 신고비용 등 필요경비 제외

3) 기본공제 250만 원 제외 후 22% 세율 곱함

≫ (예시) A주식 수익 1,000만 원, B주식 손실(필요경비 포함) 350만 원일 경우 매매손익은 650만 원(1,000만 원 – 350만 원)이다. 기본공제액 250만 원을 제외하면 400만 원이 남는다. 400만 원(과세표준)의 22%인 88만 원이 양도소득세다.

≫ 해외주식 주가는 그대로인데 환차손만으로도 손실일 수 있다. 가령 환율 1,300원에 매수했는데 환율이 1,100원으로 내리면 200원씩 환차손 손실을 입는다.

해외주식 투자수익을 아내에게 증여하라

배우자에 대한 증여는 10년 단위로 6억 원(합산 가능)까지 비과세다. 배우자에게 해외주식을 증여하면 양도소득세를 아낄 수 있다. 증여금액이 배우자 주식 취득가액이 된다. 취득가액을 높여 양도차익을 줄인다. 양도차익은 매도가액과 취득가액 간 차이다. 증여금액은 증여일(주식 대체일) 전후 2개월(총 4개월)간 평균주가(종가기준)이다. 환율은 증여일 기준 환율이다. 증여세는 증여일이 속한 달 말일부터 3개월 내 신고납부해야 한다.

배우자 부담 양도차익 = 매도액 – 증여금액

해외주식을 수익실현 하기 전 ① 배우자에게 먼저 6억 원(10년 단위로 6억 원까지 증여세가 비과세)까지 증여를 하고 ② 바로 매도하면 절세가 가능하다. 배우자에게 증여함으로써 주식 취득가액을 높여 양도차익(양도차익=매도액-증여금액)을 줄이게 된다. 양도소득세는 양도차익에 대해 과세를 한다.

다만, 2025년부터는 배우자에 대한 증여의 경우 증여일로부터 1년이 지난 다음부터 매도해야 한다. 그 전에 팔면 증여자의 원래 취득가액 기준으로 양도차익을 계산한다. 배우자가 아닌 경우(직계존비속 등)는 2025년 이후에도 현재처럼 증여받은 후 바로 매도가 가능하다.

≫ 직계존비속은 10년간 성인 5,000만 원, 미성년자는 2,000만 원까지 증여세가 비과세다.

≫ 참고로 부동산의 경우 배우자에게 증여한 다음 10년 후 매도해야 증여금액을 취득가액으로

인정받는다. (2023년 증여분부터, 그 이전 증여분은 5년 후) 증여가액이 취득가액이 되기 때문에 양도차익을 줄일 수 있다. 세금정책은 주기적으로 변한다. 이 책은 2022년 말 기준으로 작성되었다. 책이 나온 이후 세금정책이 바뀔 수 있다. 증여 전 세금정책을 사전 체크하도록 해보자(주식증여의 경우 증권사나 국세청에 미리 물어보는 것도 방법이다).

손실 난 해외주식, 연말까지 매도하라

해외주식 양도차익은 손익을 통산(通算)한다. 통산은 전부를 통틀어 계산한다는 의미다. 손실액과 수익액을 합산한 순이익에 대해 과세한다. 순이익이 크다면 연말 전 평가손실이 큰 종목을 매도해 순이익을 줄일 수 있다. 매도한 종목은 매도 즉시 재매수하면 된다. 결제일을 고려해 매도를 미리 해둘 필요가 있다. 양도차익을 매매 체결일 기준이 아닌 결제일 기준으로 판단해서다. 즉, 12월 31일에 매도하면 의미가 없다. 국가별로 결제일이 T+1일에서 3일까지 차이가 있기 때문이다. 참고로 미국은 T+3일 결제시스템이다. 여기서 일자는 영업일(Working Day) 기준이므로 휴일과 공휴일은 제외한다.

매도 결제일 기준

(1) T+1일 : 중국(상해A)

(2) T+2일 : 홍콩

(3) T+3일 : 미국, 중국(상해B, 심천B), 일본, 싱가포르, 독일, 영국, 프랑스

12월 31일이 거래소가 쉬는 휴장일인 국가도 많다. 마음 편하게 적어도 연말 일주일 전에 매도하는 게 좋을 듯하다.

12월 24일 이후 각국 휴장일

한국, 일본, 대만, 독일(12월 31일), 중국(없음), 미국(12월 24일), 홍콩(12월 24일, 27일, 31일), 싱가포르(12

월 24일, 25일, 31일), 프랑스(12월 24일, 31일), 영국(12월 24일, 27일, 28일, 31일)

해외주식 배당은 배당금액에 따라 세금이 다르다

배당소득은 배당금액 규모에 따라 배당소득세 또는 금융소득종합과세로 나뉜다. 배당을 포함한 연간 금융소득(이자 등 합산)이 2,000만 원 이하면 배당소득세에 해당한다. 국내 주식 배당소득세는 15.4%다. 반면 2,000만 원을 초과하면 금융소득종합과세에 해당한다. 급여 등 다른 소득과 합산해서 세금을 낸다. 누진세 개념으로 소득이 높을 경우 고율의 세금을 낼 수 있다.

국내외 주식 모두 배당을 받으면 배당소득세를 낸다. 양도소득세(해외주식 매매차익)는 개인이 직접 세무당국에 신고해서 납부한다. 반면 배당소득세는 증권사가 원천징수한다.

다만 배당 등을 포함한 금융소득이 2,000만 원이 넘을 경우 금융소득종합과세 대상이 된다. 금융소득종합과세도 개인이 직접 세무당국에 신고해야 한다. 해외주식 배당소득세율은 국가마다 다르다. 미국 15%, 중국 14.4%, 일본 15.315%, 홍콩 15.4% 등이다. 세금납부 시 환율은 배당금 지급일 기준 환율을 적용한다.

≫ 미국주식 중 종목명 끝에 LP가 붙은 종목은 배당에 대해 37% 고율과세를 한다. LP는 Limited Partnership(합자회사)로 무한책임사원과 유한책임사원으로 구성된다. 부동산, 에너지 개발, 선박투자 등을 위해 설립하는 경우가 많다.

절세꿀팁 3.
10년에 한 번씩
자녀에게 주식을 증여하라

증여(상속)세는 10년 단위로 계산한다

증여(상속)세는 증여(상속)받은 자가 부담하는 세금이다. 증여(상속)세는 10년마다 새롭게 증여(상속)금액을 계산한다. 10년 단위로 증여가 가능한 셈이다. 미성년자는 2,000만 원까지 증여세가 비과세된다. 태어나자마자 2,000만 원 그리고 11살에 2,000만 원을 증여하면 대학생이 되기 전에 세금을 내지 않고 4,000만 원 증여가 가능하다. 성년 기준 자녀는 5,000만 원까지 비과세다. 대학교 졸업 전까지 9,000만 원 비과세 증여가 된다. 성인이 된 이후 주택마련 자금의 출처로도 활용할 수 있다. 증여 후 재산상속이 발생하면 상속세 절감효과도 있다. 증여한 재산은 상속 당시 평가액이 아닌 증여 시점의 평가액으로 상속재산에 합산된다. 증여 이후 10년이 지나면 상속재산에서도 제외된다.

비과세 금액은 배우자 6억 원, 직계존비속(부모, 자녀, 손자 등)은 5,000만 원까지다. 미성년자는 2,000만 원, 기타 친족은 1,000만 원이다. 비과세 금액을 제외한 과세표준 세율은 1억 원 미만이면 10%, 1억 원~5억 원 미만은 20%, 5억 원~10억 원 미만은 30%, 10억 원~30억 원 미만은 40%, 30억 원 이상은 50%이다.

비과세 구간도 증여세 신고를 꼭 하자

비과세 구간이더라도 증여세 신고를 해두자. 투자수익이 불어날 경우 그 금액까지 합쳐 증여로 볼 수 있어서다. 증여일이 속한 달 말일부터 3개월 이내 증여 신고를 하면 된다. 신고기한 내 증여 취소도 가능하다. 증여 후 주식 급등락에 따라 취소 후 재증여를 고려해 볼 수 있다. 부모 주식계좌에서 바로 출고(주식 옮기기)방식으로 증여도 가능하다. 주식 매수일엔 출고가 안 되고 2영업일 후인 결제일 이후 가능하다.

증여 신고 없이 미성년자 자녀계좌로 주식거래가 이루어지면 차명계좌로 분류돼 수익 대부분을 토해낼 수도 있다. 세무당국이 거래빈도, 계좌개설 사유 등을 종합적으로 고려해 판단한다. 취학 전 아동이면 차명계좌 간주 가능성이 더 높아진다. 부모와 자녀 간 차명계좌는 형사처벌 대상은 아니지만 금융실명법 위반이다. 과징금, 세금 추징 등을 당할 수 있다.

≫ 가족관계증명서, 자녀 통장사본, 증여액이 표기된 자녀 통장내역 등을 첨부해 홈택스에서 신고가 가능하다. 상장주식은 증여일 앞뒤 2개월(총 4개월) 주가 평균기준으로 과세된다.

주문대리인 등록은 필수, 잦은 매매를 지양하라

증여신고 후 미성년자 부모의 적극적 주식거래 행위는 추가 증여로 볼 수 있다. 부모 기여분을 고려해 증여세를 추가로 낼 수도 있다. 불성실 가산세 20%가 할증될 수도 있다. 혹여 모를 오해 소지를 불식시키기 위해 자녀 계좌를 만들 때 주문대리인 등록을 해두자. 주문대리인은 계좌 소유주 대신 매매주문을 대리해주는 자다. 참고로 자녀 주식계좌 개설은 직접 금융회사를 방문해야 한다.

≫ 자녀계좌 개설서류: 3개월 내 발급받은 자녀 주민등록초본, 가족관계입증서류, 부모(법정대리인) 신분증, 거래인감(도장) 등

장기간 묻어두기에 고배당주나 ETF로 사둬라

미성년자 주식은 장기간 투자대상이다. 개별종목 리스크를 최소화 하는게 좋다. 성장이 정체되거나 사이클 산업의 경우 장기간 투자가 어렵다. 헬스케어(바이오) 업종은 개별종목 리스크가 크므로 주의해야 한다. 상장폐지 대상도 피해야 한다. 적어도 10년간 꾸준히 상승세를 보여줄 대상으로 좁혀야 한다. 미국 대표지수(S&P, 나스닥), 2차전지, 비메모리 반도체, IT 유망업종 등 성장주가 그 예다. 안전하게 배당주 중심으로 투자해도 좋다. 꾸준하게 배당금만으로 투자수익을 낼 수 있다. 장기간 투자하기에 배당주가 최우선 대상이다. 개별기업이 부담스럽다면 관련주를 담은 ETF가 대안이다. 10종목 이상 분산효과, 지속적인 종목교체 등 리스크가 낮다. ETF는 펀드이기에 증여 당일 기준가격으로 증여가액을 평가한다. TDF(Target Date Fund, 생애주기펀드) 상품도 고려해 볼 수 있다. TDF는 증권사가 은퇴연도에 맞게 알아서 주식과 채권 등 자산비중을 조절해서 투자해 준다. TDF명에 붙은 2035, 2040 등의 숫자는 투자자가 생각하는 은퇴 시점이다. 숫자가 클수록 은퇴 시점이 많이 남아 주식 투자 비중이 크다. 숫자가 작을수록 안정적으로 자산운용을 한다.

주식시장 급락을 증여에 적극 활용하라

주식가격이 낮을 때가 최적의 증여시기다. 세금도 줄이고 저점매수로 투자수익도 노린다. 서킷브레이커 급락을 노려야 한다. 서킷브레이커 급락 이후 주가는 원위치로 돌아왔다. 급락구간은 절호의 증여 타이밍이다. 주식시장이 급락하면 최대주주 등이 자녀에게 증여하는 경우가 늘어난다. 주가가 떨어졌기 때문이다. 그들과 동행해 보는 것도 좋다. 매력적인 투자기회라면 비과세 금액 이상 증여도 고려해 본다. 비과세 금액 이후 추가 1억 원은 10% 과세다. 투자 이후 손실률이 -20%인 시점마다 추가 증여도 고려해 볼 수 있다.

7장

아들아,
돈을 벌려거든
이렇게 마음잡아라

59

아빠가 반평생을 살아보니

나중에 후회한다던 부모님 말씀이 맞더라

어릴 때 부모님 말씀은 잔소리 같았다. 다 컸는데 아기 취급한다고 생각했다. 하지만 나이 오십이 되어 보니 부모님 말씀이 다 맞았다. 본인의 경험치에 따라서 올바르게 인도해 주신 것이다. 다 할 때가 있다는 말씀, 게으름 피우면 늙어서 후회한다는 말씀이 다 맞았다. 나이 들어서 깨닫는 진리다. 할 때 제대로 하지 않으면 후회한다. 할 수 있을 때 최선을 다해 달려보는 거다. 개미와 베짱이 우화처럼 젊어서 고생은 늙어서 편안함을 준다.

늦었다고 생각할 때가 시작할 때다

공부를 못해서 원하던 대학교에 들어가지 못했다고 후회한다면 다시 시작하면 된다. 나이가 들었다고 포기할 필요는 없다. 늦었다고 생각할 때가 다시 시작할 때다. 더 시간이 지나면 그때 해볼걸 하는 후회만 남는다. 인생은 생각보다 길다. 나이 오십에 대학교를 다시 들어가는 사람들도 많다. 회계사, 변호사 등 자격증 공부도 나이 오십 넘어서 하는 경우도 있다. 후회가 있다면 시작해 보자. 할 때 못했다고 해서 인생이 끝난 건 아니다.

절망한다고 인생이 달라지진 않아

부모 탓, 환경 탓만 하고 과거에 갇혀 사는 건 옳지 않다. 모든 결과는 내 책임이다. 내가 더 노력하고 더 고생하면 새로운 길이 열린다. 절망하고 후회만 한들 세상은 달라지지 않는다. 스스로 박차고 일어나야 한다. 새롭게 마음먹고 실천해야 앞으로의 인생은 바뀐다. 그동안의 삶이 아쉬웠대도 새로운 인생은 찬란할 수 있다. 그건 내 노력에 달려 있다.

아들아, 이기적으로 살아라

"우리가 저녁식사를 할 수 있는 것은 푸줏간이나 빵집 주인의 자비심 때문이 아니라 이기심 덕분이다." 애덤 스미스는 『국부론』에서 인간이 이기적이라고 말한다. 돈을 벌고자 하는 건전한 이기심이 동기부여를 만들고 노력하게 한다는 것이다. 부자가 되겠다는 마음도 이기심에서 출발한다. 남에게 배려만 하고 양보만 해선 안

된다. 이기고자 하는 경쟁심이 충만해야 한다. 주식투자도 직장생활도 서로 경쟁하는 싸움터다. 이기적으로 해야 승리할 수 있다. 승부욕을 가지고 세상을 대하자.

아빠는 샌드타이거샤크다. 한번 먹이를 물면 절대 먹이를 놓지 않는 모래범상어다. 주식을 매수했다면 단 돈 1원이라도 이익을 내고 나와야만 한다. 좋은 종목을 선택하고 일정 손실마다 추가매수 관점으로 접근해 끝까지 승부를 본다. 지독한 냉정함으로 심리가 흔들리지 않으려 한다. 오직 이기겠다는 승부욕 뿐이다. 아들도 그 고독한 승부를 치열하게 해주길 바란다.

꾸준히 노력하는 자가 승리하더라

'꾸준히 성실하게'가 아빠의 인생 모토다. 아빠도 책을 쓰는 일이 고역이다. 하루 종일 회사 책상에 앉아있다 퇴근하고 또 책상에서 글을 쓴다. 아빠라고 놀고 싶지 않겠느냐만 묵묵히 책상 앞에 앉는다. 그렇게 5년간 5권의 책을 썼다. 꾸준하게 써내려가다 보면 책이 완성된다. 때론 글이 잘 써지지 않을 땐 '한 쪽이라도 써보자'라고 마음을 다잡는다. 하나씩 하나씩 하다 보면 차곡차곡 인생이 알차게 채워져 간다. 아들아, 꾸준히 노력해 보자. 노력의 길이 힘들고 고단해도 그 결실은 너를 힘들지 않게 해줄테니까 말이다.

60

건강하게 오래도록 살아라

건강해야 부자로 살아도 즐겁다

　오십이 넘고 보니 몸이 시그널을 보낸다. 쉬이 피로하고 건강검진을 하면 여러 수치들이 기준치를 위협하고 있다. 젊어서는 생각해 보지 못한 일이다. 늙음이란 단어가 현실로 다가온다. 돈을 많이 벌어도 건강하지 못하면 행복감은 줄어든다. 병원 다니느라 바쁘고 건강 염려에 괴롭다. 돈 버는 재미를 제대로 느끼려면 건강해야 한다. 부자가 되었으니 돈 쓰는 즐거움을 느껴야 한다. 건강해야 여행도 즐기고 맛집도 다닐 수 있다. 부자가 되는 즐거움을 만끽하기 위해 건강 관리를 함께 하자. 건강을 잘 돌보려면 성실해야 한다. 성실함은 주식투자 과정에서도 도움이 된다.

　아빠의 경우 직장에 들어가기 전까지는 좋은 직장에 들어가기 위해, 직장인이 되고 나서는 경제적 기반을 마련하려 노력했다. 그 노력의 결과 이제 좀 즐겁게 살아볼 만하니 나이가 오십이 넘었다. 건강하지 않으면 쌓아놓은 부를 즐길 기회가 많이 남아 있지 않다. 아빠의 깨달음은 젊을 때부터 건강 관리가 필요하다는 거다. 몸을 과로로 혹사시키거나 술·담배로 병들게 하지 말아야 한다. 그래야 오십 이후 부자로 건강하게 오래도록 살아갈 수 있다.

바빠도 운동할 시간은 만들어둬라

아빠는 대중교통을 이용하는 뚜벅이 생활을 한다. 자가용의 편리함을 안다만 일부러 만원 지하철을 탄다. 조금이라도 더 걸어보자는 몸부림이다. 아무리 바빠도 운동할 시간은 만들어둬라. 이왕이면 평생 재미를 느낄 운동을 취미로 삼자. 아빠는 요가를 5년 넘게 해왔다. 요즘엔 클라이밍을 배우는 재미에 빠져 있다. 주식투자와 직장생활의 스트레스를 해소하는 데도 좋다. 운동과는 별도로 무작정 하루 한 시간은 걸어라. 점심시간에 조금씩 시간을 내서 걷는 것도 좋다. 아빠는 바쁠 때는 퇴근길에 집까지 걸어가며 저녁을 해결한 적도 많다. 운동도 되고 식사시간도 줄이고 일석이조다.

스무 살이 넘어서도 아빠와 자주 운동을 하자. 같이 배트민턴 라켓을 들고 허공을 휘휘 저어보자. 운동이 끝나면 동네 목욕탕에서 아빠 등도 밀어주고 우유도 사먹자. 그리 오래도록 친형제처럼 아빠와 지내자. 아빠는 너희들과 함께 운동이 주는 값진 땀을 흘리고 싶다.

건강을 잃으며 투자하지 말아라

주식투자의 기본은 행복하자는 거다. 돈이 많다고 행복한 건 아니다만 돈이 부족하면 삶이 힘들다. 나이 듦에 따라 노동의 무게는 더욱 무거워진다. 편안한 삶을 누리려고 주식투자 하는 거다. 그런데 심적 스트레스를 과하게 느끼는 경우도 많다. 투자방법이 잘못되었기에 마음의 병을 얻는 거다. 평생 마음을 편안하게 컨트롤하면서 주식투자하고 살아야 한다. 최선은 잦은 매매를 삼가고 긴 호흡으로 투자하면 된다. 그 해답은 실적개선과 고배당 주식투자에 있다.

아빠는 네가 백수를 팔팔하게 누렸으면 한다

아빠가 오십이 넘어 후회되는 건 단 음식을 좋아했다는 거다. 단 음식이 주는 미각의 즐거움이 컸나 보다. 하지만 이젠 단 음식을 절제할 때가 다가오고 있다. 아들아, 건강한 식사를 해보도록 하자. 슴슴한 맛을 즐기는 것이 긴 인생 여정에 도움이 될 거다. 오랜 기간 쌓인 기초체력이 늙어서 빛을 발한다. 꾸준히, 그리고 열심히 건강해지려고 노력해라. 무엇보다 100살까지 팔팔하게 살아주길 바란다. 그래야 아빠가 늙어 눈을 감을 때 마음 편히 세상을 떠날 수 있을 것 같다. 내 아들이 오래오래 건강하게 살 거란 안도감에 마음이 놓일 거 같다. 아들아, 제발 건강하게 오래오래 살아다오.

아빠가 살아있는 동안 아들의 건강한 목소리와 늘 함께하고 싶다. 어른이 돼서도 아빠에게 하루에 한 번은 네 목소리를 들려다오. 늘 곁에 있다는 즐거움이 계속 아빠에게 전달되도록 말이다. 그게 아빠의 소박한 버킷리스트이자 인생의 낙이 될 것 같다.

61

버킷리스트로 행복해라

버킷리스트는 훌륭한 동기부여다

삶이 무료해지면 투자 준비도 늘어진다. 열정이 없는데 주식투자에 최선을 다할리 만무하다. 인생 여정도 바쁘게 스케줄링하는 게 좋다. 꼼꼼한 준비만이 손해 보지 않는 길이다. 버킷리스트는 동기부여에 큰 도움이 된다. 해보고자 하는 욕구가 샘솟을수록 투자하는 삶은 즐겁다. 버킷리스트를 만드는 것만으로도 행복하다. 의욕이 생기고 무료한 일상에 활력소가 되기 때문이다. 돈이 꼭 많이 들어야 하는 것도 아니다. 소소하게 할 수 있는 것들도 버킷리스트가 될 수 있다. 대단하지 않아도 된다. '한 달 걸어서 출퇴근해 보기' 같은 것들도 훌륭한 버킷리스트가 될 수 있다. 삶의 즐거움을 위해서도 버킷리스트를 만들자.

주식투자를 위해선 의욕이 충만해야 한다. 열심히 살고자 하는 마음이 강할 때 투자를 위한 노력도 하게 된다. 그런 마음을 잡아주는 게 버킷리스트다.

투자수익으로 버킷리스트를 실천하라

투자수익 중 일부는 나를 위해 쓰자. 전부 재투자한다면 오히려 잃기만 할 수도 있다. 아빠는 투자수익의 5~10%는 무조건 쓰려고 한다. 의미 있는 소비를 위해 버킷리스트를 만들어 두곤 한다. 평소 경험해보지 않은 소소한 즐거움을 누리는 것이다. 버킷리스트 실천으로 투자수익 즐거움도 두 배가 된다.

열정이 많아야 인생도 투자도 성공한다. 열정이 죽으면 의욕도 죽고 노력도 안 한다. 지루한 일상이 지속될수록 부자로 살 길은 더욱 멀어진다. 본업도 열심히, 주식투자도 열심히 해야 한다. 그러니 삶을 즐겁게 해주는 버킷리스트는 필수다. 아직 버킷리스트를 만들어본 적이 없다면 지금 당장 10개만이라도 만들어보자. 마음을 먹었다면 바로 실천해 보자. 실천을 해야 즐거움도 생기고 하고픈 것도 계속 늘어난다.

최고민수의 버킷리스트 표

① 버킷리스트	② 하고 싶은 것(상세히)	③ 구체적 실천방법

≫ 버킷리스트를 적어보기 막막하다면 버킷리스트 표를 활용해 보자. 하고픈 것과 어떻게 할 건지만 심플하게 적으면 된다. ① 버킷리스트 목록에 제목을 간단히 적는다. ② 하고 싶은 것에는 해당 제목과 관련해 상세하게 하고 싶은 내용을 나열한다. ③ 실천방법으로는 언제, 어떻게 실천할 것인지 구체적으로 기록한다.

≫ 아빠에게는 은퇴 후의 버킷리스트가 있다. 그중 세 가지를 들자면 첫째, 20대에 방송국 PD를 꿈꾸며 살았기에 은퇴하곤 여행 유튜버를 할 거다. 둘째, 소설가가 되려 한다. 무료한 시간을 달래기에 글쓰기가 취미이자 직업적으로도 좋다. 셋째, 트로트 싱글을 내서 전국 방방곡곡 축제에 다니고 싶다. 춤 연습도 늦으나마 해보고 좋지 아니한가.

62

'돈돈'거려야 처자식을 굶기지 않는다

'돈돈'거려야 계획이 세워진다

부자가 되겠다고 마음먹었으면 끊임없이 돈 벌 궁리를 해야 한다. 돈에 무관심하면 결코 부자가 될 수 없다. '돈돈'거려야 부자는 못 되더라도 가난은 면한다. 부자가 되기 위한 노력을 게을리하면 가난해질 확률이 높다. 경제학에서 말하는 생산의 3요소는 노동, 자본, 토지다. 하지만 대부분 사람들은 평생 노동만 하고 산다. 땀의 의미는 소중하지만 평생 일만 하는 일개미는 바람직하지 않다. 자본과 토지를 함께 톱니바퀴처럼 움직여야 한다. 토지는 원래 부자들의 전유물이다. 큰돈이 들어가니 흙수저는 달려들기 어렵다. 결국 흙수저라면 자본을 움직여야 노동이 덜 힘들다. 육체가 늙어가면 노동력은 떨어진다. 나이 듦에 따라 노동을 쉬고 자본이 노동의 자리를 대신해야 한다. 젊어서부터 자본에 관심을 가져야 하는 이유다. 돈돈거려야 늙어서 노동을 하지 않아도 된다. 돈에 대한 관심과 무관심, 그 출발은 같으나 도

착은 다르다. 무관심하게 살면 머리는 편할지 모른다. 개미와 베짱이 우화처럼 늙어 감에 따라 베짱이처럼 불쌍해질 수 있다. 허나 돈에 대한 끊임없는 관심은 반드시 필요하다. 관심이 있어야 행동으로 옮긴다.

매일 저녁 돈 계획을 세워보라

주식투자를 열심히 하고자 결심한 36살부터 아빠는 매일 밤 10년 후의 재산을 계산했다. 매년 불어날 기대치를 예상하곤 했다. 순자산 3억 원이던 내가 10년 후 20억 원을 만들겠단 야심찬 포부를 그렸다. 터무니없는 계획이란 핀잔도 많이 들었다. 하지만 투자원금 3,000만 원으로 매년 100% 수익률을 꾸준히 거두면 충분한 승산이 있으리라 생각했다. 매일 돈이 불어나는 걸 꿈꾸면 승부욕이 불타오른다. 지금처럼 해선 미래가 없다고 채찍질하게 된다. 좀 더 노력하게 되고, 성실히 임하게 된다. 가장 좋은 건 돈에 대한 관심이 계속 유지된다는 거다. 이 관심은 매일 밤 종목 분석으로 이어졌다.

나무보다 숲을 보라고 했다. 매달 월급을 어찌 사용할지만 생각하는 건 하수다. 진정한 고수는 먼 미래의 재산 계획을 세우고 그 목표를 향해 달려간다. 내 안의 틀을 깨는 건 10년 후 나를 계획하는 데서 출발한다. 벌어야 할 돈의 목표점을 세워두고 그 목표에 다가갈 세부 계획을 짜둬야 한다. 그래야만 한 단계씩 실행된다. 하루아침에 벼락부자가 되긴 어렵다. 천천히 움직여도 이 움직임이 오랜 기간 쌓이면 된다. 주식종목도 꾸준히 오르는 종목이 최고다. 매일 밤 나를 각성시키는 동기부여를 해보자. 나는 10년 후 지금보다 나은 환경에 있을 것이다. 은퇴준비가 차근차근 실행되기에 노후에 굶주리는 베짱이가 되지 않을 거다.

63

나무보다 숲을 봐라

포인트 적립에 에너지를 낭비하지 마라

인간의 머리는 유한하다. 생각이 너무 많아지면 머리에 과부하가 걸린다. 소탐대실(小貪大失), 사소한 일상에만 집중하는 건 좋지 않다. 아빠는 일부러 열심히 포인트를 쌓지 않는다. 가격비교도 촘촘히 하지 않으려 한다. 아껴 쓰고 절약하는 삶에 집중하지 않으려 한다. 나무만 보다 보면 숲을 보지 못하기 때문이다. 축소지향적 삶이 투자에 방해가 된다. 작은 일에만 집중하다 보면 대범하지 못하고 새가슴이 된다. 조그만 손해에도 불안감이 커진다. 주식투자에는 배포 큰 마음가짐이 필요하다. 축소가 아니라 확장적 삶이 중요하다. 내안의 틀을 깨고 보다 공격적인 인생을 살아야 한다.

세상은 넓다, 우물 밖을 빠져나와라

우물 안 개구리는 우물이 세상 전부이기에 우물 밖 넓은 기회를 모른다. 비좁은 우물 속에 안주하며 평생을 산다. 저축하는 삶은 잃지 않으니 좋다. 다만 직장생활만으로 인생역전은 어렵다. 1년에 2,000만 원씩 저축해도 10년 모아야 원금 2억 원이다. 서울 아파트 구입엔 턱없이 모자라다. 저축은 우물 안 삶이다. 우물 안에 머물러 있으면 평생 그 틀에 맞게 산다. 사고의 틀이 바뀌어야 한다. 투자하는 삶을 살자면 아껴 쓰고 저축하는 '짠테크' 마인드를 버리자. 짠 마인드는 나를 틀 안에 가둔다. 보다 넓은 세상으로 가기 위해선 결국 주식투자와 같은 위험을 안고 가야 한다. 보다 공격적이고 과감한 생활패턴이 필요하다. 우물 안만 보지 않고 드넓은 평야를 볼 시야가 필요하다.

점심을 회사 사람과 먹지 마라

직장인은 회사 사람들과 대부분의 시간을 보낸다. 그러면서 동료의식이란 동질성이 자리 잡는다. 하루 종일 그들과 있으니 다른 생각이 주입되지 않는다. 우물 밖 생활을 떠올리기 어렵다. 나와 다른 부류의 사람들과 자주 접해야 한다. 다른 세상을 마주해야 새로운 길을 본다. 아빠는 일부러 회사 사람들과 점심을 줄이고 있다. 대신 다른 직업을 가진 이들과 점심을 먹는다. 다른 생각을 접하기 위해서다.

생각의 틀을 깨야 가보지 않은 길을 공격적으로 가볼 수 있다. 안주하는 삶은 안전하긴 하나 발전이 없다. 주식투자란 회사 밖 인생이다. 누가 시키지 않는 모험을 하는 거다. 새로운 도전정신이 투자에 필수다. 현재의 삶에 변화를 주는 시도를 끊임없이 해보자. 흐르지 않고 고인 물은 썩는 법이다. 늙으면 회사는 나를 버린다. 미리 대비해야만 늙음이 서글프지 않다.

64

20년 후를 가정하고 살아라

20년 후 목표가 있는가?

삶에는 목표가 있어야 한다. 목표가 없으면 삶은 무료하고 단조롭다. 아빠는 젊을 때부터 20년 후 목표를 세웠다. '20년 후엔 이렇게 될 거야'라며 노트에 적어두곤 했다. 20년 후를 가정하기에 그 사이 어떻게 살 것인지 고민하게 된다. 긴 호흡으로 앞으로의 20년을 만들어보는 거다. 조금은 허황된 목표일지라도 괜찮다. 만들어가는 과정에서 보다 세밀하게 20년을 채워 넣으면 된다.

20년 후 목표가 세워졌다면 남은 건 그 목표를 향해 달려가는 거다. 차근차근 준비하고 노력하면 된다. 혹여 그 목표까지 도달하지 못한다고 해도 괜찮다. 열심히 살고 있다면 다른 많은 것을 이루었을 것이다.

목표가 있어야 동기부여가 된다

목표는 삶의 구성을 알차게 한다. 계획적이고 성실한 삶을 만드는 원동력이 된다. 성실함은 그 어떤 무기보다 강력하다. 삶이 과거에 갇혀 있어서는 안 된다. '과거의 나는 이랬는데 지금은 형편없다'는 자조는 버리자. 목표가 생기면 과거형이 아닌 미래형 인간이 된다. '과거의 나는 이랬으나 앞으로는 달라질 거야'에 방점이 있다. '하면 된다, 될 수 있다'는 강력한 동기부여가 된다. 목표가 있기에 지치지 않고 달려갈 수 있다. 어렵다 생각할 필요 전혀 없다. 목표를 세워두고 하나라도 해보는 거다. 하나씩 하다 보면 어느새 중간 지점까지 온다. 하지 않아서 이루지 못하는 거다. 해보자! 일단 해보면 그 무엇이든 할 수 있다.

한 우물을 파는 꾸준함이 중요하다

목표를 자주 바꾸는 건 좋지 않다. 한번 세운 목표를 향해 꾸준히 달려가야 한다. 조금 하다 그만두는 버릇은 좋지 못하다. 끈기 없는 노력은 바꿔야 한다. 20년 계획을 세워보라는 건 한 우물을 파란 의미다. 20년간 꾸준히 하다 보면 나만의 경제적 해자가 생긴다. 우직하게 세운 목표를 향해 꾸준히 노력하면 된다.

65

시키지 않는 일을 해라

노후 준비는 아무도 시키지 않는다

　주입식 교육은 모든 걸 시킨 대로만 하게 만든다. 골라준 내용을 암기만 잘하면 우등생이 된다. 그렇게 좋은 학교를 가고 좋은 직장을 갖는다. 시키는 일은 잘하기에 평탄한 인생이다. 하지만 직장에선 에이스라도 회사 밖에선 막막하다. 회사 밖 인생에 대해서는 누구도 지시를 내리지 않는다. 아무도 시키지 않으니 준비 없이 나이만 먹는다. 나이를 먹어갈수록 나를 좋게 보던 회사도 내치려 한다. 막상 나와 보면 회사 밖 나는 나약한 존재다. 젊어서부터 죽어라 야근했지만 남는 건 늙음뿐이다. 회사 밖 인생에 대해 고민해 봐야 한다. 시키지 않은 길을 스스로 만들어야 한다. 주말과 퇴근 이후 여가를 빈둥거려선 안 된다. 오히려 그 시간을 더 소중히 사용해야 한다.

늘 가슴에 사표를 품고 다녀라

시키지 않는 일을 인생 최우선 순위에 두자. 우물 안 개구리가 우물 밖을 나서는 거다. 세상엔 해야 할 일들이 너무나 많다. 여러 일을 못한다는 건 다 핑계다. 아빠는 회사도 다니지만 책도 쓰고 강연도 한다. 하고자 하는 의욕만 있으면 된다. 회사 일이 적성에 안 맞는 경우가 많다. 돈벌이 때문에 억지로 하기도 한다. 그만두고 싶다만 대안이 없다. 그럴 경우 적정한 타협이 필요하다.

진정 하고 싶은 일들도 함께 해보는 거다. 시키지 않은 일이지만 정말 좋아하는 일을 하자. 의욕도 나고 열심히 할 자신도 있을 것이다. 이걸 돈벌이와 연결시키면 더욱 좋다. 회사 일이 우물 안의 일이라면 내가 하고픈 일은 우물 밖의 일이다. 생각은 있으나 실천하지 못했던 이유는 믿는 구석 때문이다. 다닐 직장이 있기에 굳이 모험을 걸지 않는다. 아빠는 사표를 책상 한구석에 넣어두고 다닌다. 회사를 그만둘 생각을 하면 나태할 시간이 없다. 위기감이 의욕을 불태운다.

주식투자 판단은 스스로 해라

주식투자도 회사에서 시키지 않는 일이다. 시키는 일이 아니다 보니 투자에 성의가 없다. 대충 생각하고 대충 투자한다. 투자가 잘될 턱이 없다. 월급 모아서 내집 마련과 은퇴자금 모으기란 쉽지 않다. 주식투자에 최선을 다해야 한다. 소중한 재산을 허투루 투자해선 안된다. 열정과 노력이 수반되어야 한다. 투자 판단도 내가 해야 한다. 남의 생각을 그대로 따라하는 건 오래가지 못한다.

66

메모하는 습관을 들여라

머릿속 복잡함을 메모로 잡아라

메모는 생각을 정리해 주는 좋은 투자습관이다. 메모장은 그 생각을 기억해 주는 창구다. 때론 갑자기 떠오른 투자영감을 적어두는 데도 도움이 된다. 메모를 해 둬야만 샘솟는 투자 아이디어가 사라지지 않는다. 투자종목이 많을수록 머릿속 복잡함이 더하다. 관심종목이 20개만 되어도 이들의 특징을 일일이 알아두기 힘들다. 머릿속이 복잡하면 투자는 실패한다. 머릿속에는 간결하고 심플한 수납장이 들어 있어야 한다. 복잡함을 계속 머리에 담아두면 정작 중요한 투자판단이 어렵다. 머릿속을 덜어낼 메모장이 그래서 필요하다. 머릿속에는 가장 중요한 핵심만 담아두고 많은 기억의 습작은 메모장에 남긴다.

메모장 덕에 시간이 지나도 생각의 재생이 가능하다. 가끔씩 과거의 메모장을 들춰보면 투자 영감이 다시 떠오른다. 주식투자는 통계에 창작을 더하는 과정이다.

실적, 배당 등 기초적인 통계와 사실 자료를 일차적으로 충실히 찾는다. 그 자료들을 가지고 주가상승 가능성을 가늠해보는 상상의 과정이 더해진다. 상상을 위해선 꼼꼼한 자료작성이 필요하고 이를 메모장에 기록해둬야 한다. 더해서 주가상승을 예상하는 과정을 메모장에 추가하는 거다. 아빠는 메모장에 '왜(Why)?'라는 질문을 던지고 시작한다. 궁금증이 많을수록 좋다. 궁금증을 해결해 나갈수록 리스크는 줄어든다.

아날로그 감성이 투자를 일깨운다

아빠는 오래전부터 메모광이었다. 정리정돈이 안되다 보니 메모가 큰 도움이 된다. 포스트잇이나 스마트폰 메모장, 다이어리 등을 가리지 않고 기록한다. 그중 다이어리에 적어두는 걸 제일 선호한다. 이유는 단 하나, 투자에 대한 생각이 깊어져서다. 직접 손으로 쓰다 보면 생각이 더 깊어진다. 생각의 그물코가 촘촘해지는 느낌이다.

퇴근하고 잠자리에 들기 전 아빠는 다이어리를 꺼내 기억하고 싶은 생각을 매일 적어두곤 한다. 그 과정은 길어야 10~20분 정도다. 하지만 그 시간이 투자영감을 주는 좋은 포인트가 된다. 매일 메모하는 투자습관을 생활화해 보자. 해보지 않고서는 투자에 도움이 되는지 알 길이 없다. 노트에 하나씩 적어나가는 그 기록이 내 투자승리의 밑거름이다. 부지런함은 투자에 큰 성공요인이라 했다. 그 시작은 메모하는 습관에서부터 길러진다. 주식투자 성공이 대단한 듯하나 심플하다. 부지런하게 실천하는 그 모습에서 성공이 시작됨을 기억하자.

67

머리를 비워줘라

투자를 할 때는 머리를 비우는 것이 중요하다

　주식투자는 두뇌로 하는 전쟁이다. '좋은 종목을 잘 골라 기다리고 수익을 낸다.' 단순해 보이는 이 과정이 실제로는 굉장히 어렵다. 생각을 잘해서 종목을 골라야 하고 수익정점을 잘 판단해 팔아야 한다. 투자판단을 위해 최적의 두뇌 상태를 유지해야 한다. 머리가 복잡하면 투자판단이 잘 되지 않는다. 복잡한 머리는 식혀줘야 한다. 머릿속에 주식투자 판단만 할 수 있게 일상의 복잡함을 줄여야 한다. 과열된 머리를 식히는 방법은 휴식이다. 5~10분간 '멍 때리기'도 도움이 된다. 머릿속 상념을 다 지우고 아무런 생각 없이 보내는 시간을 갖자.

투자가 잘 풀리지 않을 땐 일단 걸어라

아빠는 최대한 걸어서 출퇴근하려 한다. 나이듦에 따른 건강 유지와 함께 일종의 멍 때리기다. 정신과 의사들은 스트레스 해소법으로 여행을 권한다. 여행을 하면서 녹색을 자주 볼수록 마음의 병도 치유된다고 한다. 주식투자도 정신적 노동이다. 투자를 자주 할수록 마음의 병이 깊어질 수 있다. 투자가 잘 풀리지 않을 때 일단 걸어보기를 권한다. 머릿속을 비우고 좋은 풍경을 바라보며 걷자. 그 시간을 가져야 머릿속은 심플해진다.

단타매매는 주식 중독을 일으킨다

차트에 의존한 단타매매는 피해야 한다. 하루 수십 차례 매매하다 보면 판단력이 흐려진다. 너무 잦은 매매의 결과 마음의 병이 생길 수 있다. 도박과 같은 중독현상이 생기기도 한다. 안절부절못하고 조바심으로 불안증도 생긴다. 투자손해가 가져오는 스트레스에 공황장애가 오기도 한다. 주식투자는 행복하자고 하는 일이다. 하지만 마음의 병까지 얻어가며 할 필요가 있을까. 중독을 일으키는 주식투자법은 피해야 한다. 마음이 평안해야 삶이 즐겁다. 마음 편하게 평생 주식투자를 하려면 투자방법을 바꿔야 한다. 중장기 투자를 하되 기다릴 수 있는 좋은 종목만 골라 투자해야 한다.

계획에 없던 매수는 주의해야 한다. 분석할 시간이 부족하기에 실수할 가능성이 높다. 실적개선 보다는 1회성 테마 급등주일 가능성도 높다. 고점 뒷북투자로 급락 우려도 크다. 매수는 최소 하루 전 충분한 분석을 끝낸 종목이어야 한다. 주식투자는 매도보다 매수가 더 중요하다. 첫 단추가 잘 꿰어져야 다음 플랜이 있다. 매도일 재매수도 주의하자. 준비된 재매수가 아니라면 실수할 수 있어서다. 수익이 날수록 흥분감이 머리에 가득차 자제가 안된다. 주식투자는 철저히 준비된 계획의 실행이어야 한다. 찰나의 흥분이 두고두고 후회하게 만든다. 차분히 시간을 두고 준비한 뒤 투자에 임하자.

불안감은 시세판에서 나온다

급등주 단타매매를 하다 보면 불안해진다. 불안함에 연신 시세판에서 눈을 떼지 못한다. 시세판을 안 보면 불안함에 어쩔 줄 모른다. 이쯤 되면 시세판 중독이라 할 정도다. 계속 시세판만 보다보니 본업에 집중하기 어렵다. 주식시장이 끝났어도 내일 장 걱정이 크다. 종목선정 첫 단추가 잘못 끼워지다 보니 일상이 망가진다. 주말에도 쉬는 것 같지가 않다. 가격 급등락은 감정 기복을 일으킨다. 불안감을 줄여야만 일상이 편안해진다.

시세판을 적게 볼 투자를 해야 한다. 시세판이 계속 불안감을 만들기 때문이다. 마음 편하게 본업에 집중할 수 있는 투자여야 인생이 행복하다. 불안한 투자를 시작했으니 시세판을 계속 보는 건 어쩔 수 없는 본능이다. 종목선정 첫 단추를 잘 끼워보자. 좋은 종목을 고르면 시세판을 볼 일이 줄어든다. 시세판이 주는 불안감도 줄어들어 본업도 잘된다. 좋은 종목선정, 시세판 자주 보지 않기, 본업에 집중이란 선순환 구조가 이루어지는 셈이다.

68

속마음 대화상대를 구별해라

회사에선 속마음 대화를 주의하라

회사는 비즈니스를 하는 곳이다. 일하는 만큼 평가를 받고 노력한 만큼 승진 등의 보상을 받는다. 비즈니스 세계에선 모두가 경쟁자다. 직장 상사는 나를 평가라는 잣대로 바라본다. 쓸모라는 효용가치가 높아야 따뜻한 칭찬도 오간다. 회사 동료와는 의리보단 비즈니스 계약 관계임을 명심하자. 회사 동료들과 술 한잔도 하겠지만 속 깊은 이야기는 주의하자. 너한테만 들려주는 비밀은 다음날 모두가 아는 안주거리가 된다. 잘된 이야기는 질투 요인으로, 잘못된 이야기는 안 좋은 이미지로 남는다. 회사에선 개인사 이야기를 줄이는 게 최선이다. 월급을 받는 곳에서 굳이 학교 동아리 활동처럼 의리를 따지며 살 이유가 없다. 남에 대한 험담도 줄여야 한다. 험담은 언젠가 그 험담한 대상의 귀에 들어간다. 험담을 많이 하는 사람은 신뢰감도 떨어진다.

내 이야기를 하기보다 상대 이야기를 경청하자

회사에서는 오히려 상대의 이야기를 잘 들어주자. 내 말수를 줄이는 방법은 상대가 말을 많이 하게 하는 거다. 잘 들어주는 기술이 성공의 비결이 된다. 공감능력이 높아 보여 따르는 사람이 많아진다. 내 말만 많으면 대화가 아닌 훈계가 된다. 말수가 늘어날수록 잘난척하는 것처럼 보일 수 있다. 질문을 많이 하고 차분히 들어주자. 공감하는 모습을 보여주는 것도 중요하다.

비즈니스이기에 적을 많이 만들지 말자. 대놓고 싫어하는 모습을 보이지 말자. 내가 싫어하는데 그 사람이 나를 좋아할 리 만무하다. 특히 직장 상사를 적으로 둘 경우 손해는 내가 본다. '비즈니스 프렌들리'하게 대화하고 비즈니스적 친절함으로 생활하는 게 좋다. 속마음을 드러내지 않는 게 슬기로운 회사생활의 비결이다. 능력만큼 처세도 중요하다.

속마음은 친구와 가족에게 털어놔라

내가 진정 힘들 때 위로가 되는 건 가족이다. 가족만큼 나를 걱정해주는 사람들은 없다. 가족끼리 잘 지내는 게 중요하다. 가족 간 끊임없는 대화가 필요하다. 아빠는 가슴 인사법을 좋아한다. 출근하기 전 그리고 퇴근하고 나서 포옹으로 인사를 대신한다. 따뜻한 마음이 가슴끼리 전달되고 싶어서다. 술 한잔에 속마음을 풀어줄 친구도 있어야 한다. 회사 밖에서 마음 터놓고 속 깊은 이야기를 들어줄 친구가 좋다. 아빠는 주기적인 심리상담도 추천하고 싶다. 가족과 친구에게도 말 못할 속마음은 정신건강의학과나 심리상담 선생님에게 털어놓자. 회사에서 받는 스트레스와 괴로움도 다 비워내자. 마음의 병을 가슴에 안고 살아가지 않도록 해야 한다. 속마음을 비워내야 인생이 즐겁다.

69

돈 되는 취미를 가져라

무료하게 잠만 자지 말아라

직장생활을 하다 보면 금요일 오후는 즐겁다. 주말이 돌아온다는 기쁨에서다. 하지만 막상 주말이 되면 무료하다. 낮잠만 자다 보면 일요일 저녁이 되고 월요병에 힘들다. 주말에 한 건 없는데 시간만 잘 간다. 돈만 벌 줄 아는 무료한 인생이다. 직장생활 외에는 할 것이 없는 편식인생이다. 무료한 잠 대신 즐거움을 주는 놀이거리를 만들자.

놀아도 체계적이고 재미있게 놀아라

워라밸 라이프를 즐길 줄 알아야 인생이 즐겁다. 직장생활이 즐거운 직장인은 거의 없다. 생활비 마련을 위해 '월급 받는 만큼 일하자'가 MZ세대 삶의 모토라고 하지만 월급 받는 이상 일하는 것이 현실이다. 자영업자는 직장인보다 신경쓰는 게 더 많다. 그 삶의 스트레스를 즐거움으로 해소해야 한다. 주말은 그래서 즐겁게 놀다가 보내야 한다. 인생에 즐거운 취미생활이 한두 개쯤 있어야 한다. 내가 제일 하고픈 일들이 즐거운 유희가 되어야 한다. 그것은 여행일 수도, 스포츠 또는 문화생활일 수도 있다.

노는 걸 돈과 연결해 보라

이왕이면 취미생활을 돈 버는 부업으로 삼아보는 것도 좋다. 유튜브나 블로그 등을 활용해 보는 거다. '내가 어떻게 그걸?'이라는 두려움은 내려놓자. 꼭 완벽하게 만들 필요는 없다. 취미생활의 기록이라 생각해 두면 편하다. 데이터가 쌓일수록 그 초보다움을 좋아하는 구독자가 늘어난다. 유튜브가 잘되서 본업이 유튜버가 될 수도 있다.

주식투자 종목분석, 부동산 임장 등도 즐거운 일이라면 재미있는 취미가 된다. 걷는 걸 좋아한다면 걷기와 연결해 주말마다 아파트 단지들을 직접 걸어볼 수도 있다. 주말마다 1종목씩 기업분석을 하다 보면 1년에 52종목이 내 것이 될 수 있다. 틈틈이 관련 강의도 듣고 서적도 보는 거다. 꾸준히 취미생활을 하다 보면 돈도 모이고 노하우도 쌓여 아빠처럼 책도 내고 강의도 할 수 있다.

70

술 마시지 마라

명석한 두뇌는 술로 무뎌진다

주식투자를 잘하려거든 술자리를 최소화하자. 어쩔 수 없이 술자리에 가더라도 술은 조금만 마시자. 주식투자는 명석한 머리로 하는 거다. 술로 인해 주식투자에 쓸 최고의 무기는 무뎌진다. 분석을 지속적으로 해야 투자능력이 좋아지는데, 과음하면 분석할 시간도 없다. 깨지 않은 술기운에 투자를 감정적으로 하기도 한다. 즉흥적인 투자는 실수를 낳는다.

술자리를 통해 사람에 안주하지 말자. 사내 정치를 위해선 술자리가 필수라고 생각해선 안 된다. 실력으로 승부해야지, 사람에 기대는 건 결과를 예측할 수 없다. 사람처럼 변심이 심한 동물도 없다. 쓸모 없으면 내치는 게 직장 상사들이다. 나는 인간적으로 대했어도 그 사람은 평가라는 잣대로 날 들여다본다. 공들였던 직장 상사도 언젠가는 잘려나간다.

부지런해야 한다만 술은 게으름을 부른다

주식투자는 부지런해야 한다. 성실하지 않은 사람이 주식투자를 잘 할 턱이 없다. 노력 없이 생기는 요행수는 한두 번 행운으로 끝난다. 끊임없이 수익을 내려면 바빠야 한다. 뉴스 리뷰, 종목분석을 빠짐없이 해야 한다. 고르고 고른 종목에만 투자해야 수익 내는 법이다. 하지만 술은 그 부지런함을 앗아간다. 술먹고 잠들기 바쁘니 뉴스 리뷰가 안 된다. 종목분석은 더더욱 할 시간이 없다. 게으름을 피우게 되면 정제된 내 생각이 없다. 대충대충 투자하고 대충대충 손절매만 반복한다.

술자리에 기웃거릴 바에야 차라리 본업과 관련된 내실을 쌓자. 주식투자든 본업이든 실력이 있어야 당당해진다. 언제든 직장을 박차고 나가겠다고 생각해야 노력하게 된다. 개구리가 우물 밖으로 뛰쳐나갈 수 있는 건 실력이 있을 때나 가능하다. 부지런함은 주식투자의 최고 무기다. 성실하고 꾸준하게 노력하는 데 최고의 적은 술이다. 술자리를 줄이면 성실함이 따라온다.

장중에는 맑은 머리를 유지하라

장중에는 실전에 돌입한다. 종목분석도 하고 미리 매매판단도 했지만 그건 실전 준비용이다. 실제 전쟁을 하고 있는데 머리가 피곤하다면 판단도 흐려진다. 장중에는 항상 머리가 심플한 상태여야 한다. 복잡함이 끼어들면 투자에 집중이 안 된다. 두통 없는 맑은 정신상태 유지는 필수다. 그래야만 올바른 투자판단을 한다. 애써 노력한 것들이 다 물거품이 될 수 있다. 점심시간에 맥주 한잔 낮술도 금지다. 술김에 오후에 폭풍매매할 수 있다. 흥분을 가라앉혀야 한다. 감정적 대응은 투자실패로 이어진다. 이성적 투자판단만이 필요하다. 장중에는 무조건 머리를 최상의 컨디션으로 유지하자. 잊지 말자. 술을 멀리해야 부지런해진다.

71

낙숫물이 댓돌 뚫는다

한 번에 대박을 꿈꾸지 마라

한 번에 대박을 꿈꾸는 건 조급증 때문이다. 조급증은 빨리 부자가 되어 즐기고 싶은 욕망에서 온다. 위험보다 수익에 방점을 찍다 보니 리스크가 큰 투자를 한다. 일확천금을 노리는 투자는 공격적이다. 변동성이 큰 투자만을 한다. 급등 테마주를 뒤늦게 매수하기도 하고, 상한가 따라잡기도 한다. 확률적으로 매번 성공하기란 어렵다. 성공과 실패를 반복하다 보면 얻는 게 적다. 요행수만 바라기에 실력도 늘지 않는다. 요행수를 바라는 건 주식투자가 아닌 주식투기다. 투기적 매수는 실패 아픔이 꽤 크다. 버블이 된 주식이거나 부실기업이기에 급락폭이 크다. 제때 팔지 못하면 손실이 커질 수밖에 없다. 기다림이 두렵기에 손절매뿐이다. -5% 손해마다 20번 손절매하면 투자원금은 거의 바닥이다.

스노볼 효과, 1% 수익을 차곡차곡 모아라

　스노볼 효과(Snowball Effect)는 눈덩이를 굴리면 눈사람이 된다는 승수효과다. 1%씩 수익이 쌓이다 보면 투자원금이 크게 늘어난다. 아빠는 1년에 40%의 투자수익을 목표로 한다. 매년 40%면 7년 후 투자원금은 10배다. 분기당 10% 투자수익이 차곡차곡 쌓이길 원한다. 중요한 건 잃지 않고 계속 수익이 늘어나는 거다.

　댓돌은 한옥 마루를 오르내리는 돌계단이다. 처마에서 떨어지는 빗물이 댓돌에 떨어지게 되어 있다. 작은 빗방울이 끊임없이 떨어지다 보면 댓돌에 구멍이 생긴다. 낙숫물이 댓돌을 뚫듯이 차곡차곡 수익을 쌓아가 보자. 차근차근 준비하고 투자하다 보면 금세 투자원금은 불어나 있을 것이다.

　우보천리(牛步千里), 소걸음으로 천리를 간다는 말이다. 천리는 392.7km로 서울에서 부산까지의 거리다. 소걸음으로 가니 몇 달이 걸릴지도 모른다. 그럼에도 꾸준히 걸어가다 보면 언젠가 종착지에 도착한다. 조금씩 조금씩 꾸준히 수익 내는 투자를 해보자. 구르는 돌에는 이끼가 끼지 않는다. 부지런히 노력하다 보면 그 결실이 이뤄질 것이다. 여기에 스노볼 효과까지 더해지면 그 속도는 더욱 빨라질 것이다.

내 판단을 믿고 오랜 기다림을 즐겨라

　실적개선주 또는 고배당주라도 장기간 저평가인 경우도 있다. 관심받는 주도주가 되지 못한 경우일 수도 있다. 기관과 외국인이 장기간 매수하고 있을 수도 있다. 그들은 한 번에 매수하는 대신 꾸준히 매수하기에 시간이 흐르면 주가는 오른다. 속상해하며 저평가 종목을 자주 바꾸는 건 아니다. 매도 뒤 주가가 급등하면 재매수하는 실수를 범할 수 있다. 실적 대비 저평가라면 기다림을 즐겨야 한다. 실적발표와 함께 관심받는 순간 주가급등을 만든다.

72

절박한 마음으로 노력해라

절박함이 치밀한 투자를 만든다

아빠는 사표를 가슴에 품고 산다. 늘 회사를 그만둘 수 있다고 생각하기에 절박하다. 책을 쓰거나 강의를 하는 이유도 진심으로 절박해서다. 매달 회사가 주는 월급, 그 안락함이 없다고 생각하니 늘 노력해야 한다. 주식투자도 절박한 마음에서 한다. 이 돈을 잃으면 다시 마련할 길도 없다. 촘촘히 분석하고 준비한 뒤 투자에 나선다. 반드시 승리해서 원금을 지켜야만 다음 투자전쟁에 나갈 수 있다. 주식투자는 총칼 없는 전쟁터다. 살아남으려면 초인적인 의지가 있어야 한다.

절박함이 없다면 준비가 덜 된 거다. 잃지 않을 마음가짐이 없는데 노력이 완벽할 리 없다. 본업을 그만둔 뒤의 상황을 가정해 보면 절박함이 생긴다. 손해 본 경험들, 앞으로 직장생활의 미래, 현재 재산상황 등을 복기해 보자. 노트에 절박해야 할 이유를 써두는 것도 좋다.

너는 얼마나 절박하냐

세상에 태어난 이상 의미 있게 살다 가야 한다. 흙수저로 태어났으니, 공부를 안 했으니 평생 흙수저로 살아가야 하는 건 아니다. 뼈저린 가난을 벗어나고 싶다는, 은퇴하고 궁핍하게 살고 싶지 않다는 결연한 의지가 없다면 주식투자를 그만두길 바란다. 절박하고 또 절박해야 치열하게 투자한다. 이순신 장군의 '필사즉생 필생즉사(必死則生 必生則死, 살고자 하면 죽고, 죽고자 하면 살 것이다) 의미를 기억해 두자. 지금 처한 상황을 벗어나고 싶다는 절박함이 우선이어야 한다. 그 결과 주식투자에 진심이어야 한다. 나는 진심으로 투자를 해왔던가, 나는 얼마나 절박하게 투자했던가.

그동안 손해가 분하지 않은가

주식투자에선 선량한 마음을 버려야 한다. 오직 독기만이 남아 치열하게 싸워야 한다. 그동안 손해 본 걸 좋은 인생경험이라고 할 수 있을까? 손해 본 게 분하고 억울해 잠이 오지 않아야 한다. 승부욕이 들끓어야만 주식시장에서 살아남는다. 그저 잃어도 되는 돈, 없어도 되는 돈이라고 생각한다면 투자를 아예 하지 말자. 한번 투자한 이상 손해 보고 팔아선 안 된다. 주식시장에서 자선사업가가 되지 말자. 독하다는 말을 들을 만큼 치열하게 투자해야 한다.

가족 눈에 눈물 흘리게 할텐가

가난이 힘든 건 나에게만 한정되지 않는다는 점이다. 가족들이 겪는 고통이 더 심하다. 사고 싶다는 것을 못 사주는 속상함도 크다. 남들만큼 잘해주고 싶지만 없는 살림에 어렵다. 효도도 여유가 되어야 마음껏 할 수 있다. 혹여 아픈 가족이 있다면 설상가상 삶은 더욱 힘들어진다. 내 노력으로 가족들이 편안해진다. 대충 투자해서 손해만 본다는 건 가족들에게 무책임한 거다. 내가 돈을 잃으면 내 가족은 굶는다. 내가 실패하면 내 가족이 쓸 돈이 없어 고생한다. 허투루 투자해선 안된다. 투자이든 생업이든 절박하게 최선을 다해 임해야 한다. 성실하면 가족을 굶기지 않는다.

낭떠러지에 섰다고 마음 먹어라

매수를 최종 결정하기 전 낭떠러지에 섰다고 생각해 보라. 손해 보면 낭떠러지에서 떨어진다는 자기 암시다. 뒤에 놓인 낭떠러지가 절박함을 만들고 매수를 치밀하게 만든다. 조목조목 실수는 없었는지 복기해 보게 된다. 주식투자는 다시보기 재생이 안 된다. 손해 보고 팔면 끝이다. 돈을 되돌려 받을 길이 없는 외통수다. 돈을 잃는 낭떠러지는 현실인 셈이다. 그 현실 앞에서 절심함을 뼈저리게 느껴봐야 한다.

마음가짐을 다잡고 투자하자. 허투루 투자해놓고 잃어도 된다 생각해선 안 된다. 혹여나 하는 요행수를 꿈꾸는 자는 낭떠러지에 설 자격이 없다. 낭떠러지는 나의 절박함이자 절실함이다. 그 끝에서 외롭지만 치열한 사투를 벌여야 한다.

아들아, 절대 잃지 마라

자신감은 잃지 않음에서 나온다

주식투자를 하려면 자신감이 넘쳐야 한다. 그 자신감은 잃지 않음에서 나온다. 돈을 버는 투자혜안이 있기에 걱정거리가 줄어든다. 매번 이길 수 있는 방법을 찾았다는 기쁨도 크다. '돈을 못 벌면 어떻게 하지'라는 근심 걱정이 사라지니 좋다. 인생 대부분은 돈 걱정하다 늙어간다. 그 걱정을 안 해도 되니 참 편안한 인생이다.

주식투자 승리는 인생 전반에 영향을 미친다. 직장인은 회사에 종속적인 삶을 살게 된다. 먹고살려면 회사에서 시키는 대로 해야 한다. 하지만 주식투자가 주는 자신감 덕에 당당해질 수 있다. 믿는 구석이 생기기에 회사에 끌려다니지 않는다. 승진에 연연하지 않고 하고 싶은 말도 할 수 있다. 사표를 가슴에 넣어두고 언제든 꺼낼 수 있다는 자신감도 생긴다. 투자수익이 주는 당당함이다.

지키는 투자로 손실 보지 말아라

이기기 위해선 안전운전이 필수다. 무리한 투자로 손실을 보지 말고 내 돈을 지켜야 한다. 큰 수익보다 잃지 않는 것에 집중하라. 좋은 기업을 골라야만 잃지 않는다. 돈 잘 버는 기업과 돈 잘 주는 기업만 선택하자. 돈 못 버는 적자기업은 무조건 탈락이다. 적자기업에 투자하는 건 요행을 바라는 것이다. 혹여 모를 테마 이벤트만 노릴 뿐이다. 실적은 거짓말을 하지 않는다. 돈 많은 부자에 투자해야 마음 편하다.

빚내서 투자하지 마라. 선물옵션 등 레버리지 상품도 빚내서 투자하는 것과 같다. 가지고 있는 돈을 뛰어넘는 무리는 절대 하지 말자. 손실 몇 번에 돌이킬 수 없는 가난이 찾아온다.

아들아, 100번 싸워서 100번 이겨라

평생 주식투자를 직업처럼 여기며 살길 바란다. 20대부터 70대까지 50여 년을 투자하려면 계속 이겨야 한다. 그렇게 이기다 보면 노후가 편안해진다. 불려놓은 재산으로 여생을 편안히 보냈으면 한다. 회사 월급만으로 빠듯하게 살지 않았으면 좋겠다. 저축하느라 못 입고 못 쓰지 않았으면 한다. 투자수익으로 여유로운 일상을 누리길 바란다.

대충 투자할 거면 아예 시작을 말았으면 한다. 남들과 동일하게 해선 부자되기 힘들다. 남들과 다른 생각과 노력만이 부자를 만든다. 편안한 노후와 안락한 삶은 네 노력에 달려 있다. 노력하고, 노력하고, 또 노력해라. 그래서 100번 싸워 100번 이기는 장수가 되어주길 바란다. 절대 잃지 말고 꾸준히 수익 내주길 바란다.

아들아, 주식 공부해야 한다
: 제1권 실적개선주 편

초판 1쇄 발행 2023년 5월 10일
초판 4쇄 발행 2024년 5월 31일

지은이 박민수(샌드타이거샤크)

펴낸이 김선준
편집이사 서선행
책임편집 최한솔　**편집3팀** 최구영, 오시정
마케팅팀 권두리, 이진규, 신동빈
홍보팀 조아란, 장태수, 이은정, 권희, 유준상, 박미정, 박지훈
디자인 김혜림　**조판** 이세영
경영관리팀 송현주, 권송이

펴낸곳 페이지2북스　**출판등록** 2019년 4월 25일 제 2019-000129호
주소 서울시 영등포구 여의대로 108 파크원타워1. 28층
전화 070) 4203-7755　**팩스** 070) 4170-4865
이메일 page2books@naver.com
종이 ㈜ 월드페이퍼　**인쇄·제본** 한영문화사

ISBN 979-11-6985-023-0 (03320)